新编国际关系学系列教材

Introduction to
International
Relations 2nd edition

国际关系学入门（第二版）

邢 悦 ◎编著

北京大学出版社
PEKING UNIVERSITY PRESS

图书在版编目(CIP)数据

国际关系学入门/邢悦编著.—2版.—北京:北京大学出版社,2017.11
(新编国际关系学系列教材)
ISBN 978-7-301-28856-6

Ⅰ.①国… Ⅱ.①邢… Ⅲ.①国际关系学—高等学校—教材 Ⅳ.①D80

中国版本图书馆CIP数据核字(2017)第247963号

书 名	国际关系学入门(第二版)
	GUOJI GUANXIXUE RUMEN(DI-ER BAN)
著作责任者	邢 悦 编著
责任编辑	徐少燕
标准书号	ISBN 978-7-301-28856-6
出版发行	北京大学出版社
地 址	北京市海淀区成府路205号 100871
网 址	http://www.pup.cn
新浪微博	@北京大学出版社 @未名社科-北大图书
微信公众号	北京大学出版社 北大出版社社科图书
电子邮箱	编辑部 ss@pup.pku.edu.cn 总编室 zpup@pup.cn
电 话	邮购部 010-62752015 发行部 010-62750672 编辑部 010-62753121
印 刷 者	北京虎彩文化传播有限公司
经 销 者	新华书店
	730毫米×980毫米 16开本 20.25印张 353千字
	2011年10月第1版
	2017年11月第2版 2025年8月第9次印刷
定 价	48.00元

未经许可,不得以任何方式复制或抄袭本书之部分或全部内容。
版权所有,侵权必究
举报电话:010-62752024 电子邮箱:fd@pup.cn
图书如有印装质量问题,请与出版部联系,电话:010-62756370

第二版前言

《国际关系学入门》自2011年出版以来,受到广大师生的好评,连续印刷四次,发行量逾万册,被国内二十多所高校用作教材或教学参考书,并荣获清华大学优秀教材奖。值得一提的是,笔者于2013年受邀到台湾政治大学参加一个公开的学术研讨会,该校副校长林碧昭教授在介绍本人时,特意提到本人为《国际关系学入门》一书的作者,令笔者感到非常诧异。林校长解释说:"《国际关系学入门》是我校国际关系课程的教材,在座的学生都知道你的名字。"他评价说:"此书对各家观点兼容并蓄,文风生动清新,且充满了人文气息,深受师生喜欢。"

《国际关系学入门》一书能得到广大师生的肯定和欢迎,真有些出乎笔者的意料,究其原因,大概有以下四点。

第一,此书首创了以"问答题"形式编写教材的先例,这种写作形式突出了国际关系学的核心概念和重点内容,使读者能在较短时间内轻松掌握国际关系学的基本问题、研究方法和主要成果,为读者进入国际关系学领域提供了一条捷径,是一本名副其实的"入门"之作。

第二,此书在内容编排上充分考虑到信息时代读者的阅读习惯,为读者的阅读提供了较大的自主性和灵活性。书中各章以及各部分(问答题、拓展阅读和自学指南)的内容既层次分明、简洁明了,又具有相对独立性。读者可以根据自己的兴趣自由挑选阅读内容,不必从头读起,或从头读到尾。

第三,此书的功能多、用途广,既可以作为国际关系学概论课的教材和教学参考书,又可以作为大学通识教育的教材或普及国际关系知识的大众读物。实际上,使用此书做教材的既有国际关系学专业的教师,也有人文素质课的教师。此外,此书还兼具工具书的功能,书中提供了大量与国际关系学相关的数据和信息,附录中还列出了国内外国际关系学研究领域的重要学术期刊。

第四,此书语言简洁精练,深入浅出,通俗易懂,趣味性和可读性强。国内出版的国际关系学教材基本上都是以文字贯穿全书,甚至连字体的变化都很少。密密麻麻的文字在给人以厚重感的同时也给人一种沉重感,从而使读者兴味索然。而此书图文并茂、资料丰富,配有大量的插图、图表、名言警句等,这些内容能激发读者的阅读兴趣,使学习国际关系成为一件轻松愉快的事情。

《国际关系学入门》第一版出版至今已经有六年的时间,这期间,不仅国际关系涌现出许多新现象,国际关系研究也取得了不少新进展。第二版在继承第一版的特点的基础上,对相关内容、数据、案例、阅读材料和参考书目等进行了全面更新。第二版试图突出以下几个特点。

第一,结合我校"价值塑造、能力培养、知识传授"三位一体的教学理念,力求在书中进一步体现国际关系学的精神内涵和价值追求,提升学生的人文素养和独立思考、分析问题的能力,培养学生成为具有世界胸怀、人类关怀和中国情怀的新世纪人才,并使他们对人类的未来有责任感和忧患意识。这一特点如同本书的灵魂和血脉一样贯穿全书,在每一章中都有体现,尤其在第一章中予以重点强调。

第二,为读者提供分析问题的多种视角,使读者有自由思考的空间。本书对国际关系的三大理论视角即现实主义、自由主义和建构主义给予客观中立、不偏不倚的介绍,充分肯定这三大理论对理解和分析国际关系的重要意义,并运用三大理论视角来分析国际关系的核心问题和重大事件(如三大理论的"国家利益"观,三大理论对如何维护世界秩序的观点,以及三大理论对国际组织的作用及前景的判断等),使读者认识到不同理论视角的学术价值,并在比较和辨别中增强自己的分析和判断能力。此外,对国际关系的一些重要议题,如国家为何要遵守国际法,核武器的出现是否会减少战争,以及国际干预在什么情况下是正当的等,书中也展示了多种观点,以启发读者的思考。

第三,为读者提供国际关系的最新发展动态和最新研究成果。国际关系学是一门实践性很强的学科,国际关系的发展变化不断对国际关系的研究提出新课题、新挑战,国际关系的研究成果也能很快反映到国际关系的实践中。第二版不仅对每一章的案例、数据、引言等进行了更新,而且在各章的问答题和自学指南中增加了相关内容,使读者能够了解到国际关系学的最新研究进展。

教书育人是高等院校工作的核心和重点,而教材建设是教学的重要环节。我校和我系一直对教材编写工作给予高度重视和大力支持,本书获得了清华大学教学改革的专项资助;我指导的博士生苗争鸣、赵毅、吴珺怡和硕士生郑润民参与了本书的资料编译工作;我课堂上的本科生对教材的改进提出了许多建设性的意见和建议;本书的责任编辑徐少燕女士为本书的完善做了大量细致认真的工作,她的专业素养和敬业精神令人敬佩。特此致谢!

不知不觉,笔者在清华大学任教已有二十多年,从事"国际关系学概论"课的讲授也已经十六年。笔者深刻体会到,一本好的基础课教材对一个学科的发展和学生的培养教育是何其重要。笔者主持并主讲的"国际关系学概论"课之所以能成为清华大学的精品课,不仅与本人对教学工作的全身心投入和在教学理念上的与时俱进有关,也与本人在教材编写上能积极吸纳百家之长、不断创新探索密切相关。由于深知教材对教学的重要意义,对笔者而言,编写国际关系学教材的目的主要不是专业知识的罗列、汇总和阐释,而是要把教书育人、立德树人的理念注入其中。同时,由于切身感受到学生对教材的高度重视,笔者每次写教材都有一种如履薄冰的感觉,唯恐书中错误、疏漏或不严谨之处误导学生。但本人能力、精力有限,书中难免有不足之处,敬请读者理解、谅解并不吝赐教。

邢悦

2017年夏于清华园明斋

第一版前言

国际关系学无论作为一门学科，还是作为一门课程，近年来在中国都获得了蓬勃发展，不仅出版了一批颇有影响的学术著作，而且还编写、翻译了一大批优秀的教材，这对促进国际关系学在中国的进一步发展有着重大意义。不过，笔者发现，国内外学者在国际关系领域取得的一些最新的研究成果尚未完全体现在教材中，同时，国内外学者编著的教材虽各具特色，但都存在一些问题。国外的教材有通俗易懂、可读性强的优点，但不太重视基本概念和理论的阐释；中国学者编写的教材学术气息浓厚，专业性很强，里面有大量专业词汇和概念，但生硬的文风和写作方式有些令学生望而生畏。此外，一个特别值得注意的问题是，中国学者编写的教材在体例、内容、结构和观点上差别较大，各个学校国际关系学专业的学生在使用不同的教材后，对一些基本概念和核心问题的认识不尽相同，这使国际关系学界的学术讨论常常围绕一些基本概念争来争去，很难进入能彼此激发和启发的对问题的深入探讨。

为了使对国际关系感兴趣的学生和国际关系的初学者轻松地学习和掌握"国际关系"知识，愉快地进入充满魅力和神奇的"国际关系学"殿堂，笔者曾出版《国际关系：理论、历史与现实》（复旦大学出版社2008年版）一书，该书以散文体的写作风格和生动活泼的语言，全面阐述了国际关系学的基础知识，展示了国际关系的宏伟图景和发展脉络，揭示了国际关系的内在价值和精神，受到了国际关系学界师生的一致好评。《国际关系学入门》一书可以说是上书的姊妹篇。本书秉承了笔者一贯坚持的社会科学要以人为本的理念，力求揭示国际关系学的精神内涵和价值追求，提升读者的人文素养和独立思考、分析问题的能力。同时，与上书相比，本书在内容上更加简明扼要、简单实用，结构上更加层次分明、重点突出，形式上更加丰富多彩、生动活泼。本书既可作为国际关系学概论的教学参考书和工具书，也可以作为普及国际关系学基础知识的大众读物。

概括而言,本书主要有以下特点。

第一,本书以简洁精练的语言来表述国际关系的基本概念、核心问题、研究方法和基本走向。为了体现"精要",本书主要以问答的方式来阐述国际关系学的基本概念和核心问题;为了学科建设的需要,本书着重突出国际关系学界已经形成共识的知识;为了提高读者的自学能力,本书特别强调研究方法和理论视角的重要性;为了反映学术前沿,本书专门介绍了国际关系学取得的最新成果和发展趋势。

第二,为了增强此书的适用性和现实性,书中设计了"拓展阅读"栏目,主要从理论视角、活学活用和关注现实三个方面来深化读者对基本概念和基础知识的理解和掌握,使读者能理论结合实际,学会用国际关系知识分析现实问题,使抽象的概念和枯燥的理论形象化、具体化。

第三,为了提高读者学习国际关系知识的兴趣,书中插入了许多国际关系学界的知名学者和著名政治家的名言警句,一方面可以使读者品味到原汁原味的经典之作和政治家的独到见解,另一方面也可以使读者在对各种观点的比较、分析和辨别中培养或增强自己独立思考和分析问题的能力。

第四,本书每一章的最后都设有"自学指南"栏目,旨在为初学者介绍国际关系学科每个研究领域(如外交学、国际安全、国际政治经济学等)的发展现状和研究动态,并向读者推荐用以自学的参考资料和该领域代表性学术著作的书目,以便读者全面理解和掌握基础知识,把握本研究领域的发展趋势和脉络,为深入研究本专题的问题奠定基础。

除了以上内容外,本书还兼具工具书的功能,除了在一些题目后面为读者提供与之相关的材料外(如第6章"国家实力与国家利益"中提供了大国综合国力排行榜,第10章"国际组织"中列出了世界上主要的国际组织及其网站),还以附录的形式介绍了国内外国际关系学的主要研究机构和主要学术期刊等内容,方便读者在需要时查阅。

总之,本书兼顾各类读者的需求,内容既有广度(基本上涵盖了国际关系学基础知识的全部要点),又有深度("拓展阅读"中有介绍各种理论流派对国际关系重大问题或概念的认识的"理论视角","自学指南"为读者提供本专题的国内外研究状况和主要论著),且注重基础知识的实际运用和与现实相结合,具有较强的知识性、可读性和现实性。本书的目的一方面是为中国国际关系学的学科建设搭建一个共同的学术平台,推动国际关系学在已有成就的基础上继续发展,另一方面在于普及国际关系基础知识,培养大学生成为具有全球意识、国际视野和世界胸怀的新世纪人才。

感谢我指导的研究生兼助教崔志楠同学,她品学兼优,做事认真,是我教学和科研的得力助手。她参与了本书的整个编写过程,并为本书提供了很多有价值的材料。没有她的协助,本书是不可能完成的。此外,崔志楠同学本科毕业于复旦大学国际政治系,书中的一些题目参考了她本科上课时教师提供的课件。在此,我谨向复旦大学的同仁致以衷心的感谢。

感谢清华大学国际关系学系的五位本科生——王怡霖、石滢琪、尹承志、张玮和杨辰博同学,他们参与了本书的资料收集和撰写初稿的部分工作。感谢我的研究生侯立宽和林成红同学,他们作为本书的第一读者,为本书的完善做了很多具体的工作。感谢那些给本书提出宝贵意见和修改建议的学术界前辈和同行,他们是:清华大学阎学通教授、孙学峰博士、李巍博士,北京大学的耿协峰博士、宋伟博士,北京外国语大学的张志洲博士,天津师范大学的王存刚教授,以及美国查尔斯顿大学的刘国力教授。感谢北京大学出版社社会科学编辑室主任耿协峰博士和本书的责任编辑徐少燕女士,他们提出的宝贵意见和一流的编辑水平使本书的质量有了明显提高,他们一丝不苟和精益求精的工作作风令人印象深刻且深感敬佩。感谢多年来在我的课上孜孜不倦的学生们,他们对本书提出了要求,也是本书未来的重要读者。

本书得到清华大学王雪莲教育基金的资助,特此致谢。

鉴于本人学力、精力有限,书中定有疏漏之处,有些重要的学术著作可能没有收录到"自学指南"中,为了追求简洁明了而忽略了某些概念多种定义之间的细微差别,敬望读者予以理解并不吝赐教。如果您对本书有任何意见和建议,请发邮件至 xingyue@tsinghua.edu.cn。

邢悦
2011 年春于清华园新斋

目录 Contents

第一章　国际关系学导论　/ 1
　1. 国际关系学是一门什么样的学科？　/ 2
　2. 为什么要学习和研究国际关系？　/ 3
　3. 普通民众可以影响国际关系吗？　/ 4
　4. 国际关系学是怎样产生的？　/ 7
　5. 国际政治与国际关系是同一门学科吗？　/ 8
　6. 国际关系学主要研究哪些问题？　/ 8
　7. 国际关系学的研究领域发生了哪些变化？　/ 9
　8. 如何进行国际关系研究？　/ 11
　拓展阅读
　　　1. 世界正在以惊人的速度发生变化　/ 12
　　　2. 国际关系中"人"字在逐渐大写　/ 13
　自学指南　/ 15

第二章　国际关系研究方法　/ 18
　1. 为什么研究国际关系需要掌握研究方法？　/ 19
　2. 什么是国际关系的历史研究方法？　/ 19
　3. 什么是国际关系的哲学研究方法？　/ 21
　4. 什么是国际关系的科学研究方法？　/ 22
　5. 常用的科学研究方法包括哪几类？　/ 23
　6. 如何区别科学研究中的自变量、因变量和干预变量？　/ 25
　7. 如何选择国际关系的研究方法？　/ 26

— 1 —

8. 什么是国际关系的分析层次？ / 27
9. 如何从个体层次分析国际关系？ / 28

拓展阅读
　　1. 试从体系、国家和个人三个层次分析战争的根源 / 30
　　2. 认识定量研究 / 32

自学指南 / 34

第三章　国际关系理论 / 37

1. 为什么研究国际关系需要理论？ / 38
2. 国际关系理论可以分为哪几种类型？ / 38
3. 国际关系中有哪些主要的大理论？ / 39
4. 何谓古典（或传统）现实主义、新现实主义国际关系理论？ / 41
5. 何谓古典自由主义、新自由主义国际关系理论？ / 44
6. 何谓建构主义国际关系理论？ / 47
7. 不同国际关系理论之间是什么关系？ / 50
8. 在国际关系研究中如何运用理论？ / 51

拓展阅读
　　1. 现实主义六原则及女性主义的批判 / 51
　　2. 国际关系中的其他理论 / 54

自学指南 / 58

第四章　世界体系 / 62

1. 什么是体系？为什么说世界是一个体系？ / 63
2. 以主权国家为主体的国际体系是什么时候出现的？ / 63
3. 如何理解世界体系的"无政府性"？ / 64
4. 如何从体系层次分析国际关系？ / 66
5. 什么是世界格局？世界格局有哪些类型？ / 67
6. 试述 1648 年以来世界格局的演变及其特点 / 69
7. 什么是国际制度？在国际关系中发挥什么作用？ / 73
8. 什么是国际规范？它是如何形成的？ / 74
9. 20 世纪的国际规范发生了哪些重大变化？ / 75
10. 什么是世界体系的文化？世界体系有哪几种文化？ / 77

拓展阅读

1. 试述现实主义和自由主义国际关系理论对如何维护世界秩序的观点 / 80
2. 霍布斯文化产生的历史背景 / 81

自学指南 / 85

第五章 世界体系的主要行为体——主权国家 / 88

1. 什么是国际关系的行为体？ / 89
2. 简述主权国家的构成要素 / 89
3. 何谓民族主义？与民族国家有何关系？ / 93
4. 战争在近代民族国家的形成中起了什么作用？ / 94
5. 民族主义与爱国主义是一回事吗？ / 95
6. 什么是国家主权？"主权高于一切"是在什么背景下提出的？ / 96
7. 主权的产生有何历史意义？ / 97
8. 拥有主权的国家是否可以在国际社会为所欲为？ / 98
9. 什么是"主权让渡"？国家参与国际组织是否意味着丧失主权？ / 100

拓展阅读

1. 在现代民族国家出现之前，欧洲历史上有过哪些国家形态？ / 101
2. 中华民族是如何形成的？中国从什么时候开始成为现代民族国家？ / 104

自学指南 / 105

第六章 国家实力与国家利益 / 107

1. 什么是国家实力？在国际关系中有何意义？ / 108
2. 什么是综合国力？综合国力一般包括哪些内容？ / 108
3. 什么是克莱因方程？有何意义？ / 112
4. 什么是国家实力构成中的有形资源和无形资源？两者之间是什么关系？ / 113
5. 什么是国家硬实力？什么是国家软实力？ / 115
6. 全球化时代，国家实力构成有哪些特点？ / 116
7. 什么是国家利益？ / 117

8. 国家利益包括哪些基本内容？　／119

9. 国家利益和世界利益之间的关系如何？　／121

拓展阅读

    1. 比较现实主义、自由主义和建构主义的"国家利益"观　／122

    2. 权力的新变化：网络权力　／124

自学指南　／128

第七章　国家实力的运用——外交　／130

1. 什么是外交？　／131

2. 外交有哪些功能？　／131

3. 全球化时代，外交呈现出哪些特点？　／133

4. 什么是多边外交？有哪些特点？　／134

5. 多边外交与双边外交是什么关系？　／136

6. 什么是首脑外交？它有哪些作用和局限性？　／137

7. 什么是公共外交？有哪些特点？　／139

8. 什么是经济外交？经济外交有什么作用？　／141

9. 什么是经济制裁？为什么经济制裁有时不能发挥作用？　／142

10. 有效的外交应遵循哪些原则？　／144

拓展阅读

    1. 外交有哪些选项？　／145

    2. 文化在国际谈判中的作用　／148

自学指南　／151

第八章　国家实力的运用——武力　／154

1. 国家运用武力的方式有哪些？　／155

2. 武力威慑发生作用需要哪些条件？　／156

3. 什么是战争？什么是常规战争？什么是非常规战争？　／157

4. 什么是全面战争？什么是有限战争？　／158

5. 大规模杀伤性武器包括哪些种类？给人类造成哪些危害？　／159

6. 核武器的出现及其发展有何重要意义？　／161

7. 军力强大有可能产生哪些负面效应？ / 162
8. 国际法对战争行为有哪些限制？ / 164
9. 21世纪的高科技战争有哪些特点？ / 165

拓展阅读
  1. 战争规则的演变 / 166
  2. 我们如何减少战争？ / 168

自学指南 / 171

第九章 对外政策 / 174

1. 什么是对外政策？对外政策研究包括哪些内容？ / 175
2. 什么是霸权政策？为什么会有"霸权稳定论"？ / 175
3. 什么是"搭车"政策？ / 176
4. 什么是均势政策？为什么近代欧洲长期实行均势政策？ / 177
5. 什么是意识形态？对外政策可以抛开意识形态的"干扰"吗？ / 179
6. 影响对外决策的国内因素有哪些？ / 180
7. 什么是对外决策模式？有哪三种对外决策模式？ / 181
8. 对外政策都是理性的、利益最大化的决策吗？ / 183
9. 什么是危机决策？为什么说美国在古巴导弹事件中的决策是危机决策？ / 185

拓展阅读
  1. 摩根索提出的三种典型的对外政策 / 186
  2. "美国例外论"在美国对外政策中的体现 / 187

自学指南 / 191

第十章 国际组织 / 195

1. 什么是国际组织？ / 196
2. 国际组织有哪些类型？ / 196
3. 当今世界的国际组织具有哪些特征？ / 198
4. 什么是国际非政府组织？它在国际社会中如何发挥作用？ / 199
5. 政府间国际组织是如何产生和发展起来的？ / 200
6. 国际非政府组织是如何产生的？ / 202

7. 联合国有哪些主要机构？ / 204

8. 政府间国际组织在国际社会有哪些作用？ / 206

9. 何谓联合国维和行动？ / 208

拓展阅读

　　1. 现实主义、自由主义和建构主义理论对国际组织的作用的观点 / 209

　　2. 中国与国际组织的关系 / 211

自学指南 / 213

第十一章　国际法 / 216

1. 什么是国际法？ / 217

2. 试析国际法与国际关系的关系 / 218

3. 国际法有哪些类型？ / 220

4. 试述国际法的渊源 / 221

5. 试述国际法的基本原则 / 222

6. 试论国际法在国际关系中的普遍效力 / 224

7. 和平解决国际争端的政治途径有哪些？ / 225

8. 什么是国际争端解决中的"仲裁"？ / 227

9. 20世纪以来，国际法的发展呈现出哪些特点？ / 228

10. 国际法在国际社会中具有哪些作用？ / 230

拓展阅读

　　1. 国际法为什么能够约束国家？ / 231

　　2. 中国已经加入到国际法体系中 / 233

自学指南 / 235

第十二章　世界安全 / 238

1. 什么是安全？什么是国际安全？ / 239

2. 什么是传统安全？ / 239

3. 什么是非传统安全？与传统安全相比有何特点？ / 240

4. 国际社会面临哪些非传统安全问题？ / 241

5. 什么是国际恐怖主义？有哪些类型？ / 242

6. 什么是分离主义？对世界安全造成什么危害？ / 244

7. 何谓"文明冲突论"？ / 245

8. 什么是集体安全？ / 247

9. 军备控制的方法有哪些？二战后，全球范围的军备控制
   取得了哪些成就？　/248
10. 什么是全球综合安全？　/250
拓展阅读
   1. 核武器的出现是否会减少战争？　/251
   2. 国际干预在什么情况下是正当的？　/252
自学指南　/254

第十三章　世界经济全球化　/258
1. 什么是相互依存理论？它是在什么背景下提出的？　/259
2. 什么是相互依存的敏感性和脆弱性？　/260
3. 什么是全球化？　/261
4. 全球化给国际关系带来哪些变化？　/262
5. 什么是经济全球化？它与国际化、一体化是什么
   关系？　/263
6. 经济全球化发展的动力和条件是什么？　/263
7. 经济全球化对国家主权构成什么样的挑战？　/265
8. 为什么会有反全球化运动？　/266
9. 什么是区域化？国家为何要参与区域化？　/268
10. 全球化与区域化是什么关系？　/269
拓展阅读
   1. 世界三大经济组织及其在世界经济中的地位　/271
   2. 为什么反全球化是荒谬的？　/274
自学指南　/277

第十四章　全球治理　/280
1. 什么是全球问题？全球问题具有哪些特征？　/281
2. 为什么全球问题在当今世界越来越突出？　/281
3. 什么是人口问题？为什么近百年来人口出现爆炸性
   增长？　/283
4. 世界能源状况如何？引发了怎样的能源问题？　/284
5. 当前人类面临哪些环境问题？这些问题有何特点？　/285
6. 环境破坏会给人类带来哪些后果和灾难？　/286
7. 什么是生态文明？怎样的发展才是"可持续发展"？　/288

8. 什么是全球治理？它是在什么背景下兴起的？　/ 289

9. 全球治理有哪些特点？如何才能取得成效？　/ 291

10. 全球治理面临哪些困境？　/ 293

拓展阅读

  1. 哪些人被称作"难民"？难民对国际社会造成了什么影响？　/ 294

  2. 联合国气候变化大会的发展历程　/ 296

自学指南　/ 299

附录　国际关系类学术期刊　/ 302

第一章

国际关系学导论

　　如果人类文明在未来30年横遭扼杀的话，那么凶手不是饥荒，也不是瘟疫，而将会是对外政策和国际关系，我们能够战胜饥荒和瘟疫，却无法对付我们自己铸造的武器威力和我们作为民族国家所表现出来的行为……国际关系太重要了，以至于不能忽视它；然而，国际关系又太复杂了，以至于难以一下子掌握它。

　　在我们这个时代，研究国际关系就等于探求人类的生存之道。

——卡尔·多伊奇①

　　研究国际关系就像在进行一次知性的旅行。国际关系这个题目，既有趣又充满了挑战。国际关系不是锁在象牙塔中的、在极少数人中秘传的学问，它的内容极为广泛而且复杂，它与我们每一个人息息相关。当国际关系专家把这一领域当成专门的学术门类来研究时，人们也越来越意识到国际事件与我们自身的生活紧密相关。

——亨利·基辛格②

　　国际政治的"全球剧场"吸引着我们参与其中。实际上我们是在舞台上面就座，尽管剧情可能离我们很远，或者我们可能很不愿意注意它。不论喜欢与否，我们与这个世界是拴在一起的。剧情的发展无论是持续很长还是很快结束，它都是我们所有人必须欣赏或忍受的。……我们值得去努力了解有关这个世界的知识，并根据我们的爱好去塑造它的发展进程，因为国际政治确实很重要。它在我们的生活中起着很重要的作用，我们应当予以关注。

——约翰·罗尔克③

---

① 〔美〕卡尔·多伊奇：《国际关系分析》（周启朋等译），世界知识出版社1992年版，第1—8页。
② 〔美〕亨利·基辛格：《大外交》（顾淑馨、林添贵译），海南出版社1997年版，封底。
③ 〔美〕约翰·罗尔克编著：《世界舞台上的国际政治（第9版）》（宋伟等译），北京大学出版社2005年版，第5—8页。

1. 国际关系学是一门什么样的学科？

国际关系学是在20世纪发展起来的新兴学科。它从哲学、政治学、历史学、法学等社会科学中分离出来，并不断吸取其他新兴学科的营养，从而具有鲜明的综合性和跨学科性。

国际关系学研究的核心问题是：如何避免战争，实现世界和平与人类安全。由于近代以来主权国家垄断了合法使用暴力的权力，战争主要发生在主权国家之间，主权国家成为国际关系的主要行为体，国际关系主要侧重于研究主权国家之间围绕安全问题的政治关系。因为大国之间的关系在很大程度上决定着世界局势的变化和发展趋势，并且大国对维护世界的和平与稳定有更大的责任和能力，所以国际关系学特别重视对世界体系中的大国及其相互关系的研究。

不过，随着时代的发展变化，国际关系的研究领域不断拓宽。首先，国际关系中出现了非国家行为体，如国际组织、跨国公司、恐怖组织等，主权国家已不再是国际关系的唯一行为体。随着非国家行为体的地位和作用的不断上升，以主权国家为单一行为体所构成的国际（international）体系已变成世界（world）体系或全球（global）体系，国际政治（International Politics）也变成世界政治（World Politics）。其次，国际关系由以研究国家之间的政治关系为主，拓展到研究国家之间的经济关系（如南北矛盾、金融危机、能源危机等）、社会关系（如难民问题、有组织的跨国犯罪、传染病的全球流行等），甚至国家的内部问题（如民族认同、族群冲突等）。只要是有可能对世界和平与安全造成威胁的问题，都成为国际关系的研究课题。由此产生的结果是，国际关系研究的核心问题由最开始的如何避免战争，实现世界的和平与安全，扩大为如何消除人类所面临的包括战争在内的各种威胁和恐惧，最终实现全人类的和平与安全。

概括而言，国际关系学以实现世界和平和人类安全为目的，主要研究构成国际体系的各行为体（主要是主权国家，同时也包括非国家行为体）之间的密切联系和相互关系，以及国际关系的运行机制和演变规律。

具体而言，围绕着战争与和平或威胁与安全这个主题，国际关系研究包括宏观和微观两大层次。宏观研究是把国际关系当作一个体系，对其结构特点、运行机制、主要功能、动力和制约因素等进行系统研究，以揭示和把握国际关系运行和演变的规律。微观研究主要是研究以国家为主的国际关系行为体的性质和特点(如国家主权、国家利益、国家实力)、行为体之间的互动(如谈判、互访、贸易、战争等)、行为体之间所形成的关系(以政治关系为主,表现为冲突、竞争、合作),以及行为体与体系的整体或部分形成的关系(如体系的革命者、改造者、维护者等)。

2. 为什么要学习和研究国际关系?

在当今的全球化时代,没有一个国家能够完全孤立地生存。无论是国家还是个人的命运,都与其他国家乃至整个人类的命运紧密地联系在一起。国际关系深刻地影响着国家及个人的安全、经济状况及生活的方方面面。

从安全的角度来看,今天世界已经进入了核武器时代,人类已经掌握了毁灭自身的手段,在人类制造的大规模杀伤性武器面前,人类的生存能力显得越来越脆弱,甚至可以说不堪一击。与此同时,随着时代的发展,诸多非传统安全问题如恐怖主义、气候变化、公共卫生等也逐渐成为影响人类安全的新的因素。生存与安全是国家和个人的基本需求,也是国家和个人得以发展的基础和条件。从这个意义上讲,研究国际关系就等于探求人类的生存之道。

图1.1 中东国家加强对MERS的预防

中东呼吸综合征(Middle East Respiratory Syndrome, MERS)是由一种新型冠状病毒(MERS-CoV)引起的病毒性呼吸道疾病,该病毒于2012年在沙特阿拉伯首次被发现,随后扩散至二十多个国家和地区。根据世界卫生组织(WHO)公布的数据,截至2015年5月25日,全球累计实验室确诊病例共1139例,其中431例死亡,病死率达37.8%。在世界卫生组织以及各国的通力合作下,现在MERS已经得到了有效管控。

从经济的角度来看,在全球化的背景下,国家的经济发展与世界经济的总体走势以及国家的对外关系密切联系在一起。中国改革开放三十多年所取得的巨大经济成就是与冷战后世界经济全球化加速发展的大背景密不可分的。同时,世界经济形势也影响着国家间的关系。2008年始于美国的世界金融风暴使拥有大量外汇储备和较高经济增长速度的中国在国际经济体系中的地位显著上升。由于在经济上有求于中国，美国总统奥巴马上任后不久就对中国进行国事访问，两国关系很快进入"蜜月期"。在经济全球化的大背景下，个人的发展也受到世界经济形势和国家对外经贸关系的影响。如中国，大量的出口贸易创造了大量的就业机会，如果美国等西方国家对中国的某些出口商品采取反倾销措施，一些依靠对外贸易赚钱过活的职员很可能就会面临失业下岗的风险。

我们的日常生活也受到国际关系的影响。我们可能会因为世界石油价格的大幅下降而大大降低出行成本，因而可以选择在假期到国外旅游。我们也可能会因全球化的发展而轻松地享受到世界各地的美食和文化产品。例如，麦当劳和肯德基到中国开店，让更多人享受到美式快餐；中国每年进口美国影片和韩国电视剧，使不少少男少女成为美国和韩国歌星、影星的粉丝。

总之，当今时代，国际关系深刻地影响着我们。国际关系已不再是外交家和政治家的专属领域，它已潜入和贴近我们的生活。所以，学习和掌握国际关系基本知识，了解国际关系的现状和发展趋势，树立全球意识和具有全球视野，已经成为当代公民必备的素质。

3. 普通民众可以影响国际关系吗？

在世界这个大舞台上，我们每个人都不是看客，而是这幕宏伟剧目的参与者。世界舞台上的这幕戏剧的演进会对我们产生深刻的影响，而我们作为戏剧的参与者也可以影响剧情的发展。我们普通民众也可以通过各种途径参与到国际关系中。

> 当我们回顾波斯尼亚和卢旺达的悲剧，我们有责任问：为什么没有人去干涉？这个问题不应只是指向联合国或它的成员国。我们每一个个人均有其一份责任。我们应该回顾我们自己有何反应，我们采取了什么行动？尽了最大努力了吗？更重要的是，下次我们将如何行动？
>
> ——科菲·安南[①]

[①] 转引自夏熔：《20世纪末世界人权发展趋向》，载夏中义主编：《大学人文读本：人与世界》，广西师范大学出版社2002年版，第53页。

第一,我们处于信息时代,"天涯若比邻"已经成为现实,人在家中坐也知天下事,我们可以通过看电视、阅读报纸、收听广播、浏览书刊了解世界,也可以借助最先进的互联网广泛获取有关信息,或通过各种机会直接与国外朋友互通信息、交流观点。现代交通和通信技术的发达,使普通公众都有可能对外交事务有通盘的了解,形成自己的见解。只要我们对世界上发生的事情感兴趣,就有机会充分了解外部世界,我们甚至能和政治家一样迅速掌握国际关系的信息。2001年"9·11"事件刚刚发生,世界各大媒体就争相同步转播纽约世贸双子大厦的现场。甚至连美国总统在获取信息时都已不像过去那样依赖中央情报局,而是像民众一样收看CNN的直播。及时、全面、准确地掌握全球信息是我们参与全球事务的前提。

第二,我们处于全球公民社会时代,可以通过参与各种国际组织来影响国际关系。全球化的发展,相互依存的加深,全球问题的出现,为全球治理提出了更加紧迫和现实的要求,也为个人在世界舞台上的发展提供了更多的机遇,人们有越来越多的机会可以成为某个国际组织的服务人员和管理人员,或全球公益事业的志愿者。例如,目前在联合国机构工作的中国人就有500多人。2008年,中国经济学家林毅夫就正式成为世界银行的首席经济学家。当然,通过参加国际非政府组织的活动来影响国际关系就更容易了。20世纪末,来自80多个国家的1000多个民间组织齐心协力形成国际禁雷运动,推动数十个国家在渥太华签订《禁止杀伤人员地雷公约》(又名《渥太华禁雷公约》)。该运动组织及其领导人乔迪·威廉姆斯(Jody Williams)由此获得了1997年诺贝尔和平奖。目前,已经有164个国家批准了这一公约。

第三,我们处于政治民主化时代,可以通过参与国内政治来间接影响国际关系。今天,世界上绝大部分国家都已经实现了民主政治或者正处于民主化的过程之中,国内政治的民主化赋予民众及其议会代表一定的外交权限。在一些国家,普通公众可以通过全民公决的方式决定国家的重大对外政策,也可以通过其在议会的代表行使诸如宣战权、条约批准权、外交官任命权、外交预算同意权和监督质询权。与此同时,政治领导人的对外政策只有得到社会民众的理解和广泛支持,才能获得合法性。在那些盛行民意测验的西方国家里,政府在做出每个重大的决策前都要征询公众的意见。所以,公众一旦发出自己的声音,就会对领导人产生巨大的政治压力。在很多时候,国家对外是和是战,是更加开放还是筑高壁垒,是加强军备还是增强福利,都得看平头百姓的脸色。

2016年6月23日,英国就是否留在欧洲联盟举行全民公投。24日清晨,完整的计票结果出炉,结果显示,投票支持脱欧的占51.9%,支持留欧的占48.1%,脱欧获得超过1740万票,留欧获得大约1610万票,投票率为72%。随后,英国首相卡梅伦发表声明,称尊重英国人民的选择,离开欧盟。同时他表示,既然英国人民明确选择了与他所支持的道路完全不同的道路,他已不适合继续担任"掌舵人",他本人将辞去英国首相的职务。

图1.2 英国公投脱欧

对于我们中国人而言,当我们津津乐道中国崛起的宏伟前景时,切不能忘记,中国崛起不仅体现在中国国际地位的上升和权力的增加上,同时也意味着中国要承担更多的国际责任。"世界大国"既是荣耀,更是责任。当中国对国际事务有更多发言权的时候,中国对世界安全和发展也就承担了更多责任。如果不能很好地了解世界和参与国际关系,我们就难以成为合格的世界大国的公民。

> 在全球化时代,研究国际关系和全球政治就等于探求人类的生存、发展之道。假设人类文明在不久的未来毁于一旦,首要的原因将不是全球问题,而是国际关系和全球政治的失败,因为它使我们几乎不可能为迎接人类作为一个整体而面临的生存挑战及时做好充分准备。避免人类的悲剧,崇尚全球中庸之道,诸事均衡合理,利益共享,合作共治,是21世纪国际关系和全球政治的神圣使命。
>
> ——俞正樑[①]

---

① 俞正樑:《国际关系与全球政治——21世纪国际关系学导论》,复旦大学出版社2007年版,第6页。

4. 国际关系学是怎样产生的?

国际关系学,顾名思义,就是对国际关系的研究,由此可知,有了国际关系才会有国际关系学。理论上讲,只要世界上出现两个及两个以上有联系的国家(不论这种国家是古代的邦国还是现代的主权国家),就会有国际关系;有了国际关系,自然就会有对国际关系的研究。照此类推,对国际关系的研究应该有数千年的历史了。不过,古代的国际关系研究没有形成独立的学科,而是散见于历史学和政治学古典著作中,如《伯罗奔尼撒战争史》对安全困境的论述、《墨子》中的攻防理论思想雏形、《战国策》对外交技巧的描述等。

1648年欧洲三十年战争之后《威斯特伐利亚和约》的缔结,标志着近代以主权国家为行为体的国际关系的开始。随着欧洲现代民族国家的建立以及彼此间关系的日益密切,国际关系史和外交学的研究应运而生。及至18、19世纪,欧洲国际关系的著作,除了系统地整理、印刷各国间所签订的条约、国际会议记录、外交函件外,还包括政治家、外交家的外交回忆录、私人信札的发表。此外,军事思想与军事策略的著作及国际公法的著作亦流传甚广。

国际关系学作为一门独立的学科是在第一次世界大战后才诞生的。通常认为,1919年英国威尔士大学设立第一个国际关系教席并设置国际关系课程是国际关系学科建立的标志。[①] 此后,巴黎(1925年)、柏林(1927年)及日内瓦(1927年)纷纷效仿开设国际关系课程;与此同时,美国也有四十多所大学设立了国际关系课程(截至1926年)。

在历经了两次世界大战的磨难、国际联盟和联合国的实践以及冷战和各种国际冲突的检验后,直到20世纪70年代,国际关系才有了可称为一门学科的轮廓,其表现为国际关系学者们在主要研究对象、核心概念、理论体系、研究方法等方面开始出现明显的共同点,并且涌现出大量学术刊物、时事报刊、国际关系研究的专业机构,这些标志着国际关系学已经成为一门独立的学科。

现代国际关系研究以美国最为发达。20世纪初,随着国力日渐强大,美国开始介入亚洲、欧洲乃至全球政治。基于国际战略和国家利益的需要,美国学者对国际关系的研究产生了浓厚的兴趣。第二次世界大战后,美国超级

---

① 也有学者认为国际关系学诞生的日期是1919年5月30日,因为在这一天,美英出席巴黎和会的代表团同意在本国设立一个专门从事国际关系的研究机构,由此产生了英国皇家国际事务研究所(British Institute of International Affairs)和美国对外关系委员会(American Council of Foreign Affairs)。

大国的世界地位使其国内对国际关系的研究蔚然成风,并取得了较大成就。目前,主流国际关系理论的代表人物基本上都是美国人。

▪▪▪ 5. 国际政治与国际关系是同一门学科吗?

国际政治(International Politics)和国际关系(International Relations)是国际关系领域的学者经常使用的两个概念。有学者认为二者之间没有区别,可以通用。但也有学者强调二者的不同,认为国际关系的研究范畴要比国际政治广泛得多,比如,国内高校一般都是在国际关系学院下设国际政治系。

一般而言,国际政治侧重于研究主权国家之间的政治关系与权力之争,而国际关系则把国际经济、国际法和国际组织甚至非国家行为体的活动都列入其研究范畴。现实主义比较偏重政治问题,重视国家之间的权力斗争,故常用"国际政治";而自由主义和英国学派强调国家之间的相互依赖和多层面的关系,以及国际社会各种行为体之间的相互关系,故常用"国际关系"。由于二者研究重点不同,国际政治学对人类历史及世界局势变化有较现实和悲观的见解,而国际关系学则对国际形势和人类治理世界的能力有较理想和乐观的看法。

不过,近年来,一个明显的变化趋势是,国际政治与国际关系二者之间的界限越来越模糊,人们越来越多地使用国际关系。例如,一本由美国学者撰写的、在世界数百所大学使用的教材被命名为《争论中的国际关系理论》(*Contending Theories of International Relations*)。

▪▪▪ 6. 国际关系学主要研究哪些问题?

国际关系学是政治学的一个分支。正如政治学的研究范畴可以用"谁(who)在何时(when)为何(why)以什么方式(how)来做什么(what)"来概括一样,国际关系学研究的问题同样可以用这句话来概括。

Who 指的是对国际体系(或称世界体系)以及活跃在国际舞台上的各种行为体,主要包括国家和非国家行为体(国际组织和跨国公司等)的研究。国际关系中行为体的特性及其相互关系决定着世界体系的性质和发展方向。

When 指的是对国际体系及行为体在不同历史时期的性质和特征的研究,即对国际关系的纵向研究,或对国际关系史的研究。国际关系史是我们理解现实、预测未来的基础和前提。对国际关系发展史的整体把握可以提高我们宏观思考和战略思维的能力。

Why 指的是对影响国际体系和行为体及其关系发展演变的动力因素和主要原因的研究。在国际关系学领域,最重大也是最重要的问题就是：人类为什么会发生战争？人类能否消灭战争？此外,国家在什么情况下会选择合作？国际规范是如何形成并发挥作用的？等等。这些都是国际关系学者试图回答的问题。

How 指的是国际行为体为实现其利益或目标而采取的方式。在几乎所有的国际问题上,国际行为体都不会只有"唯一的选择",国家实现国家利益的手段可以分成外交与武力,国家之间实现和平的方式可以分成均势、结盟、相互威慑、遵守国际法、缔造国际组织等。

What 指的是对人们所期望的世界体系的发展方向和国际行为体所要追求的理想目标的研究。世界的和平与安全是国际关系学的核心价值目标。不管是否认同人类最终会实现和平与安全,所有的国际关系理论都是以避免战争和维护和平为价值取向的。世界体系中的国家行为体所追求的目标是实现国家利益。但不同历史时期国家追求的利益有所不同,同一时期每个国家对自身利益的认识和判断也不尽相同。

概括而言,国际关系主要描述和分析世界体系及其组成单位(即行为体)在不同历史阶段运用各种方式和手段追求其利益和目标的过程以及由此形成的各种关系对世界和平与安全产生的影响,并试图揭示其中的规律,以对未来做出预测和判断。

7. 国际关系学的研究领域发生了哪些变化？

作为政治学的分支,国际关系学最初的研究范围主要是政治领域,因此这门学科在很长时间内与"国际政治"是重合的。国家之间政治关系表现最极端、后果最严重的当数战争,于是,如何避免国家之间的战争从而实现世界和平与安全成为国际关系学研究的主题。进入 20 世纪,两次世界大战和美苏冷战为国际关系学的战争与和平的研究提出了现实需求。所以,对战争产生根源的理论探究、对国家如何获得安全的探讨以及对军备控制、对外战略的研究一直是国际关系学的主流。

不过,随着时间的推移和国际社会日趋复杂,国际关系学的研究领域从政治学不断向外拓展。

经济领域本来是专属于经济学家的地盘,但20世纪70年代以来,由于欧洲一体化、布雷顿森林体系崩溃和第一次石油危机等事件对国际关系产生的巨大影响,国际关系学者开始关注国际关系中对世界和平与安全产生影响的经济因素。国际政治经济学应运而生。从此,国家间的经济竞争和国际经济合作成为国际关系研究的热门话题。国际关系学者们开始讨论:经济全球化的动力何在?经济全球化对国际关系有何影响?经济相互依存能否避免战争?如何有效提高国家的经济实力?……简而言之,国际关系最早主要关心"战"与"和",现在开始关心"钱"。因为军事安全已经不再是国家追求的唯一目标,经济因素同样有可能对国家安全造成不可估量的巨大损失。

社会领域是冷战结束后国际关系学的新兴热点。事实上,早在18世纪,格劳秀斯(Hugo Grotius)等人就十分热衷于"国际社会"这一概念。后来英国学派传承这位国际法大师的衣钵,将"国际社会"发扬光大,如今这个原本仅是英国学派的基本概念在国际关系学中已显得越发重要。因为除了国家之外,国际组织、跨国公司等行为体之间形成的多重复杂关系已经使得世界越来越像一个"相互交织的网络"了。当大多数国家意识到它们有着共同的价值观念,并认为它们相互之间的关系受到了一套共同规则的制约,而且它们一起建构共同的制度,国际社会就形成了。于是,有越来越多的学者开始探究这些国家所共有的价值观念、国际规则和国际制度的成因和影响力。建构主义国际关系理论的代表人物亚历山大·温特(Alexander Wendt)就将其著作直接命名为《国际政治的社会理论》。

文化在国际关系中的作用曾长期受到忽视,但在政治学大师亨廷顿(Samuel P. Huntington)"文明冲突论"的影响和推动下,20世纪90年代以来,国际关系研究领域出现了"文化热"。文化或文明之间的差异是否成为导致世界冲突的根源?不同文化或文明之间能否实现和平共处?文化或文明之间的冲突与国家利益之间的冲突是什么关系?这些问题都成为国际关系学研究的新课题,而且在这个领域还涌现出了诸多令人瞩目的学术成果。其中,温特对体系文化的研究、江忆恩(A. Iain Johnston)和卡赞斯坦(Peter Katzenstein)对国家战略文化的探讨、兰德斯(David S. Landes)等人对文化是否影响经济发展的讨论都开拓了人们的视野,加深了人们对国际关系的理解。

心理领域可能是国际关系学目前最为微观的研究领域。作为社会科学,国际关系学从根本上讲是一门关于"人"的学科,所以不可能忽视个人和群体心理因素的存在。心理学家很早就从心理学角度对影响国际关系的重大事件做出了探索。① 随着心理学研究不断取得突破,很多国际关系学者也开始采用心理学方法来分析对外政策和国际关系。有学者将心理学在国际关系研究中的运用划分为三个学派,即以精神分析为基础的心理分析学派、侧重领导人个性分析的个性学派,以及分析研究对象认识和信息处理过程的认知学派。近年来,国际关系学中的心理学研究已取得了显著成就。

总之,随着时间的推移,国际关系研究的领域不断扩展,从现实主义之"高阶政治"逐步扩展到自由主义之"多样性",研究主题从战争、和平、国家安全、危机管理、军备控制等拓展到国际政治经济、国际组织、公共外交、个人心理等。与此同时,国际关系研究的方法也越来越多,而且不断从经济学、人类学、心理学、社会学、历史学等其他学科中汲取理论养分。更为重要的是,国际关系研究的主体越来越侧重于"人",如世界中的人、国家中的人、战争中的人、跨国界的难民、人道主义危机和干预、发展中国家的人口激增等。可以说,国际关系研究正由原来的以"国家"为本逐渐转变为以"人"为本,个体的"人"或特殊群体的"人"在国际关系中的重要性变得越来越突出。

8. 如何进行国际关系研究?

从事任何社会科学研究都必须首先掌握三方面的知识:历史、理论和方法。其中,历史是基础,理论是指导,方法是工具。国际关系也不例外。

历史为人们思考和研究国际关系提供了元素和材料,是人们理解现实和思考未来的基础。历史展示的恢宏画面不仅可以丰富人们的想象力,而且可以增强人们宏观思考的能力。同时,在科学研究中,丰富的历史知识不仅可以提高研究者提出假设的能力,而且更重要的是,历史是我们检验研究结果的依据。一项研究不管如何科学缜密,如果其结论与历史事实不符,甚至与历史事实相悖,一定是站不住脚的。所以,立志于研究国际关系的学者必须有扎实的世界史、国际关系史、外交史、国别史的基础。

理论是人类对自然界、人类以及自然与人的关系的系统知识的概括和总结。理论的任务是通过对具体事物的研究找出事物的共性,发现普遍规律。由于理论具有普遍性和客观性,它能为我们观察、理解和解释问题提供视角和方法,增强我们思维的逻辑性和条理性。例如,在国际关系中,简而言之,

---

① 例如,弗洛伊德通过他的精神分析理论得出推论:人在心理上的死亡本能和破坏冲动是国际战争乃至一切人类冲突的根源。

现实主义理论解释了国际关系中的冲突,自由主义理论解释了国际关系中的合作,建构主义理论解释了国家为什么有时候选择冲突,有时候选择合作。我们在研究国际关系中具体的冲突、合作等问题时,就可以借助这些理论提供的视角来做出解释和论证。

研究方法是我们研究问题所选取和使用的手段。国际关系的研究方法包括历史方法(以历史事实为基础,对史料的验证、整理、概括和分析)、科学方法(观察、调查和试验等实证方法)和哲学方法(建立在人们普遍接受的价值观基础上的思辨)。就研究方法而言,没有最好的方法,只有最合适的方法。研究者可以根据研究问题的不同选择相应的研究方法。同一问题可能适用不同的方法研究,一种研究方法可以研究不同的问题,研究中还可以综合使用多种研究方法。研究者掌握的方法越多,研究问题的能力就越强。

总之,掌握丰富的历史知识(尤其是世界史和国际关系史知识)、熟悉国际关系理论、熟练运用各种研究方法是进行国际问题研究的前提条件。

拓展阅读

1. 世界正在以惊人的速度发生变化[1]

世界正在以惊人的速度发生变化!要理解国际关系,最重要的一件事情就是了解现实!对于出生在这个以异常速度变动的时代的大多数年轻人来说,这可能没有什么了不起的。其实不然。人类有记载的历史已超过3000年。要真正理解这期间人类社会变化的速度必须依靠某种观察方法。

为了试着向大家展示这种惊人的变化速度,在这里向大家介绍一位名叫伊丽莎白·"马潘婆"·伊斯雷尔(Elizabeth "Ma Pampo" Israel)的女性。这位令人称奇的女性住在多米尼加——一个加勒比岛国,她生于1875年,经历了三个世纪。通过"马潘婆"的眼睛,我们可以感受到这个世界的变化速度到底有多快。

1875年"马潘婆"出生时,尤利西斯·辛普森·格兰特(Ulysses Simpson Grant)任美国总统。当时中国正是光绪元年,奥斯曼土耳其帝国由一位苏丹统治,俄罗斯有一位沙皇,德国有一位皇帝,而统治着大部分中欧的奥匈帝国也有一位君主。亚非大部分地区仍是欧洲大国的殖民地。世界有不到15亿的人口;能在天上用翅膀飞翔的只有禽鸟(还有一些昆虫和蝙蝠),当时世界

---

[1] 节选自〔美〕约翰·罗尔克编著:《世界舞台上的国际政治(第9版)》,前言"致学生"部分。

上最厉害的武器就是格林式机关枪和远程大炮。

在"马潘婆"出生时,人们基本上还只是在陆地上活动。当她28岁时,第一架飞机飞上了天空;当她69岁时,第一架喷气式飞机起飞;当她86岁时,苏联人尤利·加加林迈出了人类在太空的第一步;而当她94岁时,尼尔·阿姆斯特朗登上了月球。还有,"马潘婆"的年龄是原子武器的两倍;在她有生之年,世界人口增长了四倍;她比世界上四分之三的国家诞生得都早。"马潘婆"出生时,收音机、电视机、计算机和其他一些如今深刻地影响着我们的技术创新还未出现。

这就是我们生活其中的世界。如果我们像"马潘婆"活得一样长,那么当我们127岁的时候,世界又会是什么模样?

世界舞台上发生的事件总是充满了复杂和戏剧性,偶尔给人希望,往往又是悲剧性的,而且总是引人注目。不过,世界舞台的戏剧性并不意味着我们每个人作为观众可以满足于坐而观之。恰恰相反,令世界如此戏剧化的部分原因正在于,观众是坐在舞台上的,并且就是正在发生的故事的一部分,同时又是旁观者。在这场即席演出的戏剧中,观众席上的我们可以参与进来,而且既然结局很可能是悲剧性的而非快乐的,我们理应有所参与。因为我们每个人都受到国际政治的深刻影响,所以我们有责任且有能力去书写这出世界"戏剧"的脚本。如此说来,莎士比亚在《终成眷属》(All's Well that Ends Well)中提出的"一切办法都在我们自己"(our remedies oft in ourselves do lie)一语颇具智慧。

2. 国际关系中"人"字在逐渐大写[①]

冷战结束后,随着两极格局的瓦解和全球化进程的加速,国家作为国际关系主要行为体和权威者的形象受到侵蚀,而与国家(政府)相对立的公民、个人、社会、族群等单元的利益受到更多重视。国际立法和司法实践加大了对人权的保护,特别是对受到国家政权机器迫害和排斥的族群、个体及其他易受害方(如难民、妇女、儿童、残疾人)的保护力度。

如果说,二战结束至冷战终结这段时间人权观念的扩展,还主要是限于诉诸国家的理性和对国家提出新的要求,那么,新的发展趋势则是直接给予个人更大的关注与保护,把个人置于国际政治和国际法体系的核心地位。从法律本身发展的角度观察,国际人权法确实也是国际法领域发展最快的一个方面,与国际经济法构成新阶段国际法律体系的重要组成部分。联合国大会

[①] 选编自王逸舟:《当代国际政治析论(增订版)》,上海人民出版社2015年版,绪论,题目为编者所加。

于1999年通过的决议特别指出:"注意到人是发展的中心议题,因此发展政策应以人为发展的主要参与人和受益人。"近期联合国的一个新动向是,在原先的人权委员会之上,建立专门的人权理事会,这个理事会由经社理事会附属机构升格为大会附属机构,在机制上加强了国际社会及其组织机构对人权的关注和作用。

所以,在今天的国际关系中所谈论的人权概念里,基本上都能找到国际法的依据和说明。任何侵犯人权的行为都有法律意义上的惩戒与约束,尽管实际国际关系中并非总能贯彻落实国际法的这些规定。

以联合国人权保护的主要内容为例,可以看出这种"以人为本"的范畴,相对于各国政府的现有努力及尺度,属于更长远广泛也更高、更严的标准。具体来说,包括以下几个方面。

(1)公民权利和政治权利。在《公民权利和政治权利国际公约》里,包括了个人的生存权,人身自由及安全权,在法律面前的平等权,有思想、信念及宗教的自由,和平集会与自由结社的自由,婚姻及成立家庭的权利,参与公共事务的权利,享有选举权与被选举权等内容。

(2)经济、社会和文化权利。在《经济、社会、文化权利国际公约》里,包括了工作的权利,享受社会保障和免受饥饿的权利,组织工会和选择加入自己选择的工会的权利,受教育的权利,参加文化活动、享受科学进步及其好处的权利等内容。

(3)防止种族歧视和种族隔离。在《联合国消除一切形式种族歧视宣言》《消除一切形式种族歧视国际公约》和《禁止并惩治种族隔离罪行公约》等文件中,包括了防止种族歧视和种族隔离的详细说明。

(4)防止并惩治灭绝种族罪。根据《防止并惩治灭绝种族罪行公约》,对于犯下此类罪行的人,无论是一国的统治者、公务员或私人,均要予以惩办;惩办的机关是行为发生地的主管法院或缔约国接受其管辖的国际刑事法庭。公约还明确规定,上述罪行不得视为政治罪而不予引渡。

(5)禁止奴隶制度和类似的制度与习俗。在《禁奴公约》和《废止奴隶制、奴隶贩卖及类似奴隶制的制度与习俗补充公约》等联合国通过的文件里,对此有详细说明。

(6)促进男女平等。它体现在联合国大会及下属机构通过的《妇女政治权利公约》《消除对妇女一切形式歧视公约》《反对教育歧视公约》《男女工人同工同酬的公约》等多个文件里。

(7)保护易受害阶层。众所周知,联合国难民署是当今世界处理全球难民事务最主要的机构,它因其卓有成效的努力而两次获得诺贝尔和平奖;联合国系统通过的文件有《难民地位公约》和《难民地位议定书》,也对难民问题的全球关注起到引导性效应。另外,联合国大会通过的《儿童权利宣言》《儿童权利公约》《儿童生存、保护和发展世界宣言》等文件,对于全球范围的儿童保护及其权利有严格细致的规定。联合国还通过了《智力迟钝者权利宣言》《残疾人权利宣言》以及《关于残疾人的世界行动纲领》等文件,对于残疾人的权利保护提出了要求。对于未婚母亲及非婚子女、老年人、移民工人、土著居民等易受害阶层的人权问题,联合国也以不同形式表达了关注并提出了要求。这些均成为国际社会和各国政府援引的标准。

重新定位国家的责任(以及权利),把对个人的保护纳入其中,是国际法在20世纪后期出现的另外一大动向。

传统的主权观念,从近代国家产生直至当代,始终是国际法和国际关系的核心范畴之一。它强调了国家的至上性和自主性,为民族国家体系的奠定与发展提供了基石。然而,时代的进步,特别是全球化进程带来的各种变革,使法理意义上的主权显得比较单薄和保守,无法充分解释实际生活。

现在,人们从更加复杂多变的现实出发,提出了更新和充实传统主权观念的各种思路。在维护核心主权的前提下,把主权看成包含多个层次的、更加灵活和丰富的形态,某些外围的、边缘的主权可能随着时代变化而让渡、调整、受约束;"主权"与"人权"不是对立和割裂的关系,而被视为进步时代的社会相互依赖、相辅相成的对子;超越狭隘法理的主权本身,不再把主权看作一个恒久不变的范畴,而是可以随着主权的承载体(国家)之内政外交的进步性或落后性而增强或削弱的东西。

这种变化了的主权观与过去的定义相比,最大的区别是国家与社会的关系被重新界定,个体的、能动的"人"(公民)被看重和大写,成为主权观的中心内容和重心所在。在新的定义下,一个国家之所以拥有主权,不光是因为它在联合国和各种国际制度内占有名义上的席位,也(更)由于它能够在国内尊重和维护本国公民的基本权利(生存的权利、不受威胁和恐吓的权利、参与决定的权利等),在国际上尊重和维护得到公认的一般准则(和平稳定、合作发展、相互尊重等)。简言之,是它实施了"良治"。

自学指南

本章的内容是大多数国际关系学基础知识教材的第一章。下面列出了近年来国内外学者编著的国际关系学概论、国际政治学概论、国际关系基础理论的教材。读者可以通过阅读这些教材的第一章来扩展自己对国际关系这门学科的发展历史、研究领域和发展方向的了解。同时，读者还可以通过阅读和比较中外学者编著的教材，感受国内教材与国外教材的不同写作风格。

国内学者编著的教材

阎学通、何颖：《国际关系分析（第三版）》，北京大学出版社 2017 年版。

王逸舟：《国际政治概论（第二版）》，北京大学出版社 2016 年版。

李少军：《国际政治学概论（第 4 版）》，上海人民出版社 2014 年版。

蔡拓主编：《国际关系学》，高等教育出版社 2011 年版。

陈岳：《国际政治学概论（第 3 版）》，中国人民大学出版社 2010 年版。

俞正樑等：《全球化时代的国际关系（第二版）》，复旦大学出版社 2009 年版。

邢悦、詹奕嘉：《国际关系：理论、历史与现实》，复旦大学出版社 2008 年版。

国内翻译出版的教材

〔美〕布鲁斯·拉西特、哈维·斯塔尔：《世界政治》（王玉珍等译），华夏出版社 2001 年版。

〔美〕康威·汉得森：《国际关系：世纪之交的冲突与合作》（金帆译），海南出版社、三环出版社 2004 年版。

〔美〕威廉·内斯特编著：《国际关系：21 世纪的政治与经济》（姚远等译），北京大学出版社 2005 年版。

〔美〕约翰·罗尔克编著：《世界舞台上的国际政治（第 9 版）》（宋伟等译），北京大学出版社 2005 年版。

〔加〕罗伯特·杰克逊、〔丹〕乔格·索伦森：《国际关系学理论与方法》（吴勇、宋德星译），天津人民出版社 2008 年版。

〔法〕达里奥·巴蒂斯特拉：《国际关系理论（第 3 版修订增补本）》（吴勇、宋德星译），社会科学文献出版社 2010 年版。

〔美〕小约瑟夫·奈、〔加〕戴维·韦尔奇：《理解全球冲突与合作：理论与历史（第九版）》（张小明译），上海人民出版社 2012 年版。

〔美〕卡伦·明斯特：《国际关系精要（第 4 版）》（潘忠岐译），上海人民出版社 2015 年版。

使用比较广泛的英文国际关系学教材

Steven L. Lamy, et al., *Introduction to Global Politics*, Brief Third Edition, New York: Oxford University Press, 2015.

Jeffry A. Frieden, David A. Lake and Kennetgh A. Schultz, *World

Politics: Interests, Interactions, Institutions, Third Edition, New York: W. W. Norton & Company, 2015.

Jon C. W. Pevehouse Joshua S. Goldstein, *International Relations*, 11th Edition, Pearson, 2016.

Charles W. Kegley and Shannon L. Blanton, *World Politics: Trend and Transformation*, 16th Edition, Wadsworth Publishing, 2016.

关于中国的国际关系研究和发展状况,读者可以通过阅读以下论著获得比较全面、完整的了解。

袁明主编:《跨世纪的挑战:中国国际关系学科的发展(修订版)》,北京大学出版社2007年版。

赵可金:《中国国际关系理论研究》,复旦大学出版社2007年版。

王逸舟主编:《中国国际关系研究(1995—2005)》,北京大学出版社2006年版。

资中筠主编:《国际政治理论探索在中国》,上海人民出版社1998年版。

第二章

国际关系研究方法

包括国际关系在内的社会科学和自然科学都属于科学范畴,因此,它们最基本的共性就是使用科学的研究方法。科学研究方法有很大的局限性,它并不能解决所有的问题,但是科学的方法可以解决很多其他研究方法所不能解决的问题。

——阎学通[①]

国际关系的历史论述、思考和解释对国际关系理论思想有首要意义;这是一切高度注重历史经验的国际关系学者的起码信念,并且在一切推崇和深入借鉴政治思想和国际关系思想的悠久传统的人看来理所当然。

——时殷弘[②]

国际关系属社会科学,说到底,是以人为核心的研究,其终极关怀也应该是人;人的组织、人的行为、人的观念、人的尊严等。……国际关系方法应该是一种以人文精神为基底、人文和科学相结合的方法。

——秦亚青[③]

[①] 阎学通:《国际关系研究中使用科学方法的意义》,《世界经济与政治》2004年第1期,第17页。
[②] 时殷弘:《关于国际关系的历史理解》,《世界经济与政治》2005年第10期,第21页。
[③] 秦亚青:《第三种方法——国际关系研究中科学和人文的契合》,载秦亚青:《权力·制度·文化:国际关系理论与方法研究文集》,北京大学出版社2005年版,第373页。

1. 为什么研究国际关系需要掌握研究方法？

研究方法是我们研究问题所选取和使用的手段，没有研究方法就无法研究问题。不同的学科有不同的研究方法，不同的研究方法有不同的适用范围。"工欲善其事，必先利其器"，研究方法的选择和运用能力直接决定着研究的水平和质量。

对于国际关系研究而言，掌握和正确使用研究方法可以增强研究成果的可靠性和说服力。例如，统计是国际关系研究的一种常用方法。用这种方法来确立研究对象之间的关系或检验研究对象之间的关系，可以使二者的关系一目了然，使读者对研究结果更容易理解和接受。比如，有学者对某一时期世界主要国家武器出口量进行统计，然后计算该国的武器出口占世界武器出口市场的份额，由此就可以了解该国在世界武器市场上的地位。

一个学科的进步在很大程度上体现在其有无研究方法以及研究方法有无重大突破上。当前我国国际关系研究取得的一个较大进展，就是对研究方法的重视。越来越多的学者开始在研究中自觉运用各种研究方法，传统的社会科学研究方法（主要指历史研究方法和哲学研究方法）已被广泛地应用到国际关系的研究中，与此同时，科学研究方法受到学界越来越多的重视。随着国际关系研究领域的不断拓展，国际关系研究方法也日趋多元化。熟悉和使用这些新的研究方法对研究者提高研究水平有着重要意义。

2. 什么是国际关系的历史研究方法？

国际关系的历史研究方法，是指针对当前国际关系中的一个理论或现实问题，选取一个或几个比较重要的国际关系事件，对其进行细致入微的剖析或比较，找出导致这个或这些特殊历史事件发生背后的一般性的规律，从而为理解和解释当前这个问题提供启发和思路。与国际关系史研究不同的是，国际关系的历史研究方法重分析而不是考据，多数情况下使用的是史学界已有的研究成果，而不是原始档案。

历史研究方法主要包括过程追踪和比较研究。所谓过程追踪，就是选取一个比较重要的国际关系历史事件，对其进行解剖麻雀式的分析，几乎事无巨细地了解事件的整个过程和所有要素，从而找到其前因后果。尽管这种研究方法看似只能了解一件事情，但实际上可以举一反三。如果这件事情很普通(具备较强的代表性),便能掌握同类事件的普遍性;如果这件事情很特殊(具备较强的典型性),那么比它简单得多的事情就更容易解释和应对了。

修昔底德的《伯罗奔尼撒战争史》①可称得上是闻名世界的历史研究的杰作。修昔底德从对伯罗奔尼撒战争这场"比先前各场战争大得多的"战争的典型案例的研究中,提取出有可能"垂诸永远"的人类政治教益和国际关系经验。书中明确地用恐惧、名誉和私利这三个概念来概括国家之间争斗的根本动因。书中那句"斯巴达对雅典日益增长的实力感到恐惧"是当今国际关系学著作不断引用的经典名言。

《伯罗奔尼撒战争史》书影

> 虽然被公认的政治研究经典都出于政治哲学家,但它们在国际关系研究领域唯一被公认的对应物只有修昔底德的历史著作。而且,国际政治的性质、外交的要务,在政治理论或国际关系理论中体现和传达的,少于在历史著述中体现和传达的。
> ——马丁·怀特②

所谓比较研究,是指选择国际关系中的两个或多个类似的历史事件进行比较分析,找到它们的共同点或者不同之处。汤因比认为历史研究不是为了微观地描述具体进程,而是要通过对各种文明历史的比较,发现它们兴衰的内在动因,勾勒出宏观的历史进程。③ 对于国际关系研究来说,这种做法同样具有相当重要的意义。因为只有通过比较或对比,我们才会更容易发现,什么因素对国际关系来说具有普遍意义。

---

① 〔古希腊〕修昔底德:《伯罗奔尼撒战争史》(谢德风译),商务印书馆1960年版。
② Martin Wight, "Why Is There No International Theory?" in Herbert Butterfield and Martin Wight, eds., *Diplomatic Investigations*: *Essays in the Theory of International Politics*, Harvard University Press, 1968, p.31.
③ 〔英〕阿诺德·汤因比:《历史研究》上卷(郭小凌等译),上海人民出版社2005年版,第一部绪论。

美国学者兰德斯的著作《国富国穷》①即采用了比较研究的方法。兰德斯面对的是一个令许多经济学家都头疼不已的难题：穷国为何如此贫穷？富国为何如此富足？为什么有的国家由穷变富而有的国家由富变穷？通过对600年来世界上所有地区经济盛衰历史的考察，兰德斯得出这样的结论：虽然客观条件和体系因素的制约不可忽视，但国家的文化是制约其经济发展的深层因素，国家的文化与国家的穷富之间有着深刻的联系。

《国富国穷》书影

3. 什么是国际关系的哲学研究方法？

国际关系的哲学研究方法，主要用于国际关系的规范研究，是指用演绎的方法推理由国家组成的世界如何才能得以改善，以及国家和国际社会应该做的事情。比如，国家在国际社会的作用应该是什么？国家之间的关系应该是怎么样的？如何才能实现世界体系的和平有序？什么样的战争是正义战争？在什么情况下进行"人道主义干预"才是合法的？为了消除贫困，是否应在全球范围内对经济资源进行再分配？国际关系中的伦理问题主要就是使用哲学方法来研究。

针对国际关系中的一些基础性的问题——人性、国家和国际社会的本质等，不同时代的哲学家提出了不同的甚至相互对立的观点。这些研究有助于国际关系学者思考国际关系的本质问题，并为国际关系的规范研究奠定了基础。比如，英国哲学家霍布斯在《利维坦》中把人在自然状态中的生活描述为孤独的、自私的、野蛮的，人们被情感所驱动，每个人都是另一个人的敌人，每个人都为自己的生存而担忧。他认为，个人与社会只有通过国家，即利维坦（海中怪兽），才能摆脱自然状态。

法国哲学家卢梭在《论人类不平等的起源》一书中同样描述了国内社会和国际社会的自然状态，他认为在自然状态下，个体会为了追求自身利益而损害集体利益。他提出的解决方案是社会契约，由"公意"来掌握国家权力。"每个人把共同拥有的自身及全部权力置于公意的最高掌管之下；每个成员都接受自己成为整体中不可分割的一部分。"

---

① 〔美〕戴维·S.兰德斯：《国富国穷》（门洪华等译），新华出版社2007年版。

霍布斯和卢梭关于自然状态的论述，为后来国际关系中现实主义"国际社会处于无政府状态，每个国家为了自身生存而不得不发展军事力量"提供了基本假定。与霍布斯和卢梭的观点不同，德国哲学家康德在《永久和平论》中提出，所有国家组成世界联邦就能实现世界和平。他认为，在世界联邦的统治下，主权国家受到国际法的制约，世界和平与安全可以得到维护。尽管人性是自私的，但大同世界和普世主义仍然是人类追求的目标。康德的思想为国际关系中的理想主义和自由主义提供了来源。

鉴于国际关系研究对象的特性，以及大量重要问题都和战争与和平相关，加之 21 世纪以来全球性问题的凸显，用哲学研究方法进行的规范研究将继续保持它在国际关系研究领域的重要地位。

4. 什么是国际关系的科学研究方法？

国际关系中的科学研究始于 20 世纪五六十年代美国的行为主义（behavioralism）革命。行为主义者尝试借助生物学、心理学以及物理学等学科的研究方法，在社会科学领域建立一种更加严密的知识体系。行为主义者认为，国际关系学研究的对象是客观存在的，国际关系的活动具有客观规律，所以自然科学（如生物和化学）的研究方法，如经验分析、假设论证、量化数据、建立模型等，同样适用于社会科学。在国际关系研究中坚持科学方法的学者被称作科学主义者。

科学研究遵循的是"试错"的逻辑，它以假设起步，然后用可以观察到的现象（observable implication）对假设进行检验，最后得出结论。所以，科学研究又被称为实证研究。一般来说，科学研究包括四个步骤：提出问题、做出假设、实证检验以及得出结论。

例如，查尔斯·金德尔伯格的《1929—1939 年世界经济萧条》[①]。该书将经济学上的公共产品理论引入了国际关系学，是以科学研究方法探求国际关系规律的代表性著作之一。该书的分析模式是：

问题：如何才能维持国际秩序的稳定？

假设：受奥尔森的启发，金德尔伯格认为，有且只有一个霸权国发挥领导作用时，才能保证世界稳定有序。

---

① Charles P. Kindleberger, *The World in Depression, 1929—1939*, University of California Press, 1986.

实证:本书通过考察大萧条期间的国际秩序,发现当时并不缺乏和此前一样睿智的计划和主张,但都因为有能力承担领导责任的国家被国内问题搞得茫然失措、置身事外而没有发挥作用。

结论:霸权国发挥领导作用时世界井然有序,霸权国衰落时国际冲突增加。此结论简称为"霸权稳定论"。

再如,秦亚青的《霸权体系与国际冲突》[①]。该书是中国学者以定量方法研究国际问题的翘楚之作。该书的分析模式是:

问题:霸权国能带来世界秩序的稳定吗?

假设:如果真是如此,那么,霸权国实力的消长与国际冲突的数量之间应该存在相关性。

实证:本书考察了1946—1988年美国国力的消长和同时期国际武装冲突的频度,发现霸权国强大不减少国际冲突,霸权国衰落不增加国际冲突。

结论:霸权国的实力消长与全球安全之间没有直接的相关性。

需要指出的是,科学研究并非就是定量分析。定性分析也是科学研究的一种方式,而且定性分析还是定量分析的起点和终点。定性分析和定量分析的最大不同之处在于检验假设的方式。定性分析一般使用案例来检验假设,而定量分析则使用数据分析来检验假设。

科学方法旨在揭示事物之间内在的因果关系,有助于人们发现事物变化发展的规律,从而在一定程度上提高人们预测的能力。但国际关系中人类行为的复杂性和不可预测性超越了要求严密、简约的科学主义所能承担的范围。同时,国际关系不仅是客观存在,还是社会建构的结果。人的信仰、价值观以及对国际关系的理解和认识本身也是国际关系的一部分。所以,在国际关系研究中,传统方法与科学方法需要相互补充、相互推动。

5. 常用的科学研究方法包括哪几类?

概而言之,科学研究方法主要包括三类:以案例研究为主的非数量分析方法、以统计分析为主的定量分析方法以及以数学建模为主的形式理论。

---

① 秦亚青:《霸权体系与国际冲突:美国在国际武装冲突中的支持行为(1945—1988)》,上海人民出版社1999年版。

案例研究是国际关系研究中最传统和常用的,无论是传统主义、科学主义还是后现代学派,都会运用这种方法。在科学实证研究中,案例研究主要运用于理论假说的推导、厘清或检验。国际关系研究中的案例一般而言是具体的国际事件,但是与历史学家对事件的关注不同,社会科学研究的是某一事件(案例)相对于其所属的样本总体的意义,即特定案例的一般意义。比如,古巴导弹危机可以看作国家间冲突和外交危机这类事件中的一个案例,研究它的目的是考察国家在冲突和危机中的决策模式和行为方式。案例研究需要考察历史事件,但并不局限于事件本身,而是其中的某一方面以及其中的变量与变量之间的关系。

统计分析是定量研究的主要方法,其主要目的是在收集大量数据的基础上,利用相应的数学工具考察分析变量之间的相关关系,并且根据概率法则做出因果推论。其中,统计分析中涉及的数学工具主要有回归分析和概率论等。在国际关系研究中,统计分析的应用相当普遍,这一方法的运用在很大程度上依赖于相关的数据库,国际关系领域已经建立了许多规模庞大、时间跨度长、涵盖面广的数据库,内容涉及国际冲突、国家实力、政权类型、贸易、联盟行为、国际组织等国家间交往的主要方面。

形式理论又称数理形式理论或形式化建模(formal-modeling),其主要内容是利用形式化(formalization)的方法将理论要素转化为数学语言中的符号,由此构建出一套公理系统。形式理论也是一种数学方法,与统计分析的不同之处在于:前者运用演绎法,从一套公理系统中推导出结果;后者则采用归纳法,收集数据建立起相关关系。形式理论的基础是理性选择理论,假定个体具有外生的偏好,个人的决策是根据这些偏好排序做出的,目标导向的理性是进行形式化建模的前提。倾向于形式化建模的学者通常认为,数学语言优于日常语言,这是因为日常语言是含混不清的,而数学语言简洁明晰,所以利用数学语言建立的理论更加简明和准确,保证逻辑上的严密和一致。

尽管上述三种科学实证研究方法不尽相同,大多数从事国际关系研究的学者日渐形成了这样的共识:案例研究、统计分析和形式理论三者并非相互排斥,它们各有优势和局限(三者的比较见表2-1)。每一种方法的选择与研究的目的和议题有关,同时,这些方法在理论研究的不同环节(比如理论建构、检验和修正等环节)所起的作用有所差别。因此,在一个研究项目中反复或者协同使用不同的方法比单纯使用一种方法更加有利于研究的完善。当然,综合这些不同方法的前提是,要对每一种方法本身的优劣长短、取舍得失有清醒的认识,并且具备在不同方法之间驾轻就熟地进行转换的能力。

表 2-1　国际关系科学实证研究的三种方法比较

研究方法	分析工具	相对优势	相对弱势
案例研究	案例(cases)	发现新的变量和假说；明晰因果关系及其机制；内部有效性和经验有效性	变量繁杂；案例选择的非随机性和代表性；缺乏一般推理和外部有效性
统计分析	数据(data)	发现变量之间规律性的联系，以及相关关系的方向和强弱程度；对因果关系和假说进行系统检验	对数据的可获性和可靠性的依赖度较大，缺乏明晰的因果机制
形式理论	模型(models)	高度简约；逻辑一致性；内部有效性	模型与现实之间有差距

6. 如何区别科学研究中的自变量、因变量和干预变量？

变量(variables)本来是一个相对于常量(constant)而言的数学概念，后来应用到社会科学研究中，用以分析所研究的事物或现象之间的相互关系。所谓"常量"，顾名思义，指的是在研究过程中取值固定不变的概念，如太阳、光速等。与之相对，"变量"指的是在研究过程中可以有一个以上不同取值的概念，如世界格局这个概念可以包括单极格局、两极格局和多极格局。

根据在研究中所处位置的不同，变量可以分为自变量(independent variables)、因变量(dependent variables)和干预变量(intervening variable)等。自变量是指在特定的研究过程中，自身变化不受其他变量影响的变量。一般而言，自变量是导致事物发展变化的条件和原因。因变量是在研究过程中随着自变量的变化而变化的变量。一般而言，因变量是自变量发展变化所导致的结果。在实际操作过程中，自变量和因变量并不固定。在一个因果关系中的自变量，有可能是另外一个因果关系中的因变量。某个概念在研究中到底是自变量还是因变量，要根据所研究的具体问题来定。

例如，在研究两国经济关系时，如果我们发现"贸易逆差越大，两国关系越紧张；贸易逆差越小，两国关系越缓和"，我们就可以把贸易逆差作为自变量，两国的经济关系作为因变量。如果该结论成立，就说明贸易逆差与两国的经济关系之间具有某种程度的因果关系。

贸易逆差(自变量)──→经济关系(因变量)

在研究两国的政治关系时,如果我们发现"经济关系越好,政治关系就越好;经济关系越差,政治关系就越差",我们就可以把经济关系作为自变量,政治关系作为因变量。如果该结论成立,就说明经济关系与政治关系之间具有某种程度的因果关系。

经济关系(自变量)——→政治关系(因变量)

干预变量是在自变量与因变量的因果链上产生影响的变量。它会引起因变量的变化,同时自身随自变量而变化。例如,冷战后,台湾分离主义倾向本来有可能导致台湾分离势力将台湾从中国分离出去,但由于大陆军事威慑力的存在,台湾分离势力虽然有所发展,却不能使台湾实现"独立"。

分离主义倾向(自变量)——→台湾"独立"(因变量)
↓
大陆军事威慑力(干预变量)

7. 如何选择国际关系的研究方法?

国际关系研究方法的选择可以从研究者个人的知识结构和偏好、研究条件及问题本身的性质三方面来考虑。

首先,研究者个人的知识结构和偏好直接影响到研究方法的选择。不同的研究方法要求研究者拥有不同的知识储备和知识结构。例如,历史研究方法需要研究者对历史有浓厚兴趣并掌握丰富的历史知识,科学实证方法则要求研究者擅长理性思维并有较好的数理基础。与此同时,不同教育背景和知识结构的学者在研究方法的选择上有不同的偏好。例如,二战后美国从事对外战略、军备控制、冲突和决策等问题研究的学者基本上都有理工科的教育背景。

其次,研究条件关系到研究者所选用方法的可行性。选择历史研究的学者必须要掌握充分的史料。比如,要研究领导人在国家对外决策中的作用,就必须要有关于领导人的个性、信仰、价值观、处世方式、人际关系等方面的材料。选择科学研究的学者必须找到相关的案例或数据。例如,要研究中美之间的贸易变化对两国关系的影响,就必须掌握在研究期限内两国进出口贸易方面的相关数据。

最后,所研究问题的类型在很大程度上决定了哪些方法更适合。国际关系研究的问题类型可以分为：是什么（be）——描述性研究（例如，二战后的两极格局是如何形成的？冷战后中美关系的性质发生了哪些变化？）；为什么（why）——因果关系研究（例如，两极格局为何以和平方式解体？为什么会出现经济全球化？）；应该怎么样（ought to be）——规范性研究（例如，国际关系中的伦理问题：人类是否应该消灭一切战争？如何实现国际关系中的正义？）；将会怎么样（will be）——预测性研究（例如，东亚和平能够维持多久？特朗普上任后对欧美关系将会产生什么影响？）。针对不同的问题类型，不同的研究方法有不同的适用性。例如，历史方法比较适合描述性研究，科学方法比较适合探究因果关系的研究。当然，有些问题可以使用多种方法来研究。

总之，在选择研究方法时，必须将个人志趣、研究条件和研究的问题三个因素综合考虑才能做出恰当的判断。

8. 什么是国际关系的分析层次？

从科学研究的角度来看，研究国际关系就是探求导致事件发生、发展和演变的各种因素之间的联系。众所周知，任何事件的发生都不是单一因素的结果，而是多种因素综合作用的结果，要把这些因素逐一找出来并确立它们与事件之间的因果关系是件极其复杂的事情。而国际关系的分析层次（levels of analysis）为我们明确问题、深入剖析问题、探求国际事件的起因和根源提供了便利。

在分析层次中，层次代表国际事件不同的"解释来源"（自变量）所处的位置。不同的学者依自身的研究和教学需求，将国际关系分为二至六个层次不等，甚至更多。不过，国际关系学术界最早、最基本也是最流行的分层法，是将国际关系研究分为三个层次，即体系层次、国家层次和个体层次。

体系层次分析是一种"自上而下"的研究方法，主要从宏观层次上探求国际体系发展演变的规律与国家对外政策和对外关系形成与演变的动因。这种方法把国际关系和世界体系看作一个整体，并且假定体系的特征决定了行为体之间关系的性质和它们之间的互动模式，所以，国际关系可以从体系层次来进行解释和预测。这个层次的分析要素包括国际关系中权力、资源、地位等在国家间的总体分配情况以及国际规范、国际体制等。

国家层次分析强调民族国家及其内部因素对国际关系的重要作用，主要研究国家内部影响对外政策的选择及其过程的因素，这个层次的分析要素包括国家利益、国家实力、国家类型、政治文化和对外决策模式等。

个体层次分析是对世界舞台上的行为者——人进行分析,主要强调决策者的个性或人类基本特征在国际关系中的作用,学者们一般从三个方面来研究个体在国际关系中的作用,即人性普遍的基本特征、决策群体的组织行为和具体决策者的特性。

在科学研究中,明确分析层次有助于我们确定研究的问题及需要考察的证据,从而使我们的思维更加缜密,研究更有逻辑,结论更加可靠,同时它使人们有可能探究到所有类型的解释,从而使得研究更全面、更具科学性。在历史研究中,明确分析层次对研究者有着同样重要的意义。

9. 如何从个体层次分析国际关系?

国际关系不仅受到体系层次和国家层次的影响与制约,作为群体或个人的个体因素在国际关系中的作用同样不能忽视。个体分析层次属于国际关系的微观研究,可以从三个方面来进行分析:人性普遍的基本特征、决策群体的组织行为和具体决策者的特性。

人性分析研究的是基本的人类特征如何影响人类行为。认知、心理和生理等因素是人性分析的主要内容。国际关系中对个人和群体的认知和心理的研究统称为国际政治心理学,它主要是借鉴认知心理学和社会心理学的重要理论,对涉及国际关系的决策和决策者进行独到的分析。

认知是政治学家研究的最为复杂的事情之一。人们对事物的认知方式和认知的程度会限制或规范他们的行动。对于决策者而言,他们可能会寻求认知的一贯性,忽视那些令人不安的消息;他们可能充满希望地思考,乐观地期待良好局面的持续;他们可能只想进行微小的调整和渐进的变革,"大事化小,小事化了";他们还可能以类推的方式来判断朋友和对手;等等。由此可知,对外政策是在受到诸多认知限制的范围内做出的,所以认知决策也被称为"有限理性"。

在解释人类的某些特定行为时,那些聚焦于人类一般心理特征的理论同样有用。许多国际关系学者运用社会心理学理论来解释国际关系中的冲突和战争行为。"挫折—攻击"论(frustration-aggression theory)就是一例。多数心理学家认为,个人的攻击行为很大程度上是受到某种挫折的结果,把这个理论运用到社会层面就会得出这样的结论:受到挫折的社会群体会变得有集体攻击性。从历史上来看,第一次世界大战后的德国便是一例。由于在凡尔赛和会上被强加以极度苛刻的政治和经济条款,德意志民族产生了巨大的挫败感。希特勒正是利用了这种社会心理，激发起德国人对英美法等国的愤恨之情，从而使德国成为二战的策源地。

各种生物学理论为解释人类行为提供了另一条途径。生理政治学（biopolitics）就是考察人的自然属性对人的政治行为产生的影响，目前也被国际关系学者用来解释国际关系中的某些现象。如有生物学家认为，"获得、维持和保护自己的某块地盘"是一种动物的本能，而人类作为自然界的一部分，同样具有一种与生俱来的保护自家领土的欲望。这或许就是史上国家之间连绵不绝的领土争端产生的重要原因之一。已有学者证明，大多数战争是在相邻国家之间进行的，边界争端是引发国际战争的一个重要因素。

组织行为是考察人们组织起来后的行为。正如文化规定和制约着人们的行为一样，人们所处的位置和群体的互动同样影响着人们的行为。

大多数时候，对外决策是国内不同部门、不同利益集团、不同政党博弈的结果。不同的角色会对同样的事务产生不同的反应。在国际关系领域，有一句谚语生动地说明了角色对制定对外政策的重要影响，那就是："where you stand depends on where you sit"（通俗的翻译为"屁股决定脑袋"）。比如，1950年朝鲜战争发生后，美国政府内部就出现了明显的政策分歧。国务院倾向于使用较为和平与克制的手段来解决问题，而国防部则希望采用暴力手段来应对危机。在美国政府最终采取的六项政策中，国务院和国防部人员对这些政策的支持率存在很大差异。

此外，当一个人从属于一个组织或集团时，其行为与他独处时可能会大不一样。比如，为了避免受到团体中大多数人的排斥，人们一般会选择随大流而不敢坚持自己的意见；为了尽快取得共识，人们有时会采取"最大公约数原则"。所以，群体决策常常是反映大多数人的意见的决策，或者是多方经过博弈后相互妥协的政策，或者是大家最不反对的政策选项，而不是利益最大化的理性决策。

特性分析研究的是决策者个人所具有的个性对事态发展所产生的重要作用。

国际关系中的个性研究基于这样一种信念，即决策最终是由个体做出的，因此决策者的个性影响着他们的行动。对领导人个性的分类方式有很多，比如说是主动还是被动。主动型的领导人会倾向于主动革新政策以追求进步，被动型的领导人则较为保守，倾向于萧规曹随，只有当形势发生改变时才被动地调整政策。此外，政治领袖的人生经历、价值取向和做事风格也会体现在对外决策中。即便是在同一国家、同一体制、同一时代下，经验不同的领导人所采取的政策可能也会大相径庭。例如，有学者认为，领导人的更迭也许应该为冷战的发生承担一定的责任,因为与罗斯福相比,杜鲁门总统没有任何外交经验,对苏联和斯大林的了解更是远不及罗斯福,所以他领导下的美国与苏联能建立什么样的关系可想而知。

总之,个体分析层次在国际关系研究中至关重要,国际关系学者通过借鉴其他学科的研究成果而取得的成就拓宽了国际关系的研究途径,开阔了国际关系研究者的思路,丰富了人们对国际关系的认识和理解。

 拓展阅读

1. 试从体系、国家和个人三个层次分析战争的根源

人类历史是一部充满战争的历史,无数次的战争给人类社会带来了巨大的灾难。为了使人类摆脱战争带来的痛苦和灾难,从古代开始,中西方的理论家就在思考和探究战争的根源问题。中国先秦时期的军事家吴起认为:"凡兵之所起者有五:一曰争名,二曰争利,三曰积德,四曰内乱,五曰因饥。"而古希腊历史学家修昔底德在《伯罗奔尼撒战争史》中则写道:"这次战争(伯罗奔尼撒战争)的真正原因……是斯巴达对雅典日益增长的实力感到恐惧。"下面我们从个体、国家和体系三个层次对古今中外的理论家对战争原因的分析来进行归纳。

第一,个人层次分析。这一层次的研究从抽象的人性出发去理解战争的发生,多偏向于心理学视角的分析。其中攻击本能论、种内攻击论、死亡本能论和"挫折—攻击"论是较有影响力的几种理论。

攻击本能论以20世纪初英国心理学家威廉·麦独孤(William McDougall)为代表人物。他认为人类具有通过攻击他人进行发泄的本能,而战争就是人类群体间的相互攻击,战争爆发的根本原因是人的攻击本能。种内攻击论以奥地利生态学家康拉德·洛伦茨(Konrad Lorenz)为代表性人物,他认为攻击性是一种本能,而这种本能表现在同类物种内部(即种内)之间。人类可以制造军事武器,运用军事战略,建立军事组织,而这些军事手段和行为进一步激发了人类的攻击本能,因此战争更容易在人类这一物种内部发生。而死亡本能论的代表人物弗洛伊德(Sigmund Freud)则认为,死亡如同生存一样,是人的基本本能,它能使人减少或消除紧张,达到一种无欲无望的极乐境界,战争的根本原因在于它为人类社会提供了最大的刺激。"挫折—攻击"论肇始于麦独孤和弗洛伊德的研究,而集大成者则为美国学者约翰·达莱德(John Dollard)。这种理论认为攻击行为总是某种挫折的结果,挫折必定会导致某种形式的攻击。因此,战争的原因是在被攻击者身上发泄挫折。

第二,国家层次分析。这一层次的研究从国家的角度寻找战争的原因。从国家层次来说,国家存在的种种缺陷都有可能成为战争爆发的原因。有学者认为,一个国家政权的性质会影响一个国家的对外行为。新马克思主义者认为,国家战争的主要根源在于资本主义国家内部的特殊利益集团,如大型军工复合体。这些集团为了自身的利益而在国际上不断挑起战争。现在有些学者则提出了"民主和平论",认为民主国家之间不会发生战争。除此之外,还有一些学者认为经济因素是影响战争与和平大局的重要因素。经济利益是导致国家对外发动战争的根本原因。还有学者提出了"替罪羊战略"理论。这种理论认为,当国家面临严重的国内危机时,政府有可能采取强硬的手段来激发国内民众对政府的支持,从而达到转移国内矛盾的目的。

第三,体系层次分析。这一层次的分析主要从国际社会的无政府性、国家实力分布的不均衡以及体系文化和国际制度等方面探讨战争爆发的原因。现实主义认为,世界体系的无政府性是导致国际战争的根本原因,人类不可能消灭战争,而体系中一旦出现了崛起国,崛起国与霸权国之间为了争夺权力将不可避免地将发生冲突,引发战争。自由制度主义理论则认为,无政府的状态下国家之间之所以发生战争,是因为它们之间没有以和平方式解决矛盾和冲突的制度安排,只能用武力来解决问题。建构主义从体系文化和国际规范的角度来解释战争的原因,认为国家之间缺乏互信是战争的根源。

《人、国家与战争——一种理论分析》书影

肯尼思·沃尔兹在《人、国家与战争——一种理论分析》①一书中就从体系层次、国家层次和个人层次三个层次分析了战争的起源。他指出,自古以来战争的根源可以从三个方面加以概括:第一个方面是人性,即人性是邪恶的;第二个方面是国家内部的组织结构和形式;第三个方面是国际体系。他将这三个方面称为国际关系的三种"意向",并对每种意象的代表性观点及其意涵进行比较研究。沃尔兹的这种分类方法有助于理清纷繁复杂且往往相互矛盾的国际现象,推动了国际关系研究的系统化和科学化。

---

① 〔美〕肯尼思·华尔兹:《人、国家与战争——一种理论分析》(信强译),上海人民出版社2012年版。(Kenneth N. Waltz,本书采用肯尼思·沃尔兹这一译名。)

事实上,在以上三个层次上都存在着发动战争的原因,没有哪个单一层次的因素可以解释所有的战争,也没有哪一场战争是某个单一因素所导致的。所有的战争都是各种因素综合作用的结果。了解三个层次上导致战争的因素有助于对具体战争进行分析。

2. 认识定量研究[①]

定量研究是科学实证研究的主要方法之一。随着社会数据的长期积累和系统搜集,定量方法在社会科学研究中已变得日益普遍和重要。这一趋势在国际关系学中也表现明显:早期的国际关系研究均以历史和思辨方法为主,但如今定量方法已经跻身于最重要的研究方法和路径之列。不过,自定量方法被引入国际关系研究以来,它一直是方法论争论的焦点,拥护者视之为学科科学化之必然与必需,反对者则怨责定量方法降低了学科的深度与广度。方法论之争产生的根源,虽然可以追溯到本体论与认识论的根本差异与难以兼容,但亦可部分地归咎于对定量方法的种种误解。

定量研究不需要国际关系理论的支撑吗?

有些定量研究的批评者认为,定量研究从数据和统计模型出发得到实证分析结果,定量研究者只需掌握数据分析工具和统计知识及软件的使用,无须有扎实的国关理论功底和深入的理论思考。

恰恰相反,国际关系定量研究的前提是清晰的国关理论。统计和建模都要求研究者对与研究问题相关的理论有全面的掌握和深入分析,以提出简洁的假设并控制替代解释的干扰。得到统计分析结果后,研究者还必须对实证结果进行理论上的解读和评估。因此,定量研究不能没有理论。没有理论,定量研究是不可能进行的。

当然,定量研究不适合复杂的或模糊的理论,不适合大理论(即范式意义上的理论),也不适合思辨性质的理论。定量方法本身也不发展理论,它只检验理论,但在使用定量方法的研究中,研究者通常要根据理论、逻辑和观察先发展理论,再用定量方法来检验理论。

定量分析过度简化以至于远离现实、失去意义吗?

定量方法的批评者经常对定量方法的高度简化表示不满,认为高度简化的统计模型距离现实太远,以至于其可信性和实用性让人怀疑,甚至认为定量研究者是一些对政治现实毫无感觉和兴趣的人。

其实,模型对现实进行简化,并非使用统计方法的结果,而是国际关系或

[①] 选编自庞珣:《国际关系研究的定量方法:定义、规则与操作》,《世界经济与政治》2014年第1期。

政治学理论本身就是对现实的高度简化，简化到能够让研究者在纷繁复杂的现实中把握并提取其感兴趣的关系，进行分离研究。在高度简化的理论形成之后，定量方法的统计建模只是对理论进行数学或统计表达而已。在这一步骤中，研究者根据理论假定和数据类型选择统计模型，而在理论被表达为统计模型后，这个简化过程具有高度透明性，并且，谨慎的定量研究者也将会对这些假定进行系统检查。

质量低的定量研究就不可靠吗？

有一些学者对定量方法和统计模型本身并不反对和怀疑，但是基于对国际关系数据的检查，发现国际关系学的数据本身的问题很多，从而令这些学者对定量研究表示担忧和对定量分析结果表示质疑。

诚然，国际关系领域中的很多数据都涉及宏观加总数据和欠发达国家的数据，数据缺失、测量误差以及概念化困难等问题极为常见。但是，在整个社会科学领域，完美的数据几乎是不存在的，任何学科（包括自然科学）的数据都存在这样或那样的棘手问题。

统计学中大量的理论与工具的诞生和发展正是为了处理各种数据问题，而且，统计方法和模型的发展往往是由数据中的棘手问题所驱动的。国际关系中的数据问题多而复杂，恰恰意味着国际关系学者应该学习并掌握更多的统计知识和工具。同时也意味着，国际关系学者可能对统计学本身的发展和为别的学科定量分析在方法上做出贡献。而且，在定量方法中，数据和统计模型的运用只是为了证伪理论和假设，而证伪在实际研究中具有暂时性。一个没有被现阶段数据和统计技术所证伪的假设，在将来有了新数据、新方法之后还要接受持续的检验。

定量方法是最科学的研究方法吗？

这一观点来自定量方法的热情鼓吹者。他们将提倡科学方法等同于提倡使用定量方法，甚至将定量方法的使用看成是判断一个研究是否为"科学研究"的标志。但是，科学研究本身是由一套程序来定义的，而这套程序与定量方法相关的部分只有实证检验这一个环节。即使是在实证检验中，定量方法也只是理论检验的方法之一。定性方法，如比较案例研究、过程追踪、田野调查、访谈、档案分析等，都可以成为理论检验的方法，也是科学研究中的常用方法。而何种检验方法更好，是由研究的具体问题、理论和实证信息（数据的形态）情况所决定的。定量方法由于具有高度的透明性、可重复性和系统性享有很大优势，但这并不意味着定量方法在具体的研究中总是最好的选择。

定量方法就是从数据分析中得出解释吗？

有学者认为定量方法就是用数据说话，在数据分析的基础上得出对问题的解释。持有这种认识的不仅是定量方法初学者,一些较为有经验的定量研究者也经常流露出这种数据挖掘(data mining)的认识。

这一误解在大数据时代更是有着肥沃的土壤。在当今信息爆炸的时代,使用统计方法和计算机软件对海量数据进行信息提取和分析,被证明具有很高的预测准确性和实用价值。一些政治科学家也在从事数据挖掘和机器学习的研究。但是,即使是基于海量数据的数据挖掘,也只是对相关关系进行发现,而不能发现因果。因果关系在认识论上有特定的要求,本质上是演绎性质而非归纳得出,而数据挖掘从本质上是归纳性质的研究。一些定量方法的研究者不从演绎的逻辑和理论推理出发得到理论,却从数据和模型出发,基于实证分析的结果来得出某种解释,这是对定量研究方法的错误使用。避免从数据和统计结果出发来建立理论或发展解释,严格遵守定量方法是一种理论检验而非理论发展(发现)的方法,这是一条必须遵守的重要原则。

统计技术越高级、统计模型越复杂,定量方法就越可靠吗?

定量研究者中不乏一些技术论者。这些人简单而武断地凭借统计技术的高低来判断定量研究的质量。定量方法作为工具,要为研究目的服务。统计模型的选择和统计技术的运用,由研究目的和数据形态决定。方法的优劣不可以从方法本身来判定,而要以它是否服务于目的来评估。如果研究者有简明的理论假设和高质量的数据,可能简单线性模型和多元回归就是最好的方法;如果研究者在理论部分和数据搜集上漫不经心,期待用复杂的统计模型和技术来做出高质量的研究则几乎是不可能的。在定量研究中,若简单模型够用则尽量使用简单模型。研究者不应为了要造成深奥的印象或炫耀统计技术而选用复杂的模型和技术。

自学指南

任何一门社会科学学科都有自己独特的研究方法。作为社会科学中的一门学科,国际关系学的研究方法从本质上讲与社会科学的研究方法是统一的,社会科学的研究方法对国际关系研究具有重要的指导意义。但作为一门拥有独特研究领域的新兴学科,国际关系学的研究方法又有其特殊性和针对性。欧美学者早就意识到研究方法对国际关系研究的重要性。早在20世纪60、70年代,西方学者就曾就国际关系研究方法展开激烈的讨论和争论;而中国国际关系学界从90年代中后期开始才重视国际关系的研究方法。

值得一提的是,2003年9月《中国社会科学》和《世界经济与政治》两家杂志联合举办了"国际关系研究方法研讨会",会议就国际关系研究是否需要方法以及需要什么方法展开热烈讨论和激烈辩论。此次会议的论文发表在2004年第1期的《中国社会科学》和《世界经济与政治》,读者可以通过阅读这些论文来了解中国学者在国际关系研究方法上的各种观点。

大多数国外的国际关系概论教材和21世纪以来中国学者编写的相关教材,都对国际关系研究方法进行了介绍,初学者可以通过阅读以下教材中的相关章节来加深对本章内容的理解和掌握。

邢悦、詹奕嘉:《国际关系:理论、历史与现实》,复旦大学出版社2008年版,第2章"国际关系的理论视角和分析层次"。

〔美〕布鲁斯·拉西特、哈维·斯塔尔:《世界政治(第5版)》(王玉珍等译),华夏出版社2001年版,第1章"世界政治分析的层次及其限制",第2章"我们怎样理解世界政治"。

〔美〕约翰·罗尔克编著:《世界舞台上的国际政治(第9版)》(宋伟等译),北京大学出版社2005年版,第3章"体系层析分析",第4章"国家层次分析",第5章"个体层次分析"。

〔加〕罗伯特·杰克逊、〔丹〕乔格·索伦森:《国际关系学理论与方法》(吴勇、宋德星译),天津人民出版社2008年版,第8章"方法论争鸣——经典方法对实证方法",第9章"方法论争鸣——后实证主义方法"。

想对国际关系研究方法进行深入了解的读者,可以通过阅读以下国内外学者关于国际关系研究方法的重要著述来加深对本章知识的学习。

阎学通、孙学峰:《国际关系研究实用方法(第二版)》,人民出版社2007年版。

胡宗山:《政治学研究方法》,华中师范大学出版社2007年版。

李少军:《国际关系学研究方法》,中国社会科学出版社2008年版。

周方银:《国际问题数量化分析——理论·方法·模型》,时事出版社2001年版。

刘丰:《实证主义国际关系研究:对内部与外部论争的评述》,《外交评论》2006年第5期。

庞珣:《国际关系研究的定量方法:定义、规则与操作》,《世界经济与政治》2014年第1期。

〔美〕斯蒂芬·范埃弗拉:《政治学研究方法指南》(陈琪译),北京大学出版社2006年版。

〔美〕W.菲利普斯·夏夫利:《政治科学研究方法》(新知译),上海人民出版社2006年版。

Alexander L. George and Andrew Bennett, *Case Studies and Theory Development in the Social Sciences*, Cambridge: MIT Press, 2005.

Frank P. Harvey and Michael Brecher, eds., *Evaluating Methods in International Studies*, Ann Arbor: The University of Michigan Press, 2002.

Gary King, Robert O. Keohane and Sidney Verba, *Designing Social Inquiry: Scientific Inference in Qualitative Research*, Princeton University Press, 1994.

John Gerring, *Case Study Research: Principles and Practices*, Cambridge University Press, 2007.

Sprinz Detlef and Yael Wolinsky Nahmias, *Models, Numbers and Cases: Methods for Studying International Relations*, Ann Arbor: the University of Michigan Press, 2004.

第三章

国际关系理论

> 理论相当于路线图,它们可以帮助我们认识那些不熟悉的地方。如果没有路线图的话,那么我们会迷路。即使在我们觉得自己是依靠常识的时候,通常也有一个隐含的理论在指导我们的行为。我们只不过是不知道或者忘记了而已。我们假如可以比较清楚地意识到那些指导我们行为的理论,那么就能够更好地理解它们的长处与短处,以及知道在什么时候加以应用。
>
> ——小约瑟夫·奈[①]
>
> 国际关系研究理应告诉我们世界如何运转,但这是一个非常棘手的事情,即便是最好的理论也不能达到标准。但是,这些理论可以点破主导着对外政策辩论的相关错误观念、揭掉简单化的标签,如"新保守主义者""自由主义的鹰派人物"。即便是在急剧变化的世界中,经典的理论仍然拥有巨大的发言权。
>
> ——杰克·施奈德[②]
>
> 技术对制度的影响所引发的紧迫问题,意识形态和技术的变化带来的政治环境的变化,大规模杀伤性武器的扩散,现有政治单位的分裂,种族冲突及政府无力控制引发的问题,所有这些都将使人们在21世纪初继续重视规范理论的建设。
>
> ——詹姆斯·多尔蒂[③]

---

① 〔美〕小约瑟夫·奈:《理解国际冲突:理论与历史(第五版)》(张小明译),上海人民出版社2005年版,第10页。
② Jack Snyder, "One World, Rival Theories", *Foreign Policy*, No. 145 (Nov.—Dec. 2004), pp. 52—62.
③ 〔美〕詹姆斯·多尔蒂、小罗伯特·普法尔茨格拉夫:《争论中的国际关系理论(第五版)》(阎学通、陈寒溪等译),世界知识出版社2003年版,第698页。

1. 为什么研究国际关系需要理论？

理论是人们对自然界、人类以及自然与人的关系的系统知识的概括和总结，其目的在于探究事物的真相，发现事物的运动规律。

社会科学领域中的理论是人们对各种社会现象的系统反映。社会科学理论把那些看似不相关的现象和事实以合乎逻辑的方式进行组合，向人们展示这些事物和现象之间是以有意义和有规律的方式相互联系的，由此增强人们对事物的性质、运动发展方式以及发展趋势的理解、认识和预测。简言之，社会科学理论的功能在于描述、解释乃至预测事物的产生、发展和变化的规律。

在国际关系研究领域中，国际关系学理论为人们认识国际关系的性质、特点和发展变化的规律提供了视角，有助于研究者从纷繁复杂的国际现象中合理地取舍所需的研究材料，从而对国际事务和现象进行系统性的、逻辑化的分析，并在一定程度上对事物的发展趋势和方向进行合理的预测。比如，国际关系中的现实主义理论认为，国际体系的结构决定国家对外政策和行为，国际体系中的战争、冲突与合作是由行为体在体系中的权力地位决定的。掌握了这个理论后，我们在分析体系中两个大国之间的关系时，就可以主要从考察体系的结构和这两个国家在体系中的位置入手，来判断它们关系的性质和走向到底是战是和，是竞争还是合作。

2. 国际关系理论可以分为哪几种类型？

按理论的解释范围分类，可将国际关系理论分为大理论和中层理论。大理论旨在用概括的方法解释比较宏大、概括的国际现象，而不考虑国际关系中的具体事例和现象。比如，国家之间为何会发生战争？世界如何才能实现和平？汉斯·摩根索（Hans J. Morgenthau）的现实主义理论、肯尼思·沃尔兹（Kenneth N. Waltz）的新现实主义理论以及伊曼纽尔·沃勒斯坦（Immanuel Wallerstein）的关于世界经济体系的新马克思主义理论等都属于大理论。中层理论着眼于国际关系中相对具体的现象，并试图用尽可能少的变量来解释这些现象，如哈罗德·斯普雷特（Harold Sprout）和玛格丽特·斯普雷特（Margaret Sprout）的地缘环境影响论、戴维·米特兰尼（David Mitrany）的功能主义、罗伯特·基欧汉(Robert O. Keohane)和约瑟夫·奈(Joseph S. Nye)的相互依存理论、布鲁斯·布伊诺·德·门斯奎塔(Bruce Bueno de Mesquita)的预期效用和战争可能性理论、迈克尔·多伊勒(Michael Doyle)的民主与和平理论以及约翰·鲁杰(John Ruggie)的国际制度理论等。其实,大理论和中层理论并非截然可分:有些理论居于二者之间,有些理论则是以大理论假设为基础的中层理论。

按理论的功能分类,可将国际关系理论分为历史描述理论、科学预测理论和规范理论。历史描述理论,即通过对过去和当前的事实概括,提炼出国际关系发展变化的规律。修昔底德的《伯罗奔尼撒战争史》和保罗·肯尼迪(Paul Kennedy)的《大国的兴衰》是历史描述理论的杰作。科学预测理论主要是运用实证方法,用数学上的相互关系来确定变量之间的逻辑关系,以此指示未来的可能性。伯纳德·布罗迪(Bernard Brodie)的核威慑理论、托马斯·谢林(Thomas Schelling)的博弈论就属于这种类型。规范理论是一种包含价值判断、行为准则和理想目标的理论,它用哲学演绎的方法,推导出能使国际关系得以改善的方法、国际关系进步的方向以及国家应该做的事,国际关系伦理学和政治哲学就属于这种类型。不过,很多理论混合使用了以上几种方法,既分析了现实,预测了发展趋势,又提出了理想目标。

按研究主题分类,可将国际关系理论分为安全理论、合作理论、对外决策理论等。在安全理论中,有关于暴力冲突的宏观理论和微观理论、威慑理论、军备控制理论、均势理论、霸权稳定论等;在合作理论中,有依附理论、相互依存理论、民主和平论等;在对外决策理论中,有博弈论、危机控制理论、危机决策理论等。

3. 国际关系中有哪些主要的大理论?

当前国际关系学界最有影响力的三种大理论流派是:现实主义(realism)、自由主义(liberalism)和建构主义(constructivism)。

从1948年摩根索的《国家间政治》发表到1979年沃尔兹的《国际政治理论》问世,现实主义一直是国际关系学界占主导地位的理论范式。20世纪70年代,现实主义受到新自由主义("新"是相对于20世纪初的理想主义而言)的挑战。罗伯特·基欧汉和约瑟夫·奈的《权力与相互依赖》一书的问世,可以说是新自由主义向现实主义挑战的宣言。此后,新自由主义在与现实主义的论战中确立了其在国际关系理论中的重要地位。同时,新自由主义启迪和激发了国际关系学中第三大主流理论——建构主义的诞生。1999年,亚历山大·温特的《国际政治的社会理论》的出版,标志着社会建构主义理论的成熟。由此,国际关系理论界形成了现实主义、自由主义和建构主义三足鼎立的局面。除了这三大主流理论外,还有后现代主义、激进主义、女性主义等。

> 现实主义、自由主义和建构主义这三大理论群属于较为成熟的社会科学理论,拥有解释性、可证伪性和简约性等特征,发展出了属于自己的、可以实证的核心概念、主要因果关系(理论逻辑)和丰富的理论推论……这三大理论群构成了当代国际关系理论的主体。
>
> ——宋伟[①]

不同的理论是建立在对人性、国家等不同的假定的基础上的,所以,不同的理论对国际关系学研究的重大问题——和平与战争以及冲突与合作有着不同的见解。表3-1列出了三种主流理论的主要观点以及彼此之间的差异。

表3-1 三大理论的基本概要

	现实主义/ 新现实主义	自由主义/ 新自由制度主义	建构主义
主要行为体	主权国家(特别是大国)、国际体系	集团、阶层、国家、国际组织、跨国界组织	个人、国家、建立在集体认同上的共同体
对人性的假定	自私,追求利益、权力;人性不会随着时间的推移发生改变	本质上是向善的;人性可随着环境变化而改变,所以人是可以不断完善的	可以靠后天习得改变行为模式
对国家的假定	单一行为体(Unitary);国家目标、行为、利益具有统一性和整体性;国家是理性行为体,追求国家利益最大化	多个行为体:国家目标、行为、利益是国内社会中的个人、官僚、企业等多方博弈的产物,承认国家是理性行为体	非理性行为体;体系文化对国家身份、利益具有建构作用,国家行为取决于被体系文化建构的国家身份和利益

---

① 宋伟:《国际关系理论——从政治思想到社会科学》,上海教育出版社2011年版,第7页。

(续表)

	现实主义/ 新现实主义	自由主义/ 新自由制度主义	建构主义
对无政府状态的认识	无政府状态意味着无止境的竞争和冲突,国家在无政府状态下只能采取自助的方式,维护自身的安全	无政府状态并不一定导致无秩序社会,国际社会可以是一个无政府的有序社会,无政府状态不是国际冲突的充要条件	无政府状态是国家造就的,它并不一定导致自助体系和权力政治
国际体系的本质	为争夺权力而展开的冲突和斗争	为秩序而进行合作	由体系文化决定,可以有敌对、竞争和朋友三种性质
对国际体系变革的看法	变革的可能性小;依赖于缓慢的权力结构的变迁	变革是可能且受欢迎的	相信国际体系是进化的而非循环的

4. 何谓古典(或传统)现实主义、新现实主义国际关系理论?

现实主义是一种长期存在的哲学传统和世界观。作为一种世界观,现实主义是建立在它对道德进步和人类能力的悲观主义认识的基础之上的。现实主义者把历史看作是循环的而不是进步的,他们对人类是否有能力克服反复出现的冲突,建立持久的合作与和平深表怀疑。现实主义世界观更多看到的是人类本性中的恶,以及人类经验中周而复始的悲剧。建立在现实主义哲学基础上的现实主义国际关系理论对国际关系同样抱有一种悲观的认识。

现实主义国际关系理论源远流长。古希腊历史学家修昔底德的《伯罗奔尼撒战争史》可以称得上是现实主义理论的经典作品。书中指出,伯罗奔尼撒战争"不可避免的真正原因是,斯巴达对雅典日益增长的实力感到恐惧","强者做其权力所能,弱者接受其所不得不接受",这些经典论断淋漓尽致地体现了现实主义的精神,因而不断为后世现实主义学者所引用。马基雅维利在《君主论》一书中强调君主不能依据一般人的道德标准来行事,以此保证国家安全,这一点后来发展为汉斯·摩根索"现实主义六原则"中的一条:"必须依据具体的时间地点,而不能用抽象和普遍的公式把普遍的道德原则应用于国家的行为。"

现实主义国际关系理论有四个核心假设:(1) 国际体系的无政府性(anarchy)。由于无政府性是既定的、高度稳定的,所以国际关系的性质——战争与冲突也是不会改变的。(2)在无政府状态下,主权国家是国际体系最重要的行为体。现实主义者将国家视为分析国际关系的基本单元,国际社会的基本特征是以主权国家为中心、以主权国家间的交往为主要内容的。(3)国际关系的主体——主权国家是单一的、理性的行为体。在现实主义者看来,尽管国家内部具有多元的政治力量,但在国际舞台上,国家是一个统一实体,是超个人、超阶级、超社会集团的。按照这种假设,当国家处于相同的环境和面对同样的问题时,任何国家都会做出基本相似的理性决策,由此国家的行为就是可以预期的。(4)国际体系的无政府性决定了体系的主要行为体——国家只能自保。合作是有限的、脆弱的、不可靠的。国家的根本利益是追求权力和安全。在现实主义者眼里,国际关系的历史和现实无非是人类集团与集团之间为获取安全、威望和权力而进行的一场持久的斗争。

《国家间政治》书影

汉斯·摩根索(1904—1980),世界公认的最著名的国际关系理论家。生于德国,先后在柏林大学、法兰克福大学和慕尼黑大学接受教育。曾在法兰克福教授法律并从事律师行业,纳粹在德国掌权之后,摩根索于1937年辗转至美国,先在纽约布鲁克林学院和肯隆斯大学任教,1943年转到芝加哥大学任教直至逝世。其扛鼎之作《国家间政治》[①]自1948年出版以来,至今已出版了七版,其中提出的"现实主义六原则"搭建了国际关系现实主义思想大厦的基本架构。

美国学者基欧汉(Robert O. Keohane)在其所编的《新现实主义及其批判》一书中,将现实主义区别为古典(或传统)现实主义(Classical Realism)和新现实主义(Neorealism)。前者以摩根索的《国家间政治》为代表,后者以沃尔兹的《国际政治理论》为代表。新现实主义与古典现实主义有着相同的思想渊源。新现实主义继承了古典现实主义关于无政府状态、国家中心说及对国家单一、理性行为体的假设。不过,新现实主义对传统现实主义做出了以下几个重大修正。第一,现实主义将冲突归于人性,而新现实主义将冲突归

---

① 〔美〕汉斯·摩根索:《国家间政治:权力斗争与和平(第七版)》(徐昕、郝望、李保平译),北京大学出版社2006年版。

于国际体系的无政府性,认为无政府性是国际关系的第一推动力。第二,现实主义认为国家为生存和权力而斗争;而新现实主义认为,生存是国家在无政府的国际体系中的第一考虑,国家的根本利益是实现安全,而不是无限制地获得、维持和增加权力,权力只是实现安全的手段。第三,在解释国家行为时,古典现实主义将国家利益作为国家行为的主要动机。由于在古典现实主义的语境中,国家利益几乎包罗万象,因此它只能是一个一般的、笼统的、难以操作的抽象理论概念。而新现实主义从体系层次上寻找国家行为的根源,提出体系结构(国际体系中权力的分配,主要指大国之间的力量对比)是对体系单位(国家)行为最重要的影响因素,国际体系结构决定国家的国际行为,行为体的行为随着结构的变化而变化,而不是随着自己属性的变化而变化。

《国际政治理论》书影

肯尼思·沃尔兹(1924—2013),著名的国际关系理论家,生于美国密歇根州安阿伯,1950年和1954年分别获得哥伦比亚大学政治学硕士、博士学位。先后在哥伦比亚大学、加州大学伯克利分校等校任教。曾担任美国对外政策委员会委员、美国政治学学会会长等职,并荣获"詹姆斯·麦迪逊政治科学杰出学术贡献奖"。1994年退休,为加州大学伯克利分校终身荣誉教授。其代表作《国际政治理论》[①]被视为新现实主义的代表作,自出版以来便被誉为"当代经典",迄今为止是国际关系学界影响最大、引用率最高的著作。

古典现实主义与新现实主义的比较见表 3-2。

表 3-2 古典现实主义与新现实主义的比较

	古典现实主义	新现实主义
核心观点	国际体系的性质是无政府状态; 主权国家是国际体系中最重要的行为体; 国家是单一、理性的行为体; 权力(尤其是武力)是国家安全的最好保障; 国家间利益的冲突是国际关系的常态	

---

① 〔美〕肯尼思·华尔兹:《国际政治理论》(信强译),上海人民出版社 2008 年版。

(续表)

		古典现实主义	新现实主义
研究层次		国家层次的权力互动关系	体系结构和单位之间的互动关系
研究侧重点	冲突根源	人性	国际体系的无政府性;无政府性是国际关系的第一推动力
	权力与安全	权力主要是指军事实力;国家根本利益在于无限制地获得、维持和增加权力	权力为综合实力;国家根本利益是实现安全,而不是无休止地追求权力;权力本身不是目的,而是实现安全的手段
	国家行为的根源	国家利益是国家行为的主要动机,它包罗万象,是一个一般的、笼统的、难以操作化的抽象理论概念	从体系层次上寻找国家行为的根源;体系结构(国际体系中权力的分配,主要指大国之间的力量对比)是对体系单位(国家)行为最重要的影响因素,国际体系结构决定国家的国际行为
研究方法		经典式定性分析;归纳综合方法	深受科学行为主义影响,偏重于演绎推理方法

总之,新现实主义对古典现实主义基本概念的发展、严谨的层次分析方法和高度简约的科学特征,将现实主义理论推向一个高度。虽然新现实主义不仅包括沃尔兹的现实主义理论,还包括其他一些理论,如现实主义的国际政治经济学等,但是沃尔兹的《国际政治理论》对国际体系无政府性的强调和对权力分配的关注,为新现实主义构建了耀目的结构主义理论大厦,所以,新现实主义被约定俗成地视为结构现实主义的同义词。

5. 何谓古典自由主义、新自由主义国际关系理论?

自由主义是一种乐观主义的哲学理念。自由主义者承认人性有不完善的一面,但认为人在本质上是向善的。人有能力控制和改造自己,从而改善社会的道德和物质条件,使社会进步成为可能。而邪恶和黑暗现象的存在(比如战争和冲突)并不是完全不可避免的,人类可以通过发展理性、后天的学习和教育以及建立制度来减少甚至彻底根除这些现象。自由主义主要来源于欧洲18世纪的启蒙运动、19世纪的政治和经济自由主义以及20世纪初的理想主义。洛克、康德、亚当·斯密等人的著作奠定了自由主义的哲学基础。

自由主义国际关系理论有古典自由主义(或理想主义)(Classical Liberalism)和新自由主义(Neoliberalism)之分。古典自由主义思想盛行于17世纪到20世纪初,其主要观点如下。(1)基于个人自由选择而产生的国家和社会是稳定的、接近完美的。这样的国内社会有助于推动国际合作。基于此,古典自由主义坚决主张民族自决和不干预政策。(2)强调自由贸易在国际社会中能够促进和平。(3)认为国际秩序类似于竞争性的市场,有一只"无形的手"在进行调节,无须任何干预就能自动地实现秩序和稳定。但是,自由放任的古典自由主义在两次世界大战面前遭到了严厉的打击。其后,对国际政治经济活动进行多边管制和干预的思想在国际社会占据了上风。

新自由主义是从20世纪70年代中期对结构现实主义(新现实主义)的批判中逐步诞生和发展起来的。1988年,美国学者约瑟夫·奈首次使用新现实主义和新自由主义的术语,为两大学派定名。新自由主义与新现实主义的区别在于,新自由主义指出无政府条件下的冲突是可以避免的,国际合作是可能的。

新自由主义理论的核心观点如下所述。

第一,自由主义并不否认国际社会的无政府性,但它强调无政府并不等于无秩序。自由主义者坚信,如果将类似国内社会那样的制度安排推广到国际社会,如果国际法、国际组织和国际机制能产生类似法律、政府和制度在国内社会中的作用,国际社会也能和国内社会一样处于有序运转的状态。

第二,自由主义不否认国家是国际体系中最重要的行为体,但它更加强调包括国际组织在内的非国家行为体的作用。自由主义者认为,国际组织与国际正义、秩序、和平、合作以及国际法、国际机制等概念是紧密相连的,政府间国际组织同样拥有国际法主体地位。在世界经济一体化过程中,国家主权已经受到国际组织、跨国公司等非国家行为体的侵蚀,非国家行为体正扮演着越来越重要的角色。

第三,自由主义眼中的国家不是单一而理性的行为体,而是国内社会利益的集合体。自由主义者认为,国家的政策与行为是由国内社会团体与个人的偏好累积而成的。个人、利益集团、官僚机构以及社会团体之间构成竞争关系,国家政策与行为只是国内集团利益相互争执、妥协与谈判的结果,因此,国家不会做出完全理性的决策。

第四,自由主义不否认争端、冲突和战争一直是国际关系的一部分,但却并没有像现实主义那样认为增强实力是求得安全和自保的最可靠的手段。自由主义者相信,参照国内社会的经验,国家可以通过各种途径(如制度安排、社会交往、贸易、契约等)协调彼此之间的利益冲突。尽管这些措施不可能像国内政府那样建立一个稳定的社会秩序,但它们对国家在国际社会的行为可以产生积极的作用,至少会有利于加强国家间的信任与合作。

新自由主义理论中影响力最大的是由美国学者罗伯特·基欧汉开创的新自由制度主义(Neoliberal Institutionalism)理论。新自由制度主义理论将国际制度设定为理论的核心概念,强调国际制度是国际体系的最主要特征。

新自由制度主义认为,虽然体系结构是国际关系的重要因素,但仅仅强调结构是不够的,进程与结构一样都是国际体系的重要特征。所谓进程,就是国际体系中单位之间的互动方式和互动类型。影响国际进程的体系因素有两个:体系结构和国际制度。国际体系结构的变化是相当缓慢的,因此可以假定国际体系结构为常数。在国际体系结构不变的情况下,国际制度就成为国际体系的最主要特征。

在新自由制度主义者看来,首先,国际制度包括政府间组织和国际非政府组织的规则和章程、国际机制及国际协约。其次,国际制度和国家行为之间的关系是因果关系,即在国际体系结构不发生变化的情况下,国家仍然会表现出不同的行为和行为取向,导致这些不同行为和不同行为取向的是国际体系的制度化程度。最后,国际制度能够促进合作。在承认无政府逻辑和体系结构重要性的同时,新自由制度主义强调国家可以以绝对收益为基本考虑,国际制度可以通过降低交易成本、提高采用不合作手段的成本、提供可靠的信息等方式,减弱无政府状态的负面影响,导致国家的实质性合作。

《霸权之后》书影

罗伯特·基欧汉生于1941年,1966年获得哈佛大学博士学位。先后在斯沃斯莫尔(Swarthmore)学院、斯坦福大学、布兰戴斯(Brandeis)大学、哈佛大学、杜克大学任教,现为普林斯顿大学伍德罗·威尔逊学院教授。曾任学术期刊《国际组织》主编(1974—1980年)、国际问题研究学会会长(1988—1989年)、美国政治学会会长(1999—2000年)。其出版于1984年的代表作《霸权之后——世界政治经济中的合作与纷争》[1]使其成为国际关系中的新自由制度主义的代表人物。

---

[1] 〔美〕罗伯特·基欧汉:《霸权之后——世界政治经济中的合作与纷争》(苏长和等译),上海人民出版社2006年版。

表 3-3 自由主义和新自由主义的异同

	自由主义	新自由主义
共同的世界观	(1) 个人自由与世界政治秩序之间存在密切联系,自由国家是推进国际合作的重要力量;(2) 国际合作是实现广泛的人类自由的基本手段,坚信共同的利益而非强制的谈判将成为国际生活中最重要的内容;(3) 国际合作是可以实现的,世界政治是逐渐进步的。	
共同的假设	(1) 个人是自由主义世界政治假设的核心,个人行为与世界政治直接相关;(2) 国家虽是国际关系中重要的行为体,但国家并非现实主义语境中的"实心球",而是国内各方利益和偏好的结合体;(3) 国际社会与国内社会并没有本质的区别,若将国内的法律和秩序推及国际社会,无政府状态是可以改变的。	
不同之处	(1) 完全自由放任的理念,不被干预的世界将自动走向秩序;(2) 自由贸易导致国际和平,国际秩序由"无形的手"——均势进行调节。	(1) 自由放任并不必然导致秩序,重视国际组织、国际法的作用,强调对国际社会进行多边管制与干预;(2) 和平与正义并非自然状态,而是人类设计的结果,强调改革、多边主义,提高国际政治民主化。

6. 何谓建构主义国际关系理论?

建构主义(Constructivism)[①]兴起于 20 世纪 80—90 年代,当时新现实主义和新自由制度主义之间的论战构成了这一时期国际关系理论争论的重心。不过随着论战的深入开展,二者在方法论、个体主义、物质主义世界观和理性主义认识论等方面朝着趋同的方向发展,争论的范围越来越集中于相当狭窄的范围内,甚至局限于对个别问题的经验检验。面对这种"新—新合成",国际关系理论中的非主流学派向新现实主义和新自由制度主义的主流地位继

---

① 建构主义可以分为结构建构主义、批判建构主义和后现代建构主义三种,国际关系学界只把以温特为代表的结构建构主义视为主流国际关系理论。原因在于,结构建构主义承认社会理论具有基本的物质基础,具有说明和理解的作用,并试图建立这样的理论,所以比较容易产生具体的研究纲领和理论假设。而批判建构主义的目的不是说明和理解现实社会,而是力图改造现实社会,后现代建构主义则不承认国际社会有一个基本的物质基础,认为一切都是人建构的。尽管它们的学术价值也很高,但研究的可操作性较低、应用性较弱,因而人们的关注度也比较低。参见秦亚青主编:《文化与国际社会:建构主义国际关系理论研究》,世界知识出版社 2006 年版,前言"世界政治的社会建构"。此外,值得一提的是,我国国际关系学界的学者在结构建构主义的基础上,将"过程与关系"这两个中国社会文化中的重要理念植入其中,发展出中国特色的建构主义理论——过程建构主义。参见秦亚青:《关系与过程——中国国际关系理论的文化建构》,上海人民出版社 2012 年版。

续发起挑战。在挑战的过程中,建构主义国际关系理论迅速崛起。

从哲学本体论的角度来看,现实主义和自由主义对国际关系的分析是以国际体系的物质结构为起点的,而建构主义从哲学意义上讲是一种理念主义(idealism)的理论,它重视观念、思想和文化等非物质因素的作用,强调社会结构和文化对国际关系的影响。所以建构主义的代表人物温特将他的著作命名为《国际政治的社会理论》。

亚历山大·温特,1958年出生,在明尼苏达州的Macalester学院完成本科学业,主修政治学,副修哲学,并对国际关系学和哲学的联系深感兴趣。1982年进入明尼苏达大学研究生院,主修政治学,主要研究领域是国际关系理论,1989年获博士学位。毕业后先后执教于耶鲁大学、达特茅斯学院和芝加哥大学,现为俄亥俄州立大学教授。其代表作《无政府状态是国家造就的》(1992年发表于《国际组织》)、《国际政治的社会理论》[①](1999年出版)等开

《国际政治的社会理论》书影

创了国际关系学界的建构主义学派。

第一,建构主义强调国际体系的结构不仅包括物质结构,还包括社会结构。这也是建构主义的最大特点。物质结构是行为体的实力分配及其相应位置;而社会结构则是国际体系中观念、规则相对稳定、有序的分配,具体表现为国际规范和国际制度等。物质性因素只有通过社会性结构才能对行为体的行为产生有意义的影响。

在建构主义者看来,物质因素(如国家间力量的对比)不会完全决定国家的行为,国家的行为取决于它对物质因素的理解和解释。也就是说,行为是由物质因素和对物质因素的认识(意识)两方面决定的。仅仅考虑物质因素(如军事力量),不能了解国家需要什么和想做些什么。建构主义者经常举的一个例子是:某个国家拥有了核武器,不一定会改变别国对它的政策,关键还在于别国如何看待这个国家以及与这个国家的关系。美国会认为朝鲜的五件核武器比英国的五百件核武器对美国构成的威胁更大,因为英国是美国的朋友,而朝鲜不是。

---

① 〔美〕亚历山大·温特:《国际政治的社会理论》(秦亚青译),上海人民出版社2000年版。

第二,建构主义强调体系结构和行为体(国家)之间存在着互为构成的关系。一方面,行为体之间的互动形成了体系结构;另一方面,体系结构通过塑造行为体的身份和利益而确立了行为体的行为规范。这样一来,建构主义语境中的国家利益不是先验和给定的外生变量,而是国际政治互动中不断产生的社会结构的产物。

第三,由于重视非物质因素的存在,建构主义对国际社会的"无政府性"有不同于现实主义和自由主义的理解。建构主义认为,"无政府是国家的产物"(anarchy is what states make of it),国际关系的性质取决于国家之间存在怎样的信念和期望。从理论上讲,国际社会的无政府状态下可以存在三种类型的国际关系,即互为敌人的霍布斯文化、互为竞争对手的洛克文化和互为朋友的康德文化。同时,建构主义并不认为国家像现实主义所假设的那样,是追求利益最大化的"理性"行为体。不同的国家由于历史、信仰和文化等方面的差异,会对自身以及世界形成不同的看法,这会影响到国家在国际舞台上的行为,而由此形成的国家行为未必合乎现实主义的理性原则。

此外,权力和主权是国际关系理论中的两个重要概念,与现实主义者和新自由制度主义者一样,建构主义者也认为权力很重要。但是,不同于前两者从物质层面看待权力,建构主义者从观念和文化的视角来考察权力。权力包含诸如合法性之类的观念,国家为了被国际社会的其他成员看作是合法的,可以改变它们之间的互动。建构主义者认为主权并不是一个绝对的概念。他们认为,国家从来没有获得对领土的排他性控制,相反,主权总是不断面临新的制度规范以及国家新的需要的挑战。

建构主义(基本内容如表3-4所示)从观念层面提出了富有学术意义的问题和目标,引发了国际关系学界的反思。越来越多的学者开始探讨建构主义提出的核心问题:国际关系实践的基本内涵、国家的互动对无政府状态形成和变化的影响、国际规范对国家身份形成与国家利益界定的影响、观念和文化的意义和转化等。建构主义理论最显著的贡献在于它重新设定了国际关系学的研究议程。

表3-4 建构主义

关键词	文化、认同、共识
核心内容	强调国际体系内非物质因素的存在;国家之间的关系取决于互动过程中形成的对对方的认同
哲学基础	人性中有善有恶
主要理论家	亚历山大·温特

(续表)

基本理论	国际社会的无政府状态不是自然状态,而是由国家造就的;无政府状态是一个空壳子,可以有三种表现形式:霍布斯文化、洛克文化、康德文化;世界体系对国家的身份和利益有建构作用;国际关系的性质取决于国家之间存在怎样的信念和期望(国家并非理性的行为体);物质因素并不决定国家的行为,国家的行为取决于它对物质因素的理解和解释

7. 不同国际关系理论之间是什么关系?

国际关系领域中的每种理论,都为研究国际问题提供了观察、理解和解释的视角和方法。由于不同的理论采取的是不同的分析视角和分析层次,所以每种理论都只观察到复杂的世界的某一个侧面并对此进行深刻分析,只有将各种理论所观察到的画面综合起来才是一个完整的世界。正如政治学家斯蒂芬·沃尔特(Stephen Walt)所言,"没有任何一个单一路径能抓住当代世界政治的全部复杂性。因此,各种各样的竞争观点,比只有一个单一理论的正统观念,使我们更为受益"。[①] 从这个意义上讲,不同理论之间的关系并不是一个非此即彼、相互排斥的关系。研究理论的目的也不是要区分孰优孰劣,而是要了解每种理论的适用范围,以便根据研究问题的不同和研究目的的不同,选择不同的理论为指导。

从纵向上看,随着世界的发展变化以及人类认识能力的提高,新的理论必然应运而生。每种理论都是在前一种理论的解释力下降或人类面临的新情况、新问题无计可施时出现的。时代的发展呼唤新的理论,新的理论解决新的问题。不过,新理论的产生并不意味着旧理论便一无是处了,它只是表明旧理论的解释和运用范围受到了限制,人们对它的接受程度不如以前了。而且,通常旧理论所观察到的那个画面并不是完全不存在了,而是变成了新画面中的一部分,旧理论对这部分画面的成功描述或解释仍旧是新理论所无法替代的。例如,在国际关系日益广泛、密切和深入的全球化时代,竞争与合作成为大国关系的主流,自由主义国际关系理论比现实主义有更广阔的用武之地,但现实主义国际关系理论仍是国际关系的主流理论,它对人们分析和预测全球战略格局的演变仍有重要意义。

[①] Stephen M. Walt, "International Relations: One World, Many Theories", *Foreign Policy*, Spring 1998, p. 30.

8. 在国际关系研究中如何运用理论？

在国际关系研究中，理论的运用有两层含义。第一层含义是运用理论来研究国际问题，探究事物之间的逻辑联系和现象背后的动因。在此研究过程中，研究者必须首先明确，不同的理论拥有不同的解释视角与分析层次，研究者必须要明确自己的研究视角和分析层次，然后才能确定哪种理论适用于自己的研究。一般来说，对于一项实证研究而言，研究者只能选择一个视角、一个分析层次，对事件进行详尽、准确的描述和深刻的剖析。

比如，以"为什么在美国会出现'中国威胁论'"为例。以现实主义视角来看，出现"中国威胁论"的原因是中国是崛起国，美国是霸权国，中国实力上升必然对美国在东亚乃至全球的利益形成挑战；从自由主义角度出发，是由于中国经济和军事实力快速增长，而中美两国之间没有建立有效的沟通机制和解决问题的制度安排，中国有可能对美国主导的世界秩序发起挑战；而从建构主义视角来看，美国对中国崛起的恐惧和戒备是因为中国崛起后发展方向不明确，同时，中美因历史、文化和价值观的不同，彼此之间缺乏互信，双方可能会因为误判而发生冲突和对抗。由于不同的理论有着不同的假定和逻辑体系，研究者不可能同时接受各种理论的各种假定，这样得出的结论一定是逻辑混乱、前后矛盾的。当然，选择何种理论视角还取决于学者的个人偏好及所研究问题的性质等。

第二层含义是用国际关系理论来解决现实问题，即研究者以理论为指导，根据特定形势下的具体情况选择切实可行的行动方案。在国际关系中，对外政策的决策者和为政府提供外交决策咨询的研究人员就在从事这项工作。每种国际关系理论对国际现象都有自己独到的精辟见解，但不能解释国际现象的全部，所以，在确定对外政策时应综合运用各种理论，多管齐下。理论运用得越多，对现象的分析就越全面，对外政策的手段也就越多。

 拓展阅读

1. 现实主义六原则及女性主义的批判

汉斯·摩根索是世界公认的20世纪最著名的国际关系理论家，他在其著作《国家间政治》中提出的"现实主义六原则"搭建了国际关系现实主义思想大厦的基本架构,并为国际政治理论的发展演变提供了理论基础。摩根索的现实主义六原则内容如下。

第一,政治现实主义认为,像社会的一般现象一样,政治受到根植于人性的客观法则的支配。为了改善社会,我们必须首先理解社会赖以生存的法则。这些法则不受人们的偏好的左右而起作用,人们若向它们挑战,则需要面临失败的危险。

现实主义认为政治法则具有客观性,也相信有可能发展出一套合理的理论体系来,尽管体系是不完善和片面的,但还是可反映出这些客观法则。政治法则根植于人类本性,自从中国、印度和希腊古典哲学家试图发现这些本性以来,它们一直都未发生过改变。对于现实主义来说,理论在于确定事实并通过推理赋予这些事实以意义,但仅仅事实还不够,要使对外政策的原始素材说明问题,就必须用一种理性的框架去解释政治现实。

第二,以权力界定的利益概念是帮助政治现实主义者在国际政治的原野中找到出路的主要路标。这个概念试图把理解国际政治的理论与有待解释的事实联系起来。它使政治成为一个独立存在的领域,从而与其他领域如经济学、伦理学、美学或宗教学等区分开来。若无此概念,我们就无法将政治和非政治的事实加以区分,也无法给政治领域带来至少是某种程度的条理性。

我们假定政治领导人是"从以权力界定利益的角度进行思考和行动的",而且历史已经进行了佐证,以权力界定的利益迫使观察者保持科学的态度,将理性注入政治的主管事务中,从而使得对政治理论的理解成为可能。现实主义承认,在政治现实中充满了偶然因素和非理性因素,这些因素会对对外政策产生影响。但应对现实中的理性元素加以强调,因为正是这些理性元素使得现实得以上升为理论。与此同时,现实主义认为,理性的对外政策就是好的对外政策,因为它能将风险最小化、利益最大化。

第三,现实主义认为,以权力所界定的利益具有普遍适用的客观属性,但它并不赋予这一概念一个永久固定的含义。

利益的观念确实是政治的实质,不受时间和空间环境的影响。然而在特定的历史时期内,哪种利益能够决定政治行为,要视制定对外政策时所处的政治和文化环境而定。这一推断也适用于权力的概念,其内容及其运用方式取决于政治和文化环境,任何事物,只要能建立并保持人对人的控制,就包含在权力中,权力包含人对人的支配。现实主义者认为,只有通过对支配过去并将支配未来的各种永远存在的力量进行巧妙的驾驭,才能实现改造。

第四,政治现实主义明白政治行动的道德意义,它意识到成功的政治行动和道德需求间存在着不可避免的冲突,但现实主义坚持认为,普遍的道德原则不能以它们抽象的普遍形式应用到国家身上,而是必须经过具体时间和地点环境的过滤。

个人具有通过牺牲自己来捍卫道德原则的权利,国家却没有,国家的生存是其首要的道德原则。没有审慎,就没有政治道德可言。因此,现实主义认为,审慎原则——仔细衡量不同政治行动的后果——是政治中最崇高的道德。抽象的伦理根据是否符合道德法则来判定其行动,而政治伦理则依据其政治后果来判断其行动。简单来说,民族国家在追求利益时所遵循的道德,不同于普通人在处理人际关系中所遵循的道德。政治家作为国家领导人采取行动时,评判其政策的标准是政策的政治后果。谨慎,即对不同政治行动的后果进行权衡,是政治中至高无上的品德。把个人道德同国家道德混为一谈,就是制造民族灾难,因为国家领导人的首要职责是保证民族国家的生存。

第五,政治现实主义拒绝把特定国家的道德愿望等同于普世的道德法则。如同现实主义对真理和观念加以区别一样,它对真理和盲目崇拜加以区别。所有国家都禁不住诱惑——很少有国家能够长期抵挡住这种诱惑——去以普世的道德目标来掩饰自身特定的目标和行动。然而,将某一特定的民族主义和上帝的旨意简单等同起来,在道德上是难以站得住脚的。另一方面,正是权力界定利益使我们得以避免这种道德的狂热和政治的愚钝。因为我们将包括自己在内的国家看作是一种追求以权力界定利益的政治实体,所以我们就能够以公正的态度对待所有国家。

第六,因此,政治现实主义和其他学派之间的差异是真实的、深刻的。政治现实主义无论怎样被误解和误读,其对政治事务鲜明的学术和道德态度是无可否认的。

从学术上讲,政治现实主义者坚持政治范畴和经济、法学、道德一样具有自身的独立性。他们通过权力来界定利益。政治现实主义意识到除了政治范畴外,其他思想的存在和相关性,但是作为政治现实主义者,其必定将这些标准置于政治标准之下。当其他流派将其他范畴的标准强加于政治范畴之上时,政治现实主义就与它们分道扬镳了。

现实主义维护政治领域的独立性,不受其他思想流派的颠覆,这并不意味着对其他思想流派的存在性和重要性的忽视,而是说每个流派都有自身适合的范畴和功能。政治现实主义意识到人性的多元化,正因如此,政治现实主义只是为了理解其中之一而进行的专门研究。基于这些原则之上的政治理论不能获得广泛一致的认同,这是很自然的事情,对外政策同样如此。

虽然以上摩根索的政治现实主义六原则奠定了国际政治的理论基础,但在国际关系学的发展过程中,它不断受到来自国际关系其他理论的各种挑战和批判,其中,女性主义的批判可以说是最彻底的。女性主义学者J.安·蒂克纳(J. Ann Tickner)在其《对摩根索政治现实主义六原则的批判》一文中,从女性主义视角对摩根索的政治现实主义六原则进行了逐一批判。

第一,女性主义认为,文化中所界定的客观性经常与男性主义联系在一起。因此,所谓人性的"客观"法则都是基于一种局部的、男性观点的人性观。人性既包括男性的一面,也包括女性的一面;它包含了政治控制因素,也包含了社会再生产和发展要素。"客观性"更多地体现在相互联系上,而不是权力控制。

第二,女性主义认为,国家利益是多维度的并具有情境依赖性,因此,不能仅仅以权力来界定。在当今世界中,全球性问题复杂交错,既包括核战争,也包括经济福利和环境恶化等,对此,需要的是一种合作性方案,而不是零和博弈式的解决方案,这符合各国的利益。

第三,权力不能被赋予一个普遍有效的定义。将权力定义为统治和控制表现了男性主义的一面,却忽视了集体互动的可能性,而这往往体现了权力中女性主义的一面。

第四,女性主义视角否定了把道德需求和政治行动分离的可能性。所有的政治行动都具有道德意义。国际政治既有秩序的追求,也有正义的追求。现实主义通过权力手段实现秩序最大化,这是把对秩序的追求凌驾于公平之上。

第五,女性主义视角一方面承认某一特定国家的道德需求不能等同于普遍的道德准则,另一方面寻求发现人类追求中共有的道德元素,从而为减少国际冲突、建立国际共同体奠定基础。

第六,女性主义视角否定了政治范畴的自主性。由于西方文化中自主性和男性主义联系一起,因此构建一种并非基于人性多元化的世界观的学科是片面的和男性主义的。

总之,女性主义认为,摩根索试图以建立一种客观的、普遍的国际政治理论,而他对人性和道德的假设前提,在现代文明中都是与男性特征联系在一起的。因此,其六原则不能构成普遍客观的国际政治理论的基础。女性主义认为,国际政治的现实具有多重特征,当今世界,只有女性在学科中得到充分表达,男性和女性贡献得到平等尊重时,一种无性别的、人性化的学科才可能出现。

2. 国际关系中的其他理论
国际关系中的批判理论

国际关系中的批判理论(critical theory)是对占主流地位的国际关系理论

提出批判和反思的理论。批判理论从本质上讲是追求解放的知识,而非解决问题的知识,其认识论基础是反思主义,强调理论上的自我批评和重建对正确认识和理解世界政治的性质及特征具有重要作用。20世纪80年代开始,受西方政治和社会发展理论的影响和推动,批判理论在国际关系理论界逐渐兴起,对传统的主流理论提出批评和挑战。

国际关系中的批判理论是一个"家族",包括后现代主义、女性主义、建构主义等分支,其主要特征是打破主流理论所遵循的实证主义及理性主义传统,代表人物有罗伯特·考克斯(Robert Cox)、安德鲁·林克莱特(Andrew Linklater)等。其主要内容包括以下三个方面:第一,它认为主流理论的认识论假定以及建设理论的方式是不正确的。考克斯指出,主流国际关系理论只关注在现存的世界秩序范围内解决难题,而没有提出关于世界秩序本身是如何产生以及世界发生转型可能性等重要问题。第二,它认为知识的官僚技术化使人们在国际关系研究中长期忽视关于规范的问题,譬如关于世界体系内部的秩序和正义的问题。批判理论强调这些被传统的主流理论所忽视和低估的内容,提出要注意知识与利益的联系,要对国际政治的规范给予重视。第三,它对认识论抱一种温和的态度,谨慎地认为在伦理和道德领域不排除普遍主义存在的可能性。

总体上看,国际关系批判理论从本体论、认识论、方法论和价值论等方面对传统的国际关系理论提出了挑战和批评。

在本体论方面,国际关系批判理论挑战理性主义关于人性和人的行为的概念,强调行为体的社会性,认为社会认同对行为体的利益判断和行为具有重要意义。

在认识论方面,国际关系批判理论批评实证主义试图建立客观的、在经验上可以获得验证的真理是荒谬的。批判理论认为一切知识都是有偏见的,它反映的是观察者自身的利益。理论是权力的工具,总是服务于一定的人和一定的目的。

在方法论方面,国际关系批判理论反对单一的科学方法占据支配地位,提倡在探索知识的过程中使用多种方法。批判理论认为,人类社会不同于自然界,人作为行为主体,不同于化学元素或物理颗粒,前者有观念、价值、道德伦理等,后者没有。因此,研究自然界的方法不完全适用于研究社会世界。

在价值论方面,国际关系批判理论否认在建立理论、理论研究活动过程中保持价值中立的可能性,强调恢复研究国际伦理和道德的重要性。

批判理论对于国际关系认识论产生了重大影响,重新界定了社会科学的概念,动摇了新现实主义的话语霸权,推动了国际关系理论的多元化发展。

国际关系中的马克思主义理论

国际关系中的马克思主义理论是建立在马克思主义理论基础上的国际关系理论,其主要内容如下。

首先,就分析单位而言,与主流国际关系理论不同的是,该理论的分析单位不是国家而是阶级/阶层。该理论将阶级/阶层视为国内政治和国际政治中最重要的行为体,而阶级/阶层是由个人的经济、社会地位决定的。不过,由个人构成的阶级同国家一样是理性的,其宗旨在于谋求阶级利益,这种阶级利益通常表现为物质、经济利益。该理论不否认国家亦是国际社会中的重要行为体,但它强调国家既非现实主义所描述的单一行为体,也非代表国家利益和国家意志。国家只代表着经济上占统治地位的阶级的利益,即国家可视为统治阶级的董事会。

其次,在体系层面上,该理论强调占主导地位的生产方式决定着国际体系的内容。各国生产方式的差异,造成各国财富积累上的巨大悬殊,因此国际体系呈现出等级结构、高度分层的特点。该理论认为,当前的国际体系被资本主义主导,统治阶级/核心国家控制着边缘/半边缘国家,使国际体系的运行服务于自身利益。主导国家与边缘/半边缘国家形成的剥削和依附的具体方式决定着历史发展和国际冲突模式。

由此可知,马克思主义国际关系理论特别重视阶级分析和经济因素,认为统治阶级利益决定国家对外政策和国际组织的政策,经济结构决定了国际政治行为和结果;占据核心地位的国家力图扩展其占据主导地位的生产方式和维护其自身的主导地位,从而使国际体系的和平变迁非常困难。所以,该理论特别关注世界体系的公平和正义、社会进步与社会产品分配等问题。

马克思主义国际关系理论在第二次世界大战后曾对第三世界产生一定的影响力,但随着国际形势的发展变化,其影响力逐渐减弱。比如,该理论不能解释世界体系中新兴大国的兴起,也无法解释发达资本主义国家与发展中国家之间的合作等。但该理论的意义在于提醒我们关注经济力量在国家内部和国家之间的作用,并有助于我们理解20世纪末期经济全球化的发展动力。

国际关系中的英国学派

英国学派(English School)是二战后在讲英语的国家(主要集中在英国、澳大利亚)逐渐衍生发展起来的、独立于美国国际关系学界影响的国际关系理论流派,它代表着美国之外国际关系理论最重要的进展。其代表人物有赫伯特·巴特菲尔德(Herbert Butterfield)、查尔斯·曼宁(Charles Manning)、马丁·怀特(Martin Wight)及赫德利·布尔(Hedley Bull)等。

英国学派的三个重要概念为国际体系、国际社会和世界社会,其中"国际社会"这个概念最为成熟、最为流行。

国际社会理论特别强调国际体系与国际社会是两个不同的概念:只要两个或两个以上国家之间有足够的交往,而且一个国家可以对其他国家的决策产生足够的影响,从而促成某种行为,国际体系就出现了;不过,要形成国际社会还要满足其他条件——国家意识到它们具有共同利益和价值观念,并在国家间建立了规则及制度,认为它们相互之间的关系受到一套共同规则的制约。因此,国际社会有以下四个特点:首先,它由主权国家构成;其次,承认国际社会的无政府状态,但国家却能为了实现一些共同价值观念,遵守国际规则、国际规范、国际制度(无政府却有序),因此无政府不等于混乱和无序,国际社会中存在着一定的秩序和规范;再次,国家体系确定政治和法律框架;最后,国家在国际社会秩序内赋予个人和跨国行为体权利。

从方法论上来看,"英国学派"反对现代社会科学方法,推崇传统的研究方法,关注历史、规范、决策者,强调规则、制度与文化的作用,并强调三大理论流派的融合和交流。

英国学派是摆脱"美国话语霸权"的成功样板,在它的推动下,英美学派之间的交流也逐渐活跃起来。但英国学派不可避免地有着"欧洲中心主义"的色彩,其阐述的有"秩序"和"正义"的"国际社会"实际上是欧洲古典文明的放大和延伸。

国际关系理论中女性主义

女性主义(Feminism)是由女权主义运动带来的一种社会科学的理论视角,萌芽于20世纪初,其核心概念是"社会性别"(social gender),强调"社会性别"是在男女生理性别的基础上经由社会文化因素建构而成的,从而对以男性为中心的社会结构与知识体系提出挑战。女性主义者瓦勒里·布莱森(Valerie Bryson)说:"一切政治理论,如果忽略了女性主义的思想,都将不可避免地成为片面和贫乏的理论。"[①]

20世纪80年代开始,传统上以男性为主导的国际关系学受到女性主义的很大冲击。由于现实主义对"社会性别"忽视得最彻底——通常认为国际政治是"名副其实的男性政治王国",女性主义批判的重点主要是现实主义理论。女性主义者们在国际关系中"寻找"女性的位置[②],发现女性经验的意义,

---

① 李银河主编:《妇女:最漫长的革命——当代西方女权主义理论精选》,三联书店1997年版,第7页。
② 如国际关系女性主义的代表人物之一安·蒂克纳,其作品名为《国际关系中的性别:女性主义的视角》。

对权力、安全、和平、主权等传统国际关系学的重要概念表示质疑。

总之,女性主义为国际关系学提供了一个新的研究议程——"性别与国际关系",为国际关系开辟了更广阔的研究领域,即国际关系不仅要研究国家之间的行为,更要分析国家与社会的互动。不过,国际关系中的女性主义内部存在差别很大的流派,各派学者既没有形成一致认同的假设,更没有形成整齐划一的理论体系,他们的共同点只是接受社会性别的分析方法和一些基本概念。

自学指南

本章是国际关系学的重点和难点。在分析国际问题时,能否熟练地、恰当地运用各种理论视角是判断一个人是否具备了国际关系学专业知识的重要标志。对于国际关系学的初学者来说,直接从理论入手可以使自己很快拥有"专业"的感觉;不过,倘若脱离了对国际关系发展史的宏观把握和对国际关系发展现状的基本了解,国际关系理论就会变成一块"难啃的大骨头"。单靠死记硬背很难真正理解和体会到这些理论的价值和妙用,更不要说在实践中熟练运用了。所以,建议初学者在使用此书时,先通过通读此章内容大体了解国际关系理论的基本情况,然后通过学习后面的内容来体会这些理论的意义和作用。在阅读了全书的内容后,再返回来仔细阅读此章,定会有"温故知新"的感觉。

关于本章介绍的国际关系理论,初学者可以通过阅读本书的相关章节与以下国内外学者介绍和评述国际关系理论的教材来加深理解。

倪世雄:《当代西方国际关系理论》,复旦大学出版社2001年版。

王逸舟:《西方国际政治学:历史与理论(第二版)》,上海人民出版社2006年版。

秦亚青编:《西方国际关系理论经典导读》,北京大学出版社2009年版。

秦亚青:《国际关系理论·反思与重构》,北京大学出版社2012年版。

秦亚青:《权力·制度·文化:国际关系理论与方法研究文集(第二版)》,北京大学出版社2016年版。

宋伟:《国际关系理论:从政治思想到社会科学》,上海教育出版社2011年版。

〔美〕詹姆斯·多尔蒂、小罗伯特·普法尔茨格拉夫:《争论中的国际关系理论(第五版)(中译本第2版)》(阎学通、陈寒溪等译),世界知识出版社2013

年版。

〔美〕卡伦·明斯特:《国际关系精要》(潘忠岐译),上海人民出版社2007年版。

〔挪威〕托布约尔·克努成:《国际关系理论史导论》(余万里、何宗强译),天津人民出版社2005年版。

〔加〕罗伯特·杰克逊、〔丹〕乔格·索伦森:《国际关系理论与方法》(吴勇、宋德星译),天津人民出版社2008年版。

〔法〕达里奥·巴蒂斯特拉:《国际关系理论》(潘革平译),社会科学文献出版社2010年版。

〔意〕马里奥·泰洛:《国际关系理论:欧洲视角》(潘忠岐等译),上海人民出版社2011年版。

〔美〕肯尼思·汤普森:《国际思想大师:20世纪主要理论家与世界危机(中译本第二版)》(耿协峰译),北京大学出版社2017年版。

对于想要深入研究国际关系理论的读者,研读国际关系理论的经典原著是非常必要的,以下列出了几个主要流派的国际关系理论的代表作,以及评述这些理论的重要著作。

〔美〕汉斯·摩根索:《国家间政治:权力斗争与和平(第七版)》(徐昕、郝望、李保平译),北京大学出版社2006年版。

〔美〕肯尼思·华尔兹:《国际政治理论》(信强译),上海人民出版社2003年版。

〔美〕罗伯特·基欧汉、约瑟夫·奈:《权力与相互依赖(第四版)》(门洪华译),北京大学出版社2012年版。

〔美〕亚历山大·温特:《国际政治的社会理论》(秦亚青译),上海人民出版社2008年版。

〔美〕彼得·卡赞斯坦主编:《国家安全的文化:世界政治中的规范与认同》(宋伟、刘铁娃译),北京大学出版社2009年版。

〔美〕彼得·卡赞斯坦、罗伯特·基欧汉、斯蒂芬·克拉斯纳主编:《世界政治理论的探索与争鸣》(秦亚青等译),上海人民出版社2006年版。

〔美〕大卫·鲍德温主编:《新现实主义与新自由主义》(肖欢容译),浙江人民出版社2001年版。

〔英〕贾斯廷·罗森伯格:《市民社会的帝国:现实主义国际关系理论批判》(洪邮生译),江苏人民出版社2002年版。

〔美〕罗伯特·基欧汉编:《新现实主义及其批判》(郭树勇译),北京大学出版社2002年版。

〔英〕提莫·邓恩等主编:《八十年危机:1919—1999 年的国际关系》(周丕启译),新华出版社 2003 年版。

〔美〕温都尔卡·库芭巴科娃等主编:《建构世界中的国际关系》(肖锋译),北京大学出版社 2006 年版。

秦亚青主编:《理性与国际合作:自由主义国际关系理论研究》,世界知识出版社 2008 年版。

苏长和:《全球公共问题与国际合作:一种制度分析》,上海人民出版社 2000 年版。

郭树勇:《建构主义与国际政治》,长征出版社 2001 年版。

方长平:《国家利益的建构主义分析》,当代世界出版社 2002 年版。

袁正清:《国际政治理论的社会学转向》,上海人民出版社 2005 年版。

秦亚青主编:《文化与国际社会:建构主义国际关系理论研究》,世界知识出版社 2006 年版。

本章除了介绍国际关系的三大理论流派之外,还在拓展阅读中介绍了国际关系的其他理论,下面为读者列出了这些流派的主要著作以及中国学者的相关研究,有兴趣的读者可以通过阅读原著来把握这些理论的思维方式和核心思想。

英国学派

〔英〕爱德华·卡尔:《20 年危机(1919—1939):国际关系研究导论》(秦亚青译),世界知识出版社 2005 年版。

〔英〕马丁·怀特:《权力政治》(宋爱群译),世界知识出版社 2004 年版。

〔英〕赫德利·布尔:《无政府社会:世界政治秩序研究(第二版)》(张小明译),世界知识出版社 2003 年版。

〔英〕巴瑞·布赞、奥利·维夫、迪·怀尔特:《新安全论》(朱宁译),浙江人民出版社 2003 年版。

〔英〕詹姆斯·德·代元主编:《国际关系理论批判》(秦治来译),浙江人民出版社 2003 年版。

〔英〕诺依曼等主编:《未来国际思想大师》(肖锋、石泉译),北京大学出版社 2003 年版。

Adam Watson, *The Evolution of International Society*, London: Routledge, 1992.

Tim Dunne, *Inventing International Society: A History of the English School*, London: Macmillan, 1998.

陈志瑞等主编:《开放的国际社会:国际关系中的英国学派》,北京大学出版社 2006 年版。

苗红妮:《国际社会理论与英国学派的发展》,中国社会科学出版社 2009 年。

章前明:《英国学派的国际社会理论》,中国社会科学出版社 2009 年。

张小明:《国际关系英国学派:历史、理论与中国观》,人民出版社 2010 年版。

批判主义、后现代主义

〔美〕伊曼纽尔·沃勒斯坦:《现代世界体系》第一、二卷(尤来寅等译),高等教育出版社 1998 年版。

〔美〕伊曼纽尔·沃勒斯坦:《现代世界体系》第三卷(孙立田等译),高等教育出版社 2000 年版。

〔美〕伊曼纽尔·沃勒斯坦:《转型中的世界体系:沃勒斯坦评论集》(路爱国译),社会科学文献出版社 2006 年版。

〔加〕罗伯特·考克斯:《生产、权力和世界秩序:社会力量在缔造历史中的作用》(林华译),世界知识出版社 2004 年版。

〔美〕罗伯特·基欧汉主编:《新现实主义及其批判》(郭树勇译),北京大学出版社 2002 年版。

Robert I. Rhodes, ed., *Imperialism and Underdevelopment*, New York: Monthly Review Press, 1970.

Stephen Gill, *Gramsci, Historical Materialism and International Relations*, Cambridge University Press, 1993.

李滨:《国际体系研究:历史与现实》,南京大学出版社 2000 年版。

陈炳辉:《西方马克思主义的国家理论》,中央编译出版社 2004 年版。

女性主义

〔美〕克瑞斯汀·丝维斯特:《女性主义与后现代国际关系》(余潇枫、潘一禾等译),浙江人民出版社 2003 年版。

Sandra Harding, ed., *Feminism and Methodology: Social Science Issues*, Bloomington: Indiana University Press, 1987.

J. Ann Tickner, *Gender in International Relations: Feminist Perspective*, New York: Columbia University Press, 1992.

李英桃:《社会性别视角下的国际政治》,上海人民出版社 2003 年版。

李英桃、胡传荣主编:《女性主义国际关系学》,浙江人民出版社 2006 年版。

苏云婷:《女性主义视角下的世界秩序研究》,中国社会科学出版社 2010 年版。

第四章

世界体系

> 在国际关系学科的思维中，国际体系的重要意义不容置疑。它代表着该领域的一个核心概念，……正是这一概念促进了国际关系学构成一个独立学科的观点。
>
> ——巴里·布赞、理查德·利特尔①

> 虽然国际体系的排列原则是无政府状态，但是该体系并非没有秩序。所有全球互动关系都是有秩序的，因为这些互动关系都呈现出有规则的、大致可预见的格局。在大多数情况下，这些互动关系是受规则约束的。
>
> ——小约瑟夫·奈、戴维·韦尔奇②

> 社会共有观念建构了国际体系的结构并使这种结构具有动力。
>
> ——亚历山大·温特③

> 如果没有国际秩序，也就没有国家平等和独立的权利或者各民族有权决定自己命运的权利这样的东西。秩序在世界政治中不仅是值得追求的目标，而且也有理由优于其他目标。
>
> ——赫德利·布尔④

---

① 〔英〕巴里·布赞、理查德·利特尔:《世界历史中的国际体系——国际关系研究的再构建》(刘德斌等译)，高等教育出版社2005年版，第4页。
② 〔美〕小约瑟夫·奈、〔加拿大〕戴维·韦尔奇:《理解全球冲突与合作(第九版)》(张小明译)，上海人民出版社2012年版，第57页。
③ 〔美〕亚历山大·温特:《国际政治的社会理论》(秦亚青译)，上海人民出版社2000年版，第39页。
④ 〔英〕赫德利·布尔:《无政府社会:世界政治秩序研究(第二版)》(张小明译)，世界知识出版社2003年版，第76页。

1. 什么是体系？为什么说世界是一个体系？

体系是指一个各组成部分相互依存而发挥整体作用的系统，它对其组成部分有重大的作用力，影响和制约着它们的存在、发展和相互关系。通常把组成体系的各部分称为"单元"或者"个体"(unit)。体系应当有这样两个特征：互动性和整体性。互动性是指体系与单元以及各单元之间相互依存和相互制约的关系，整体性则意味着体系是一个不可分割的整体，而且体系在整体上的功能应当大于所有单元单纯相加的总和。

之所以说世界是一个体系，是因为它具备了体系的两个基本特征。世界体系是由相互之间密切联系的主权国家为主要行为体构成的，具有自身的结构特点和运动、发展规律的有机整体。世界体系最早形成于19世纪末。当今世界，随着全球化的日益加深，国与国之间的联系越来越紧密。交通、通信技术的发展将世界上的各个地区、国家、机构、个人日益紧密地联系在一起，使之成为一个不可分割的整体。同时，全球问题层出不穷，世界各国如同"一根绳上的蚂蚱"，谁都不可能置身事外，不受其影响。例如，2008年的世界金融危机最先发源于美国，但随后便跨越国界，席卷全球，产生了极其深远的影响。在此背景下，国家间的相互依存关系不断加深，世界体系中各行为体之间的互动性大大加强。国际社会出现了"牵一发而动全身"的现象。

2. 以主权国家为主体的国际体系是什么时候出现的？

以主权国家为主体的国际体系是以结束欧洲"三十年战争"的威斯特伐利亚和会为开端的。1618—1648年的"三十年战争"结束后，各主要参战国签订了《威斯特伐利亚和约》，标志着世界上第一个以主权国家为主体的国际体系开始形成，史称"威斯特伐利亚体系"。

《威斯特伐利亚和约》中重申了"教随国定"的原则，确认德意志境内的新教徒同天主教徒享有同等的权利。所谓"教随国定"，是指1555年神圣罗马帝国皇帝与新教诸侯签订的《奥格斯堡宗教和约》中规定的，各诸侯有权决定臣民的宗教信仰。这一原则的重新确认意味着新教在更加广泛的地区获得了合法地位，也意味着天主教失去了更多的势力范围。更为重要的是，各君主国有权自行决定本国的宗教信仰，这标志着罗马教皇至高无上的神权统治结束了。此后,教皇的地位一落千丈,失去了中世纪所享有的权威和实际影响力。

与此同时,《威斯特伐利亚和约》确立了国家主权原则,民族君主国成为欧洲国际关系中独立的、最重要的行为体。关于这一点,可以从以下两方面进行考察。

首先,参加和会的各国代表,无论是战胜国还是战败国,都是以主权国家的身份参加国际会议,打破了神圣罗马帝国凌驾于各诸侯国之上的局面。此外,国家领土得到确认,国家拥有了对内管辖权。《威斯特伐利亚和约》确定了欧洲大陆各国的国界,法国和瑞典获得了相应的领土,德意志境内的勃兰登堡、萨克森、巴伐利亚等几个大诸侯国都扩充了领土,并且在其领地内中享有内政外交的自主权,荷兰和瑞士的独立地位获得承认。这些规定皆为对各个民族国家主权的肯定。

其次,主权得以确认的另一个重要标志是国家获得了在国际社会的"身份证",国家的生存权得到基本保障。威斯特伐利亚和会开创了以国际会议的形式解决国际争端和结束国际战争的先例,使欧洲的国际战争由无限战争变为有限战争,在一定程度上限制了主权国家被侵略和吞并的现象。同时,和会创立了条约必须遵守和对违约国进行集体制裁的原则,这意味着国家主权不仅在法律上得到承认和尊重,而且欧洲国家也有意愿采取实际行动维护国家主权。

此后,欧洲的主权国家开始成为世界舞台上最活跃的角色。为了夺取资源、财富和权力,以英法为代表的欧洲列强进行了大规模的海外扩张和殖民活动。整个美洲大陆、部分亚洲大陆和非洲的沿岸地区开始成为殖民者频繁活动的区域。从陆地上看,欧洲列强还没有建立起对美洲之外的其他地区的绝对优势,但从海洋上看,此时覆盖地球70%以上面积的海洋已经成了欧洲列强的天下。至19世纪末20世纪初,以欧洲为主的主权国家建立了全球殖民体系,这标志着主权国家占主导地位的世界体系的形成。

3. 如何理解世界体系的"无政府性"?

无政府性(anarchy)是国际关系学最重要的概念和理论假定。对无政府性的内涵和意义的诠释直接影响着人们对国际关系的性质和发展方向的分析和判断。根据《韦氏新大学词典(第九版)》的解释,"anarchy"一词主要有以下几种含义:一是指没有政府或缺乏控制;二是指由于不存在政府而导致没有法律和政治秩序的混乱和无序;三是指由于不存在政府而人人享有完全自由的乌托邦社会;四是指单纯地缺乏秩序(与政治和政府无关)。

在现实主义者眼中,无政府状态意味着国际社会是一个弱肉强食、充满欺骗与背叛、完全失序的社会,充满了永无止境的竞争和冲突,国家只能采取自助的方式以维护自身安全。就像沃尔兹在《国际政治理论》中所说的:"作为国际社会的一员,每个国家经常是在暴力的阴影下处理本国事务的。由于一些国家可以选择在任何时候使用武力,所有的国家都必须小心戒备……国家间的自然状态就是战争状态……由于各国可以自行决定是否使用武力,因而战争随时可能会爆发……国家之间,正如在人与人之间一样,无政府状态,或者说没有政府的状态,是与暴力的发生联系在一起的。"[①]因此,现实主义倾向于将无政府状态理解为没有政府所导致的无秩序的状态。

但是问题在于,现实中的国际社会并没有完全处于一片混乱之中,仍然存在着一定的秩序以及国家普遍遵守的行为准则,而这也正是自由主义者的观点。自由主义者并不认为无政府状态等同于无秩序,他们坚持认为,如果将类似国内社会的制度安排推广到国际社会中,利用制度的力量,使得国际法和国际机制能够真正地起作用,那么国际社会就会有序运转。因此,自由主义者并不认为无秩序与无政府状态是紧密联系的,他们倾向于认为无政府状态就是指不存在一个世界政府。

建构主义者关于无政府状态的观点与现实主义和自由主义都有所不同。现实主义与自由主义都将无政府状态视为国际社会先验性存在的客观物质条件,所有的国家都是在这一既定的客观条件下采取各种行动,并因此产生了世界体系是否存在秩序的分歧。而建构主义强调体系中非物质性因素的作用,将无政府状态视为观念的产物,即无政府状态并不是客观存在的,而是由国家构建出来的。由此,无政府状态这一概念本身是一个"空壳",并不是国际社会必然的状态,且并不存在着单一的内涵。既然无政府状态来源于国家之间形成的共有观念,那么如果国家改变了对无政府状态的理解和认识,无政府状态就会呈现出不同的表现形式。比如,当体系中的国家都认同国家主权独立、主权平等等国际规范,国家之间就有可能保持互不侵犯的状态,从而实现体系的和平与稳定。

---

① 〔美〕肯尼思·华尔兹:《国际政治理论》,第135—136页。

> 如果我们把无政府性作为自然属性对待,把自助性和权力政治作为无政府性的必然结果,那么我们永远跳不出现实主义界定的无政府性逻辑,就会在循环往复的权力政治中无休止地争斗……如果像现实主义那样把无政府性作为国际体系亘古不变的客观事实对待,就不可能质疑这个概念,也不可能解释它的社会性。国际体系的文化是国家行动者建构的,国家行动者有着至关重要的能动作用。现实主义批评温特理论的理想主义色彩,但是,如果完全没有关于国际关系的理想,我们就无法使我们的能动性朝着这个方向努力,因此也就只能任凭现实主义的无政府性控制国际关系的命运,使国家永远徘徊在冷战的思维之中。
>
> ——秦亚青①

由于"无政府性"是国际关系理论的基本假设和逻辑起点,三大主流理论对"无政府性"的不同的阐释使它们对世界体系的性质的认识产生了截然不同的结果。对"无政府性"的不同理解是区分国际关系三大理论的主要标志之一。

4. 如何从体系层次分析国际关系?

从体系层次分析国际关系是指从体系层次寻找导致国际事件发生的原因,主要包括以下要素。

(1) 体系的结构特征。它包括三个内容。一是世界体系中权威的组织形式,它既可以是水平的,如近代以主权国家为主体形成的世界体系,也可以是垂直的,如古代东亚以中国为中心形成的朝贡体系。二是体系中行为体的性质,它决定了体系内是什么样的组织在参与运作。目前,世界体系中的行为体可以分为三类:主权国家、国际组织(包括政府间国际组织和国际非政府组织)和跨国公司。主权国家仍是世界体系的主角,但非国家行为体的地位和作用不断上升。三是行为体互动的范围和层次,即行为体互动的领域及互动

---

① 秦亚青:《国际体系的无政府性——读温特〈国际政治的社会理论〉》,《美国研究》2001年第2期,第144页。

的频率和强度。有学者认为,在经济相互依赖的国家之间,爆发长期的、大规模的战争已经变得困难或不可能了。与此同时,一旦相互依赖的世界爆发了危机或冲突,大多数国家都将难以幸免于难。

(2) 体系中的行为体所形成的实力关系,即体系中占主导地位的大国或国家集团(称之为"极")的数量及其战略关系。它决定着国际关系的游戏规则和世界体系的稳定性。同时,世界体系中"极"的数量发生变化,体系的互动模式也会发生相应变化。例如,在单极体系下,大多数国家会采取"搭车"的对外政策,避免与霸权国对抗;在多级体系下,大多数国家会采取"均势"政策,以维持体系的稳定。

(3) 世界体系的经济模式。它是决定世界体系运作方式的重要因素,主要包含三方面的内容。一是生产力发展水平。它决定着大国在世界体系中所争夺资源的内容,也决定了国家实现对外政策目标所使用手段的技术水平。在不同的社会生产力发展水平下,国家所需要的最重要的资源并不相同。在农业社会,国家间争夺的资源主要是土地和人口;在工业社会,国家间争夺的主要是原材料、资本和市场。随着生产力的提高,战争武器发生了根本性的变化,由冷兵器发展到热兵器乃至核武器时代。二是经济相互依赖的程度。当今世界,工业民主国家之间,随着相互依赖的加深,经济关系已经在这些国家的对外事务中占据核心地位。三是经济发展不平衡的程度。当作为国际社会行为主体的国家被划分为相对富有和相对贫穷两大类时,不仅会导致发达国家与发展中国家之间的紧张关系(即南北矛盾),而且发展中国家的内部问题会外溢到国际社会,从而产生一系列全球性问题。

(4) 世界体系的行为规范。它是决定体系如何演进的一个重要因素。体系出于两个原因发展出规范:一是行为体自身的安全需要,二是行为体之间互动的实际需要。国际规范可以使国家避免遭受任意的武力攻击,也可以通过规范国家的行为而使其对外政策具有一定的可预见性,从而有利于实现国家之间的合作。近代以来,体系的行为规范发生了巨大的变化,一些扎根于欧洲文化的行为规范受到来自新崛起的大国(如美国和苏联)和发展中国家的挑战,当今世界的行为规范已经越来越具有广泛性和普遍性。

5. 什么是世界格局?世界格局有哪些类型?

所谓"世界格局",即世界体系的权力格局或战略格局(亦称"国际战略格局")。具体而言,是指在一定历史时期内,世界舞台上起主导和支配作用的力量(主要指大国和国家集团)相互作用、相互制约而形成的相对稳定的结构和态势。现实主义国际关系理论认为,世界格局是体系层次上影响国际关系的决定性因素。

在理解这一概念时,有三点需要注意。第一,世界格局只是强调世界体系中起主导和支配作用的大国和国家集团,并不涵盖所有的政治力量。例如,凡尔赛-华盛顿体系并没有包括日渐崛起的苏联,也将德国排除在外。第二,世界格局是世界体系的相对稳定的状态。也就是说,只有当世界体系中的主要政治力量及其关系处于相对稳定时,世界格局才存在。如果世界体系中的政治力量处于巨大的起伏涨落过程中,或世界体系处于剧烈的震荡之中,世界格局是不存在的。例如,在一战和二战期间,并不存在所谓的"世界格局"。第三,任何一种世界格局都是一定历史时期的产物,反映着这一时期的大国力量对比及大国所形成的战略关系,因此不可能永久维持下去。随着大国实力的改变和世界体系中其他主客观因素的变化,世界格局也会发生相应的变化。

关于世界格局的类型,较为普遍的分类方式是根据体系中"极"的数量来划分,将世界格局分为三类(见图 4-1)。

第一类是单极格局(unipolarity pattern)。在这种格局中,只存在一个占主导地位的权力中心,这个中心可以是国家,也可以是国家集团,其在体系中发挥无可取代的作用。例如,19 世纪的世界体系就是以英国为主导的一个单极世界,大英帝国在维护世界体系的稳定以及安排并保障国际秩序的问题上起着绝对主导性的作用。几乎所有的国际制度都是英国倡议与大力维护的结果。

第二类是两极格局(bipolarity pattern)。在这种格局中,存在着两个主导性的权力中心,而且这两个权力中心往往为了夺取在世界体系中的绝对主导权而处于竞争状态。这一格局最典型的代表就是二战结束后的"雅尔塔体系",以美国为首的西方阵营与苏联领导的社会主义阵营之间进行了长达四十余年的竞争和对抗。

第三类是多极格局(multipolarity pattern)。这种格局意味着存在三个或三个以上具有主导性优势的行为体,各行为体之间的实力大体相当,谁也无法占有绝对优势,易于形成均势的局面。威斯特伐利亚体系是一个典型的多极格局。当时欧洲的主要大国法国、瑞典、英国分别着意于欧陆霸权、波罗的海霸权和海上霸权,但是谁也无法彻底击败谁,故而保持了约一个半世纪的多极格局。

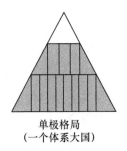

单极格局　　　　　两极格局　　　　　多极格局
（一个体系大国）　（两个体系大国）　（多个体系大国）

图 4-1　世界格局示意图

6. 试述 1648 年以来世界格局的演变及其特点

自 1648 年以来，世界格局主要经历了威斯特伐利亚体系、维也纳体系、凡尔赛-华盛顿体系、雅尔塔体系以及冷战后的一超多强格局。

威斯特伐利亚体系

1648 年，囊括了当时欧洲大陆上几乎所有政治力量的"三十年战争"结束，法国和瑞典分别与神圣罗马帝国皇帝斐迪南三世进行和谈，并签订了《明斯特和约》和《奥斯纳布吕克和约》，统称为《威斯特伐利亚和约》。在和约的基础上，近代以来第一个"世界"格局——威斯特伐利亚体系正式形成。在这一体系下，欧洲呈现出这样的权力格局：作为战争主战场的神圣罗马帝国遭到了巨大的破坏，原本就处于分裂状态的帝国进一步分崩离析，境内存在大约三百个拥有自主权的邦国以及众多的骑士领地。帝国在战争时期的盟国西班牙也由于战败国力日渐衰微。另一方面，作为战胜方的法国和瑞典，则通过战争扩大了领土，并且增强了实力。而大陆之外的英国则趁着大陆各国忙于战争，较为顺利地完成了资产阶级革命。威斯特伐利亚体系在欧洲大陆确立了一个相对均衡的多极格局，维持了约一个

有关国家签订《威斯特伐利亚和约》

半世纪。

维也纳体系

1789年爆发的法国大革命打破了威斯特伐利亚体系,而在长达十余年的拿破仑战争后,拿破仑第一帝国最终失败。在1814年召开的维也纳会议上,反法同盟诸国恢复了欧洲大陆的旧秩序,并形成了维也纳体系。

在维也纳体系之下,俄国、奥匈帝国以及普鲁士结成了神圣同盟,而后除英国、奥斯曼帝国和罗马教皇国之外的欧洲国家都加入了这一同盟。但是这只是一个比较松散的同盟,既没有规定成员所应当承担的义务,也没有具体的责任。

同时,英、俄、奥、普四国签订了《四国同盟条约》,并确定了四国同盟的责任与义务,主要包括:保证《第二次巴黎和约》的实施,承担共同出兵对法国作战的义务,定期举行会议以磋商并解决欧洲的重大问题,确立了四大国协商并主宰一切的原则。

反法同盟于1818年10月9日同法国签订《亚琛条约》,并邀请法国参加四国同盟。至此,五国同盟形成,法国恢复了欧洲强国的地位,欧洲协调的局面也正式形成。

出席维也纳会议的各国代表

凡尔赛-华盛顿体系

维也纳体系虽经受了1830年法国七月革命和1848年欧洲革命的冲击以及德国统一对欧洲均势的严重威胁,但一直勉力维持到了1914年。一战的爆发意味着维也纳体系的彻底崩溃。战后召开的巴黎和会与华盛顿会议确立了新的世界格局——凡尔赛-华盛顿体系。这一体系改变了以往世界格局以欧洲为中心的局面,出现了欧洲与亚太地区两个国际格局的中心,标志着世界体系的权力开始由欧洲向两侧转移。美、日这两个新兴大国开始在国际舞台上扮演越来越引人注目的角色。

在这一体系中,德国作为一战的发动者与战败者受到了最大限度的削弱与压制,包括割让土地、支付战争赔款等。作为被压迫的对象,德国一直希望打破这一体系。这也为二战的爆发埋下了仇恨的种子。而作为战胜国的英法两国,实力大为受损,无力遏制德国的复兴以及复仇情绪在德国的蔓延。

作为新生政权的苏联,由于意识形态的原因一直被排挤在体系之外。而在亚太地区,日本通过一战获益后,野心日渐扩大,意欲称霸整个东亚太平洋地区。这一目标与美国的战略目标发生了冲突,美日两国的矛盾日渐突出,并最终导致了太平洋战争的爆发。

巴黎和会四巨头,从左到右依次是英国首相劳合·乔治、意大利总理奥兰多、法国总理克里孟梭和美国总统威尔逊。

这一体系中最值得一提的就是成立了世界上第一个保障集体安全、解决国际争端的国际组织——国际联盟。在这一联盟下,国际会议被制度化,并为日后联合国的成立与运作提供了宝贵的经验教训。但是,由于缺乏强制执行力,国联实践中并未发挥实质性的作用,自然也无力阻止二战的爆发。

雅尔塔体系

二战的爆发意味着凡尔赛-华盛顿体系的解体,而根据大国在二战中安排的战后秩序,二战结束后的世界开始了新的权力格局——雅尔塔体系。在这一体系中,凭借在二战中发展起来的超强军事实力以及为战争胜利所作的贡献,美苏两国成为战后世界无可争议的领袖。但是,由于国家利益和意识形态的冲突,战后不久美苏就由战时的盟友变成势不两立的敌人,由此形成了美苏对抗的两极格局。在这一体系中,由于英法等国国力的下降以及"民族自决"观念在全世界的普遍传播,世界殖民地体系最终宣告解体。

在雅尔塔体系下,国际社会吸取了国联的经验和教训而成立了联合国。联合国成为世界上最重要的国际组织之一,并在维护世界和平、解决国际争端、促进世界和平发展的问题上扮演着无可取代的角色。

1945年2月,英国首相丘吉尔(左)、美国总统罗斯福(中)和苏联最高统帅斯大林出席雅尔塔会议。在第二次世界大战中,美、英、苏三国始终占主导地位,左右着整个战局,而雅尔塔会议确立的"雅尔塔体系"对战后世界新格局产生了重大影响。

一超多强格局

伴随着1991年苏联的解体,两极格局瓦解。美国作为世界上仅存的超级大国,在包括政治、经济、军事、文化在内的几乎所有领域都占有优势地位;日本作为世界经济大国,在尽力谋求政治大国的地位;欧洲在联合的道路上不断前进,欧盟成为世界上经济实力最强、一体化程度最高的国家联合体;作为苏联继承者的俄罗斯,仍然是世界体系中可以与美国抗衡的强大的军事强国;中国在改革开放之后经济稳步发展,综合国力有了极大的提高,与发达国家的差距逐渐缩小。世界格局呈现出"一超多强"的态势。有学者称之为"单极格局",也有学者称之为"多极格局",美国学者亨廷顿则称之为"单极+多极格局"。

进入21世纪以来,中国综合国力的快速增长令世界瞩目,中国崛起成为21世纪初国际关系中最引人注目的事件。2008年世界金融危机爆发后,西方国家经济普遍低迷,中国经济则保持了持续增长,中国的国际地位得到显著提升。2010年,中国GDP总量超过日本,成为世界第二大经济体。2015年,中国提出的建立亚洲基础设施投资银行(AIIB)的倡议得到国际社会大多数国家的积极响应,显示了中国在国际社会的越来越大的影响力,国际社会由此出现了中国是否在挑战以美国为主导的国际秩序的讨论。

中国崛起将对世界格局和国际秩序产生什么样的影响,这是目前国际关系学界讨论的热点话题。世界格局会继续向着多极化的方向发展,还是会出现一种新的两极格局,目前还无定论。

回顾近代以来世界格局的发展演变,可以看出以下几个特点。

第一,除了美苏两极格局是以苏联解体的方式瓦解之外,世界格局都是以战争形式建立和转换的。威斯特伐利亚体系是建立在以法国与新教同盟为一方、以哈布斯堡家族与天主教同盟为另一方的长达30年的战争基础上,维也纳体系是建立在法国与反法同盟长达十多年的战争基础之上,凡尔赛-华盛顿体系是两大军事集团——协约国和同盟国进行第一次世界大战的结果,雅尔塔体系是德意日等轴心国与世界反法西斯同盟进行的第二次世界大战的结果。

第二,世界体系中的崛起国以发动战争的方式挑战国际秩序,意图建立霸权,其结果是挑战者都成为失败者。法国大革命后拿破仑称霸欧洲的野心失败,统一后的德国称霸欧洲的野心失败,重新崛起的德国称霸欧洲的野心失败,崛起的日本称霸亚洲的野心失败。

第三,世界体系的权力中心随着世界格局的演变而发生转移。第一次世界大战削弱了欧洲在世界体系中的中心地位,亚太地区与欧洲共同成为世界格局的中心;第二次世界大战后,欧洲丧失了其在世界体系中的中心地位,世界的中心由欧洲向两侧转移,美苏成为世界权力的中心;两极格局解体后,美国一超独大,成为世界权力的中心;随着中国的崛起,东亚地区在世界体系中的地位上升。

第四,世界体系由无序逐渐走向相对有序。人类在经历了两次惨烈的世界大战后,促使世界体系稳定的安全机制逐渐建立起来,如一战后建立了国际联盟、二战后建立了联合国,国家使用暴力的权力受到越来越多的限制,国际关系逐步走向文明。

7. 什么是国际制度？在国际关系中发挥什么作用？

关于国际制度的定义,广为接受的是基欧汉提出的国际制度是"一系列约束行为、塑造预期、规定角色的规则"。基欧汉进一步认为,国际制度是包括三个方面内容的体系,即政府间国际组织和国际非政府组织正式的规则和章程、国际机制(international regimes)与国际协约(international conventions)。

国际制度在国际关系中发挥着以下几个方面的作用。

第一,国际制度的形成有利于降低国家在合作中的交易成本(transaction cost),从而有利于加强国家间的合作。按照理性分析的原则,决定国家是否选择合作的重要因素就是成本—收益的分析。如果合作的成本更低而相对收益不变甚至更高,那么国家将会更倾向于选择合作而非冲突。国际制度可以增加对国家或其他行为体的行为的可预期性,从而减少国家之间的互不信任感,减少冲突发生的可能性,这就大大降低了国际合作的成本和风险。

第二,国际制度可以为各国提供协商的论坛、先例和途径。当国家之间发生争端时,国家选择以何种手段解决争端,很大程度上取决于其获得各种手段的难易程度。国际制度营造了一个主权国家之间和平竞赛与平等协商的平台和环境,降低了国家使用暴力手段解决冲突和争端的必要性,同时,为国家以和平方式解决争端提供了途径和便利条件。

第三,国际制度为国际合作提供规范。国际制度所制定的规则和程序若得到大多数国家的认同或接受,便成为规范各国对外行为的准则。以WTO为例,贸易自由化原则、无歧视原则等WTO所推动的原则已经成为当代世界经济运行和经济合作的基本原则和规范。

第四,国际制度为国际合作提供仲裁和监督。国际制度很重要的作用在于裁决争议、提供监督、惩罚不合作者、保证国际合作的有序进行。仍以WTO为例,WTO负责定期审议其成员的贸易政策和统一处理成员之间产生的贸易争端,对成员国违反WTO规定的行为实施惩罚,保证世界经济和国际贸易在平等互利互惠的基础上有序运行。

8. 什么是国际规范?它是如何形成的?

国际规范(international norm)是国际社会明文规定或约定俗成的行为标准,它源于体系中的行为体为获得最起码的安全、免遭任意武力攻击而对体系最基本的秩序和稳定性的需求。国际惯例和国际法是国际规范的主要组成部分,其中,国际法是国际规范最成熟、最突出、最重要的组成部分。

国际规范主要包括两大内容。一是国家资格认定标准。英国国际关系思想家马丁·怀特称之为"国际合法性",即"国际社会关于成为国际大家庭中合法成员的集体判断"。二是一整套国际共处规则,可分为三类:第一类是限制国际政治中暴力冲突的规则；第二类是规定信守国际协议的规则[①]；第三类是维护每个合法成员的合法权利不受侵犯的规则。

国际规范的形成一般要经历规范的兴起（emergence）、规范的普及（cascade）和规范的内化（internalization）三个阶段。

第一阶段是规范倡导者（norm entrepreneurs，可能是社会运动、国际非政府组织等非国家行为体，也可能是国家）在一个对规范存在高度争论的环境中劝说关键的国家接受其所界定的规范。这些国家往往被称为规范主导者（norm leaders）。

第二阶段是规范主导者使其他国家成为规范的追随者（followers），从而将这一规范扩展到国际社会的实践中。其他国家之所以会认同和接受规范，有可能受到多种不同的政治因素的驱动。比如，一致性的压力，国家扩大其作为国际社会成员的合法性的愿望，国家领导人增强自身政治资本的愿望，等等。

第三阶段是国际规范的内化。在此阶段，规范取得了一种理所当然的地位，大众不再继续就这一规范是否适当进行争论。比如，当民族自决权得到国际性的认可并被各国内化之后，20世纪60、70年代遍及第三世界的反帝国主义、反殖民主义浪潮就成为一件顺理成章和理所当然的事情，连殖民地宗主国都很少有人敢公开对此表示反对和质疑。

检验一项国际规范是否已经形成的一个重要标志是，当这一规范被违反时，是否存在着对违反者的制裁或者惩罚。其具体表现形式可以是物质的，如军事打击、经济制裁等；也可以是名义的、象征性的，如国际组织通过或发表的公开谴责的决议、国际舆论的批评等。

9. 20世纪的国际规范发生了哪些重大变化？

人类进入20世纪后，尤其是在二战之后，国际规范在诸多领域发生了根本性的变化。

首先是国际社会成员资格标准的变化，以及随之带来的国际社会成员的扩大。最早的国际社会的合法成员是符合欧洲基督教"文明标准"的王朝国

[①] 例如，在改变了的环境下是否应当继续遵守原有的协议，经强迫缔结的协议是否有效，在怎样的情况下协议一方可以摆脱该协议的束缚，是否以及在什么范围内一个新当权的政府应当承继其前任政府的国际义务，等等。

家,而在18世纪美法革命和20世纪非西方民族主义浪潮的冲击下,合法国家从王朝国家变成民族和人民主权国家,从需要符合具有强烈种族主义和殖民主义色彩的西方"文明标准"到至少在形式上取消这一标准。在19世纪中叶的巴黎会议上,世界上第一个非基督教国家土耳其被接受为国际社会的成员;而至20世纪五六十年代,国际社会已不再是,也不再被认为仅仅是西方的。

随着民族自决、人民自决和种族平等等政治理念在全世界的广泛流行,从理论上讲,拥有固定领土、常住人口、有效政府和主权独立的国家即可被确认为国际社会的合法成员。最后一条被许多国际法学家认为是最具决定性的国家资格标准。二战后,殖民地半殖民地的独立和民族解放运动与其他一些世界政治力量一起,导致主权国家组成的国际社会急剧扩展到可能的最大范围和规模。如今,非西方国家构成了国际社会的大多数,它们在法律上已经与西方国家完全平等。此外,二战之后,主权国家之外的国际组织、个人等非国家行为体在不同程度上、不同范围内也承载了相应的国际权利与义务。由此,世界舞台上不仅存在着主权国家行为体,而且也活跃着各类国际组织等非国家行为体。

其次是国际共处规则的变化,主要体现在两个方面:一方面是对国家使用暴力越来越严格的限制,另一方面是对国家主权越来越多的限制和干预。

《联合国宪章》明确规定,禁止以武力威胁侵害别国领土完整和独立,只有用于自卫和经联合国授权与组织的制止侵略的战争才是合法的;禁止以战争方式作为解决任何国际争端的手段,并且《宪章》为和平解决国际争端设立了一系列国际组织干预和调解程序。此外,国际法还对国家拥有的武器的数量、种类、研发、转让等做出了严格的规定。国际法对战争行为的约束也扩大到了对战俘和非交战人员的保护方面。例如,禁止以平民或民用物体为攻击对象,要求在战争中对战俘和非交战人员提供保护,等等。

国际法对国家主权设置了诸多限制和干预,"国际关切"(international concern)概念逐渐扩展,"国内管辖"(domestic jurisdiction)概念则饱受侵蚀。后者的内涵越来越被认为是相对的和可以变迁的,而前者以及国际社会据此行使的干预权利扩大到愈益增多的问题领域。值得一提的是,"保护的责任"(responsibility to protect)自2001年提出来后就被纳入国际政治议程。其核心含义是,主权国家有责任保护本国公民免受可以避免的灾难,包括大规模屠杀、奴役、种族隔离、强奸以及饥饿等。如果一个国家没有能力或者意愿履行它的这种责任,那么国际社会就应该对此进行干预,从而代替这个国家履行保护该国公民的责任。2005年第60届联合国大会通过的《2005年世界首脑会议成果》强调了"保护的责任"。

在人权问题上,当代国际规范体系对国家主权的限制和干预体现得尤为显著。国家主权的主要方面之一——统治权或政治主权,已被权威的国际法认定为是有限的,即受限于人权国际法。1948年,联合国大会通过的《普遍人权宣言》为说明《联合国宪章》关于人权的笼统规定提供了一个权威指南。1976年,《经济、社会和文化权利国际公约》与《公民和政治权利国际公约》及其议定书在经许多国家政府签署后生效。这两个对缔约国有法律约束力的国际公约使人权比较全面、细致地法规化了。

与此同时,国际社会也诞生了诸多区域人权公约,它们也构成了人权国际规范体系的重要组成部分。迄今为止,基本的人权国际规范已取得不容违反、不容置疑的普遍国际法规范的地位,任何与之抵触的单方面行动或国际条约和协议在法律上都是无效的。以文化相对主义和道德相对主义为辩据、否认基本的人权国际规范的普遍价值(甚至普遍优先价值)被认为是根本错误的。

> 人人生而自由,在尊严和权利上一律平等。
> 人人有权享有生命、自由和人身安全。
> 人人有思想、良心和宗教自由的权利;此项权利包括他的宗教或信仰的自由,以及单独或集体、公开或秘密地以教义、实践、礼拜和戒律表示他的宗教或信仰的自由。
> ——《世界人权宣言》[①]

应当说,二战后国际规范的迅速发展和较广泛实施,尤其是人权观念的大普及,是世界史和国际关系史上意义重大的进步之一。

10. 什么是世界体系的文化?世界体系有哪几种文化?

世界体系的文化简称"体系文化",是指世界体系中的国家行为体对"我者"、"我者"与"他者"的关系以及自身所处的环境或世界所持有的共同知识,

---

① 《世界人权宣言》,联合国网站,http://www.un.org/chinese/work/rights/rights.htm。

亦即世界体系中的国家对国际关系所共有的观念,它表现为国际伦理、国际规范、国际规则和国际制度,如近代以来的主权平等原则等。建构主义国际关系理论认为,体系文化是决定世界体系性质的决定性因素。体系文化对行为体有潜移默化的塑造力和强大的制约力。在不同的体系文化中,国家所追求的利益和能采取的手段是不同的。体系文化限定了国家追求的利益和实现利益可采取的手段,从而决定了国际关系的性质和走向。

从理论上讲,国家之间的关系可以有三种形式:敌人、竞争对手和朋友。由此对应着三种体系文化:霍布斯文化、洛克文化和康德文化。

霍布斯文化是指国家彼此互视为"敌人",以"敌人"相待。"敌人"的定义是:第一,不承认"我者"作为独立行为体存在的权利,即不认为"我者"的生存权利;第二,不会自愿限制对"我者"使用暴力的程度。

当体系中的每个国家都把"他者"当作"敌人"时,霍布斯文化下的国际关系就成了"任何一个国家都是另一个国家的敌人",由此国家的对外政策和行为模式表现为以下几点。第一,敌人的威胁迫使国家根据"不是杀人就是被杀"的原则,采取强烈的暴力方式对待敌人,即试图摧毁或征服敌人。第二,由于国际关系攸关国家的生死存亡,决策者为了避免因上当受骗而被灭亡不得不从最坏处着想和做准备,其结果是减少了彼此合作的可能,国家陷入人人自危的安全困境,并由此引发永无止境的军备竞赛。第三,由于假定敌人一旦有实力必然发动进攻,所以相对军事实力成为决定国家生存和安全的至关重要的因素。第四,如果爆发战争,国家会无限制使用武力;战争迫在眉睫时,国家会先发制人。

与霍布斯文化相比,洛克文化下国家互相视为"竞争对手"而不是"敌人",国际关系遵循"我活也让别人活"(live and let live)的原则。主权原则是这种竞争关系的基础。国家在竞争中承认"生命和自由"(即主权)是自己和对方都享有的权利,因此不会试图征服或者统治对方。所以,洛克文化下国家仍会使用暴力来解决争端,但与霍布斯文化不同的是,竞争对手之间使用暴力时会自我克制,不会以消灭对方为目的。

由于主权制度使国家拥有了立足世界的身份证,只要被视为主权国家,就能享受世界体系的"社会保障制度"(即使没有足够的军事力量来与他国抗衡,也能照样长期存在;即使受到欺负被打被抢,也不会被吞并或者征服),所以洛克文化下国家的对外政策和行为表现为以下几点。第一,国家间不管发生什么冲突,都不会以摧毁或者征服对方为最终目的。第二,国家更为重视绝对收益而不是相对损失。如果合作能使自己获益,不管别国比自己的获益更大还是更小,国家都会乐于接受合作的方式。第三,由于国家所面临的已经不是生死攸关的问题，军事力量的重要性和地位下降。第四，如果争端导致战争，国家会限制自己的暴力行为，不会采取将对方斩尽杀绝的政策。

康德文化是指国家之间是朋友关系的体系文化。在康德文化下，国家之间遵守两条规则：一是非暴力规则，即不使用战争和武力威胁的方式解决争端；二是互助规则，即任何一方的安全受到第三方威胁，双方都将共同作战。这两条规则缺一不可。此外，与洛克文化下的"结盟"相比，康德文化下的朋友关系是友谊长存的，而盟友关系只是面临共同威胁之下的权宜之计。康德文化下的非暴力规则导致国家之间多元安全共同体的出现，互助规则导致集体安全的出现。

三种体系文化的特点如表4-1所示。

表 4-1 三种体系文化的特点

	霍布斯文化	洛克文化	康德文化
性质	敌人	竞争对手	朋友
遵循的原则	不是杀人就是被杀	我活也让别人活	我为人人，人人为我
国家行为模式	暴力相向；做最坏的打算，拒绝合作；军事力量是决定国家生死存亡的关键因素；无限制使用武力	尊重他国的生存权；重视绝对收益，合作成为可能；军事力量地位下降；自我限制暴力行为	国家奉行非暴力原则、互助原则；军事力量失去意义
国际关系的特征	战争不断；弱肉强食，适者生存；安全困境；体系成员全面卷入战争，难以保持中立	战争被制约；弱小国家蓬勃发展；领土疆界基本固定；均势成为常态；世界走出安全困境	以谈判、仲裁或诉诸法律的方式解决冲突；国家和平共处，共同发展

三种体系文化下，由于国家间关系遵循的原则不同，国家的对外行为模式不同，因此国际关系呈现出不同的特征，世界体系的性质也相应发生变化（见表4-2）。

表 4-2 三种体系文化下的世界体系

体系文化类型	无政府性	秩序状态	国际秩序	国际暴力
霍布斯文化	高强度	无序状态	国际体系	绝对暴力
洛克文化	中强度	准秩序状态	国际社会	有限暴力
康德文化	低强度	有序秩序	安全共同体	非暴力

建构主义认为，世界已经走出了霍布斯文化的阴影，正处于洛克文化中。洛克文化是当今世界体系的主流文化，同时，有些国家之间（如欧盟成员国之

间)已经形成了康德文化。从发展趋势来看,体系文化未必一定会发展到康德文化,但一定不会退回到霍布斯文化。

 拓展阅读

1. 试述现实主义和自由主义国际关系理论对如何维护世界秩序的观点

维护世界和平与安全是国际关系学的价值追求,而建立世界秩序是实现世界和平与安全的必要条件。世界秩序(World Order)是指世界体系中以国家为主的行为体之间通过正式或非正式的安排,形成的一种可预测的、稳定的国际环境。在此环境中,国家可以通过基于规则的互动来实现自身的独立、主权及世界的和平与安全。

近代以主权国家为行为主体的世界体系自1648年形成至今,在不到500年的时间内,体系权力结构发生了数次变迁,而每次变迁几乎都伴随着血腥而残酷的战争,尤其是20世纪两次世界格局的变迁,直接导致了两次世界大战的爆发。面对这样一个事实,如何实现世界体系的稳定和世界秩序一直是国际关系研究的一个重要课题。不同的国际关系理论为解答这个问题提供了不同的分析视角。

现实主义关注大国之间的权力关系,并从世界体系的权力结构出发,对如何维持稳定的世界秩序进行探讨。围绕着体系中大国的关系,现实主义关于如何维护世界秩序大体形成了三种理论。

第一,霸权稳定论。这种理论认为国际霸权体系与国际秩序稳定之间存在着一种因果关系:一个具有霸权实力且愿意提供国际公共产品的行为体有利于国际体系的稳定和公益的实现;相反,在不存在霸权国的情况下,国际秩序将是混乱无序和不稳定的。

第二,均势稳定论。在均势格局中,一方面,由于存在很多权力中心,一个问题可能涉及多个国家,一个国家也可能同时置身于多个问题之中,这种利益的复杂关系使得国家之间不敢轻易开战;另一方面,由于每个国家都涉及很多的双边关系,因此能够花费在每个双边关系上的精力很少。基于这两点原因,部分学者认为均势格局最有利于维护体系的秩序与稳定。

第三,两极稳定论。这种理论认为,世界体系中存在两个权力中心最容易保持稳定。原因有三:首先,两极体系下大国冲突的数量更少;其次,两个超级大国更容易形成互相威慑的体系;最后,由于权力中心的数量更少,发生误判的可能性就会更低。

自由主义内部关于如何维护世界秩序也存在着三种观点。

第一,民主和平论,即民主国家之间不打仗,民主制度是维护世界秩序的关键。原因主要有这样几点。首先,在民主国家,发动战争的权力掌握在人民手中。民选政府如要发动战争,就必须征得人民的同意。由于战争对经济、社会以及文化所可能造成的巨大破坏作用,以及战争爆发对人民正常生活的伤害,在大多数情况下,人民是不愿意发动战争的。其次,民主国家在政治制度及政治文化上存在着相似性,如相互尊重、合作与妥协等,这种"精神气质"使民主国家之间更倾向于使用外交、政治等手段而非武力来解决彼此之间的分歧。民主与非民主国家之间却缺少这些标准和限制因素。从经验的角度分析,二战之后,实现了工业化的民主国家之间确实没有发生过战争,这从事实上为民主和平论提供了有力的论证。

第二种观点认为国家之间在经济上的相互依赖将保证世界体系的稳定。在经济全球化的时代,各国经济联系加强,国家之间在贸易、金融等领域广泛开展的合作使得各国可以通过贸易与合作获得巨大的经济利益,而发动战争将导致经济合作成为不可能的事,进而增加发动战争的成本、降低战争的收益,从而使得国家不愿意选择战争手段实现自己的目标。

第三种观点则强调了制度的重要性。新自由制度主义者认为国际制度有利于减少国际体系的无序性。这主要体现在三个方面:首先,权威国际组织提供可靠信息,减少国家相互之间的猜忌;其次,国家遵循一定的国际制度将增加国家在合作时相互之间的信任感;最后,国际制度可以奖励合作的国家而惩罚不合作的国家,从而促使国家采取合作行为。

> 一种肯定个人尊严和参与式治理、遵照一致同意的规则开展国际合作的世界秩序不失为一条出路,也是激励我们的动力。
>
> ——基辛格[①]

2. 霍布斯文化产生的历史背景

从现代文明的眼光来看,霍布斯文化下的世界体系无疑是极其残酷和血腥的。如果说"文化"是相对于"野蛮"而言的话,"霍布斯文化"主导下的国际体系可以说根本没有"文化"。因为在这种体系文化下,几乎所有国家都在进

---

① 〔美〕亨利·基辛格:《世界秩序》(胡利平等译),中信出版社2015年版,第487页。

行掠夺、杀戮、征服或抢劫。但如果把霍布斯文化归结为人性恶的体现或者决策者出于私欲的误导,那就太简单化了。结合霍布斯文化所产生的历史条件,我们就会发现,它在很大程度上是人类在特定历史条件下所采取的一种生存方式。

霍布斯文化的产生与人类赖以生存的物资匮乏有着直接的关系。人类处于农业文明时,生产力水平较低,人们靠天吃饭,对自然(气候、地形、土壤)和自然资源(如耕地、水源等)高度依赖。再加之在正常情况下,人口的增长速度高于粮食的增长速度。因此,人类为了生存一直面临着要不断开耕土地、获得生活资源的压力。而处于欧陆的西方人除了依靠农业外,还依赖海上贸易获得生活用品,所以海上航道对西方人的生存同样重要。这就是霍布斯文化产生的物质条件。农业文明时期,尽管国家之间的战争会假以各种名义(如荣誉、地位、道义),有些战争还是由于偶然事件或误判所致,但大多数战争背后有着生存、安全等深层次的根源。例如,中国古代国家之间的战争主要是开疆辟土,通过战争扩张耕地面积,欧洲国家的战争还包括通过控制海陆商路以寻求远方的市场和食物资源。

由于人口除了吃饭以外还是战争的工具,为了增强国家的军事力量,人口的增长也成为国家追求的目标,从而使人口增长与国家实力增长形成了一种互为因果的循环。但是,在人的生存和国家的强大之间,人的生存无疑是国家更基本的需求。因为没有了人的生存也就谈不上国家的强大,人的生存、繁衍是国家强大的基础,所以人的生存需求应该是农业文明时期国家的首要利益。社会达尔文主义认为,战争是自然的需要,是种族之间生存竞争的法则,有历史的进步意义,是社会进化的最高法则。这种观点毫无疑问具有片面性和危险性。但如果祛除其种族的含义,把"种族之间"换成"人类"的话,战争在农业文明时期确实决定着国家的生死存亡,只有能打胜仗的国家才能存活下来,而国家为了赢得战争进行的制度和技术等方面的变革在一定程度上也促进了生产力的发展。

人类历史表明,随着埃及、两河流域、中国和印度等地区先后进入文明时代,战争便在那里呈现出明显上升的趋势,形成了人类历史上最早的战争高峰。例如,埃及古王国从公元前23世纪起不断发生诸侯混战,直到公元前2000年才重新统一为埃及中王国。而在埃及中王国鼎盛的一百多年里,频频对外征战,开疆辟土,势力达到地中海的克里特岛。在公元前1570年左右建立的埃及新王国也毫不逊色,法老图特摩斯三世曾于公元前1490—前1436

年间,连续进行了18次大规模远征,势力扩张到巴勒斯坦、叙利亚和红海一带。① 可以说,战争伴随着人类进入文明时代,战争也成为文明传播的一种重要方式。

生存需求是农业文明时期战争根源的假说已经得到经济学研究成果的支持。美国经济史学者安格斯·麦迪逊(Angus Maddison)对公元500年以来的世界经济增长进行的定量分析表明,在17世纪之前,世界的人均产出几乎没有任何变化。即便是实现初步经济增长的16和17世纪,人口增长率依然高于人均产出的增长率。② 这意味着在此之前,国家只有得到更多的土地,才能养活更多的人口;只有养活更多的人口,才能积累财富,增强实力。无怪乎历史学家以人口数量和国土面积作为衡量农业文明时期国家实力的指标。

除了生产力低下、生存物资缺乏等物质因素外,不同文明之间的对抗和排斥,以及奉行社会达尔文主义的欧洲种族主义,也是导致霍布斯文化的重要原因。近代欧洲文明的全球扩张和殖民活动中,种族主义大行其道,欧洲国家自视为先进国家、优等民族,把亚非拉地区的人民视为"野蛮""愚昧""不开化"的劣等民族,对其采取了极其野蛮的手段,意欲征服之、改造之或消灭之。欧洲人对非洲、大洋洲和美洲的原住民都有过野蛮的杀戮。

正如温特所言,霍布斯文化下的国际关系表现出以下特点。

第一,战争会在任何时候发生,和平只是战争的间歇,由此战争成为人们的一种生活方式。例如,中国春秋时期,除了前50年左右的相对和平外(仅有七八次战争),从公元前720年起的40年里,共发生了70多次战争;春秋中期(公元前679—前546年)达到了高峰,134年里发生500多次战争,平均每年发生3.7次;春秋后期(公元前546—前453年)虽然有所下降,但93年里也发生了250次战争。③ 长期频繁的战争,产生了如孙武这样的古代战略家及其传世之作《孙子兵法》。《孙子兵法》开篇即为"兵者,国之大事,死生之地,存亡之道,不可不察也"。同样,在其他文明地区也出现了具有卓越军事才能的君主和思想家。16世纪初,生活在长期混战之下的欧洲思想家马基雅维利语重心长地规劝君主,国家最重要的任务莫过于打仗。④

国家间不仅战争长年不断,而且任何一次战争都是生死决战。正所谓"寒暑不可同时,冰炭不能同器"。如果胜利者没有将他国彻底消灭,那也不

---

① 李巨廉:《战争与和平——时代主旋律的变动》,学林出版社1999年版,第44—49页。
② 转引自〔美〕杰弗里·萨克斯、费利普·拉雷恩:《全球视角的宏观经济学》(费方域等译),上海三联书店、上海人民出版社1997年版,第793页。
③ 高锐:《中国上古军事史》,军事科学出版社1995年版,第124—125页。
④ 〔意〕马基雅维利:《君主论》(潘汉典译),商务印书馆1994年版,第69页。

是因为突发恻隐之心,而是因为自身实力不足,或者存在外来势力的干预。汉武帝当然希望能把匈奴人斩草除根,遗憾的是他的汉军无论多么骁勇善战,汉朝钱粮无论多么充足,也不可能在漫无边际的大漠上彻底消灭匈奴。

第二,优胜劣汰,适者生存,弱国减少,帝国产生。在常年的战争和战争威胁下,那些不能适应战争和军事力量太弱的行为体会被消灭,其领土会被强国所侵占,其结果是:体系中政治单位的总数不断减少,权力越来越趋于集中,最后产生一个垄断了体系权力的帝国。中国春秋时代初期诸侯林立,根据《左传》的记载当时至少存在一百四十多个邦国,但到了战国时期仅余十来个邦国①,而秦帝国的崛起更是建立起了一个"中华大地上的世界政府"。从公元前770年开始到公元前221年结束的春秋战国时期,持续了几百年的战争使得中华大地上的国家从一百四十多个减少为一个,可以说不到四年就有一个国家被征服和消失。

第三,所有体系成员都被拖入战争,不结盟和保持中立十分困难。由于敌意的广泛存在,任何国家都不会轻易相信其他国家。善意的中立很可能被视为一种等待获取渔翁之利的阴谋。此外,战争的胜利者会趁机顺手牵羊、扩大地盘、搂草打兔子,使中立国成为牺牲品。所以,霍布斯文化下,想要"躲进小楼成一统"是做不到的,你不想侵犯别人,但别人会找上门来。例如,中国宋朝时期,农业文明发展到相当高的程度,从而摆脱了尚武阶段,不再把国家的资源全部用于发展军事力量,但最终被北部的游牧民族所灭。历史上,瑞士在相当长的一段时间内保持中立可以说是一个例外,但这与它所处的地理位置有着密切关系,而且这样的国家在霍布斯文化下可以说是凤毛麟角。

温特笔下的霍布斯文化只是世界体系中的一种文化模式,但是它确实描述了人类的大部分历史和国际关系,也特别符合霍布斯生活时期的西欧现状。幸运的是,西谚有云:"最黑暗的深夜总是酝酿出了最灿烂的黎明。"当启蒙之光开始闪耀西欧的时候,欧洲国家关系中的霍布斯文化色彩开始缓缓消退。1618—1648年的"三十年战争"后,至少威斯特伐利亚体系中的欧陆国家之间承诺不搞种族灭绝式的征服战争了。

尽管如此,20世纪还是出现了人类历史上最血腥、最残酷的战争杀戮行为——第一次世界大战和第二次世界大战。时至今日,某些国家之间的关系可以说依然处在霍布斯文化的阴影下,如以色列和巴勒斯坦。

---

① 翦伯赞主编:《中国史纲要》上册,人民出版社1995年版,第48页,第61页。

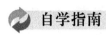 **自学指南**

把国际关系视为一个系统,从体系层次来理解、认识和研究国际关系是二战后国际关系学发展的一个里程碑。当时学术界一个流行的观点是,体系理论或系统理论的产生是一门学科诞生的标志。对于国际关系而言,只有清楚阐释了系统的结构与系统内的成员之间的运作和互动的方式的研究成果,才能算得上是国际关系理论。第一个建立国际关系体系理论的学者是肯尼思·沃尔兹,他因而把自己的著作命名为《国际政治理论》(1979年),人们也把他的理论称为"结构现实主义"理论。此后,新自由主义和建构主义都从体系层次出发建立了自己的理论。目前,这三大理论是国际关系学中最流行的体系理论。

那么,什么样的体系特征对国际关系产生最大的、最关键的影响作用呢?正是在这个根本性的问题上,三种理论产生了实质性的分歧。结构现实主义的回答是国际体系中的权力分配,表现为世界格局,这里"权力"又表现为经济和军事等物质能力。新自由制度主义的回答是国际制度,表现为国际组织的规则和章程、国际机制与国际协约。建构主义的回答是体系文化,主要体现为国际规范,认为存在三种可能的体系文化(敌对关系的霍布斯文化、竞争关系的洛克文化和朋友关系的康德文化),在不同的体系文化下,国际关系呈现出不同的性质。由此,有学者以"权力""制度""文化"三个词来概括这三大体系理论的主要特点。

正如任何理论都不可能包罗万象,解释所有现象一样,体系理论虽然忽略了对国际事件产生影响的其他层次的因素,但对为数不多的重大国际关系事件有较强的解释力。比如,世界体系是如何形成的?如何发展演变?向什么方向发展演变?三大理论都从不同视角做出了回答。正因如此,体系理论一直是国际关系学科学理之争的焦点。

关于本章的内容,初学者可以通过阅读以下教材的相关章节来获得更详细和更丰富的知识。

邢悦、詹奕嘉:《国际关系:理论、历史与现实》,复旦大学出版社2008年版,第3章"世界体系的性质和文化",第4章"世界体系的结构和演变"。

阎学通、何颖:《国际关系分析(第三版)》,北京大学出版社2017年版,第二章"国际体系和国际格局"。

俞正樑:《国际关系与全球政治》,复旦大学出版社2007年版,第二章"国际体系与国际格局"。

〔美〕布鲁斯·拉西特、哈维·斯塔尔:《世界政治》(王玉珍等译),华夏出版社 2002 年版，第 4 章"世界体系：如何制约行动"，第 5 章"世界体系：结构、极、战争"。

〔美〕约翰·罗尔克编著：《世界舞台上的国际政治（第 9 版）》（宋伟等译），北京大学出版社 2005 年版，第 2 章"世界政治的演进"，第 3 章"体系层次的分析"。

〔美〕威廉·内斯特编著：《国际关系：21 世纪的政治与经济》（姚远等译），北京大学出版社 2005 年版，第 2 章"现代世界的发展"。

〔美〕卡伦·明斯特：《国际关系精要（第五版）》（潘忠岐译），上海人民出版社 2012 年版，第 4 章"国际体系"。

因本章所阐述的国际关系的体系理论是建立在近现代国际关系史的基础上的，熟悉国际关系史对学习和掌握本章的内容至关重要。在此，向读者推荐两本国际关系史的优秀教材。

一本是袁明主编的《国际关系史》（北京大学出版社 2005 年版），记载了自 17 世纪中期以来的整个国际关系史，涉及了国际关系史上的几乎所有重大事件。编写者匠心独具，巧妙地把对历史的陈述与对历史的评价结合起来，同时又把学习国际关系史的方法融入其中，突出了重要的历史事件和问题。全书线索清晰、陈述分明、重点突出、措辞简练，是一本简单而实用的国际关系史教材。

另一本是时殷弘的《现当代国际关系史：从 16 世纪到 20 世纪末》（中国人民大学出版社 2006 年版），这是一部在广度、深度和简约度上皆超越"常规"的现当代国际关系史论著兼教科书。它基于对大约 500 年里现当代国际关系的基本方面、演化脉络和内在机理的深切理解，浓缩地展示了现当代国际关系的巨型历史图景，尤其侧重于 20 世纪全球性国际政治的多维度复杂画面，同时，借助于国际关系理论和对国际关系的理性思考，揭示和阐释其中的动态机理和深层逻辑。该书主题集中、表述简约、内涵深刻，充分显示了历史在国际关系研究中的重要意义。特别值得一提的是，该书以当今和未来世界政治的基本问题与现时代主要特征框架内的中国崛起作为全书的结尾，凸显了历史对现实的意义。此外，该书的第七章专门为"国际规范"列出一节，系统论述了国际规范体系的形成和演变、当代国际规范的根本特征和新内容，既有理论分析框架，又有史实依据，值得仔细研读。

此外，美国著名国际关系学者基辛格于 2015 年出版的新著《世界秩序》也值得向读者推荐。基辛格认为，世界秩序是一个地区或一种文明对它认为放之四海而皆准的公正合法和权力安排的理念。在书中，他系统梳理了各地区的秩序观——欧洲的均势秩序观、中东的伊斯兰教观、亚洲多样化文化起源下形成的不同秩序观,以及美国"代表全人类"的世界观,从文化、宗教和地缘等综合因素解读了这些不同秩序观的形成、冲突和合作,并结合网络科技等当前新的战略要素,解析了当今时代建立世界秩序面临的挑战与机遇。他不仅将视野拓宽到全世界,而且将时间拉长到400年,集结了他60年外交生涯的理念精髓,可以说是一部大开大合、谈古论今、求索国际关系治理之道的集大成之作。

除了以上列出的教材和著作外,读者还可以通过阅读以下论著来加深对世界体系的认识。

〔美〕莫顿·卡普兰:《国际政治的系统和过程》(薄智跃译),中国人民公安大学出版社1989年版。

〔美〕卡尔·多伊奇:《国际关系分析》(周启朋等译),世界知识出版社1992年版。

〔美〕罗伯特·杰维斯:《系统效应:政治与社会生活中的复杂性》(李少军等译),上海人民出版社2008年版。

〔新加坡〕许通美:《探究世界秩序:一位务实的理想主义者的观点》(门洪华等译),中央编译出版社1999年版。

〔英〕戴维·赫尔德:《民主与全球秩序》(胡伟译),上海人民出版社2003年版。

〔英〕赫德利·布尔:《无政府社会——世界秩序研究》(张小明译),世界知识出版社2003年版。

〔英〕巴里·布赞、理查德·利特尔:《世界历史中的国际体系:国际关系研究的再构建》(刘德斌主译),高等教育出版社2004年版。

王正毅:《世界体系与国家兴衰》,北京大学出版社2006年版。

秦亚青等:《国际体系与中国外交》,世界知识出版社2009年版。

时殷弘:《国际政治:理论探究·历史概观·战略思考》,当代世界出版社2002年版。

潘忠岐:《世界秩序:结构、机制与模式》,上海人民出版社2004年版。

第五章

世界体系的主要行为体——主权国家

有太多的研究断定,国家是一个没有实际内容的符号,是一个性质、动机和行为都不言自明的行为体,以至于没有必要对它进行精确的概念界定。事实上,这个概念通常似乎被用作剩余范畴(residual category)来解释宏观政治学中没有它就无法解释的东西。

——詹姆斯·罗西瑙①

民族被想象为一个共同体,因为尽管在每个民族内部可能存在普遍的不平等与剥削,民族总是被设想为一种深刻的、平等的同志爱。最终,正是这种友爱关系在过去两个世纪中,驱使数以百万计的人们甘愿为民族——这个有限的想象——去屠杀或从容赴死。

——本尼迪克特·安德森②

自1648年《威斯特伐利亚和约》开始的权力在国家手中稳定集中的情况结束了,至少暂时如此。……在国家相对衰落和非国家行为体崛起的过程中,最有力的变革动力是计算机和电信革命,其深刻的政治和社会影响机会被完全忽视了……在活动的每个领域,及时获取信息以及使用信息的能力,大大增加了重要行为体的数量,并减少了掌握巨大权威的行为体的数量。

——杰西卡·马修斯③

---

① James N. Rosenau, *Turbulence in World Politics: A Theory of Change and Continuity*, Princeton University Press, 1990, pp. 117—118.
② 〔美〕本尼迪克特·安德森:《想象的共同体》(吴叡人译),上海人民出版社2011年版,第7页。
③ Jessica Matthews, "Power Shift", *Foreign Affairs* 76:1, January-February 1997, p.50.

1. 什么是国际关系的行为体?

国际关系行为体是指世界舞台上能够独立参与国际事务,独立行使国际权力,承担国际责任和义务的实体。

国际关系行为体应具备以下条件:

(1) 具有稳定的组织结构和形式,拥有一定的实力;

(2) 拥有自主权和决策权,具有自己特殊的利益和目标,不受其他行为体的操纵和控制;

(3) 具有独立的对外行为能力,独立参与国际事务。

国际关系的行为体根据本质特征、结构形式及在国际关系中的地位和作用的不同,可以分为两类。

一类是主权国家,它是构成国际体系的基本单位。自国际体系形成以来,主权国家在相当长时期内一直是国际关系体系的唯一行为体,也是国际关系研究的主要对象。目前仍是世界舞台上最活跃、最有能量的主角。

另一类是非国家行为体,包括政府间国际组织(如联合国、世界贸易组织等)、国际非政府组织(如国际红十字会、绿色和平组织等)和跨国公司。二战以后,非国家行为体在国际关系体系中的地位和作用不断上升,已经成为影响国际关系发展演变的不可忽视的重要力量。

当代国际关系的发展,伴随着行为体的多元化。这种多元化不仅标志着国际关系规模的扩大和范围的拓展,而且也意味着国际关系内容的深化和复杂化。

2. 简述主权国家的构成要素

作为现代国际关系的主要行为体,主权国家有四个构成要素:领土、人口、主权和政府。下面逐一介绍这四个要素的内涵及其发展变化。

领土

领土是国家得以形成和发展的主要物质基础之一,也是主权国家在国际社会存在和发挥作用的客观前提。领土最早只是指陆地上的领土,而如今其范围还包括领海和领空。任何沿海国家对于距海岸线 12 海里内的地区都有管辖权,而任何国家的航空器都不能随意飞越其他国家的领空。当今世界,传统的领土争端仍是国际关系中的大问题,因为领土对于国家而言并非仅仅是供人居住和活动的场所,它还是国家和民族历史、文化、宗教记忆的一部分,是联系国民和形成国家认同的纽带,是国家的象征。以色列人和巴勒斯坦人在耶路撒冷地区的争夺正是因为耶路撒冷同时被以色列人和巴勒斯坦人视为本民族宗教的圣地,而圣地是不能轻易放弃的。与此同时,领海和领空领域的摩擦和争夺已成为国际关系中比较突出的现象。比如,中国与东南亚邻国在南中国海问题上存在着争议;俄罗斯和挪威在巴伦支海曾因捕鱼、石油开发及领土归属等问题发生冲突。

耶路撒冷的哭墙。犹太教把该墙看作是第一圣地,教徒至该墙后需哀哭,以表示对古神庙的哀悼并期待其恢复。千百年来,流落在世界各个角落的犹太人回到圣城耶路撒冷时,便会来到这面石墙前低声祷告,哭诉流亡之苦,所以被称为"哭墙"。

鉴于领土对国家的重要性,边界的神圣性从19世纪开始得到国际社会的广泛承认,侵犯边界被视为对国家主权的挑战。但是,20世纪末开始,随着经济的发展及国家间相互依赖和交流的加深,边界的重要性开始有所下降。美国和加拿大之间、欧盟《申根协定》参与国之间可不受边界限制而自由往返。

> 新的时代正在到来。这是一个矛盾重重的时代……国家在变化,但它们并没有消失。国家主权受到了侵蚀,但仍然受到强烈的维护。政府被削弱了,但它们继续仗势欺人……边界仍然阻挡着入侵者,但漏洞也越来越多。地理景观已经让位于民族景观、媒体景观、思想景观、技术景观、金融景观,但领土仍然是许多人所专注的东西。
> ——詹姆斯·罗西瑙①

---

① James Rosenau, "The Dynamism of a Turbulent World", in Michael T. Klare and Yogesh Chandran, ed., *World Security: Challenges for a New Century*, 3rd ed., New York: St. Martin's, 1998, p.18.

人民

主权国家的人民不仅是国内政治生活中的一个重要角色,而且是国家政治权力合法性的唯一来源,是国家主权的所有者。

近代最早建立的民族国家中,人民是指属于一个民族的人,所谓英格兰人、法兰西人、日耳曼人、斯拉夫人等,他们之间界限分明。民族主义在理论上要求每个民族组成一个主权国家,每个人都应属于并且只属于一个民族,民族性决定人们的身份和效忠。然而,随着全球化的发展,单一民族组成的国家(主体民族占本国国民的95%以上)正在变得越来越少。日本、朝鲜、韩国、蒙古和一些阿拉伯国家能达到这个标准。欧洲虽然也有单一民族国家,如德国、意大利等,但在这些国家长期居住的外籍人口在国家居住人口中的比例很高,在德国外籍人口占全国人口的1/12。

因此,现代国家的人民是指所有服从于一个主权权力的群体。它可以是一个民族(如日本、朝鲜),也可以包括若干民族(如中国);可以是本国人,即通过血缘关系得到此身份的人,也可以是归化了的外国移民。人民离开自己的国土时,并不失去本国人民的资格,如遍布世界的国际商人。

同时,现在世界上有许多移民国家,这些移民国家是建立在多元民族的基础上的,维系国家的纽带不是民族主义,而是公民对所在国的制度和价值观的认同。比如,一个美籍华人可以认为自己仍属于中华民族,但他作为美国公民同时认同美国的民主制度和自由主义的价值观,并宣誓效忠美国。所以,当今世界,人们一般不会把一个多民族组成的主权国家如澳大利亚、新西兰、加拿大或美国称作"民族国家"。在国内政治的领域中,人民更多地被定义为公民,即有权参加政治事务的人。在国际关系领域,人民的身份不再以某个民族来体现,而是更多地以某国国民的身份来体现。

美国因拥有众多民族而被称为"大熔炉"(Melting Pot)

政府

政府是国家在国际社会的正式代表,是国家主权的行使者。合法的政府应该代表生活在该国领土上的人民,应该获得大部分人民的支持,或者至少没有遭到大部分民众的反对。"政府的合法性来自人民的认可"已经成为共识。具体到现实生活中，就是执政者和政务官一般要经民主选举产生。同时，政府必须在宪法和法律规定的范围内行使权力。

从近代以来的情况来看，政府主要有两方面的职能。一方面是政治职能：对外保证国家的主权独立，处理该国与他国的关系，参与国际关系；对内维持社会秩序，保护人民的生命财产安全，制定法律和其他规则。不抵抗外来侵略甚至投降外敌的政府，以及没有能力维持正常社会秩序的政府，都会迅速丧失其合法性。另一方面是经济与社会功能，包括对社会财富进行一定程度的再分配，承担义务教育和提供公共设施的责任。在经济和社会发生危机的时刻，政府一般都会采取更为明确的干预政策。

主权

主权是现代民族国家最根本的属性，也是国家作为国际行为体的最重要的特征。主权的含义可以概括为八个字："对内最高、对外独立。"前者指主权是凌驾于国内其他权威之上的最高权威，是对内的最高管辖权；后者指主权是独立于所有外部权威之外的权威，在国际法上享有与其他国家的平等权。但在现实中，由于主权不是先验存在的东西，而是社会建构的产物，主权原则在实践中受到诸如制度、体系以及主权国家自身实力的制约。主权只有通过国际承认才能获得。当今世界，国家获得主权的重要标志就是成为联合国的成员国。

近代以来，国家主权的来源经历了从天上落到地上的根本性变化。中世纪时期，人们认为一切权力来自上帝，神权高于一切，国家的权力是神授予的（即君权神授）。宗教改革之后，教会权力一落千丈。威斯特伐利亚体系建立之后，国王成为国家主权的拥有者。但是，此时的国王已经没有了君权神授的光环，其权力的合法性很快受到人们的质疑：国王是人，我也是人，为什么国王有权力而我没有？启蒙思想家们提出了这样的解释：王权、君权都来自民众，是由民众授予的。民众之所以授予统治者权力，是因为国家就像一个大家庭，需要有专人来负责管理公共事务。统治者在国家的角色就如同一个大家庭雇用的管家一样。政府存在的目的是给人们提供安全和秩序。[①] 此后，最早的现代国家如英、美、法等国纷纷通过民主革命或政治改良运动，建

---

① 最早对"君权神授"明确予以否定的是荷兰。1581年，荷兰议会罢黜了他们的合法君主——西班牙国王菲利普二世。他们说："国王违背了他的契约，因此，国王就像其他不忠实的仆人一样被解职了。"

立起了民主制度,树立了主权在民的观念,主权也就由近代的君主主权经由民族主权发展为现代的人民主权。按照现代民主理论,人民是国家主权的所有者,统治者是国家主权的使用者,经由人民选举产生的政府才有合法性。

3. 何谓民族主义？与民族国家有何关系？

民族主义主要是指在共同地域性、文化相似性和外部威胁的基础上产生的,以本民族为中心的思想信条和以本民族为忠诚对象的情感,表现为旨在构建一个民族、追求民族独立、维护民族统一、捍卫民族权利和扩张本民族利益的各种活动。作为一种意识形态,民族主义没有真假之分,只有相信与否的区别。

民族国家是指近代以来通过资产阶级革命或民族独立运动建立起来的,以一个或几个民族为国民主体的国家。与18世纪和19世纪的帝国或王国不同,民族国家成员效忠的对象是有共同认同感的"同胞"及其共同形成的体制。认同感的来源可以是共有的历史、文化、语言或新创的政治体制,因此,单一民族构成的国家,或者由数个民族经同一共享的政府体制构成的国家,都是民族国家存在的形式。

"民族主义"一词最早出现于中世纪的莱比锡大学,但人们通常认为,民族主义作为一种思想、观念或意识形态,或是一种社会运动,是伴随着现代民族国家的出现而出现的。

> 如果意识形态对于政治来说是一种具有规范内涵的用以认识世界的一般方法,那么,民族主义便是一种意识形态,而且是迄今为止世界上最强有力的意识形态。作为思考世界的一种方法,它强调民族在解释历史发展和分析当代政治中的重要性,并且明确宣称"民族特征"是人类划分的主导性因素。
>
> ——《布莱克维尔政治学百科全书》①

---

① 〔英〕戴维·米勒、韦农·波格丹诺主编:《布莱克维尔政治学百科全书(修订版)》(邓正来等译),中国政法大学出版社2002年版,第531页。

出现于中世纪欧洲的民族主义萌芽起到了凝聚民心、整合社会、建立国家的作用,但在1648年《威斯特伐利亚和约》签订之后,民族主义才有了大规模的发展。民族主义作为一种信念,认为世界上的人是分民族的,每个民族都有自决(self-determination)的权利,应该成为现存民族国家之内的一个自治(self-governing)单元或成立自己的民族国家。因此,在18世纪以前的西欧,小国诸侯和公国君主都渴望逐渐把同宗同种的人纳入单一的民族国家中。1789年爆发的法国大革命,在实践中第一次展示了民族主义的巨大力量,标志着民族国家作为一个独立自主的政治实体的真正兴起。此后,以1848年欧洲革命为转折点,民族主义取代中世纪的"国际主义"成为欧洲国际政治的主流价值观,民族国家取代王朝国家成为欧洲主要的国家形态。

西欧现代民族国家在世界其他地区的征服与扩张,唤醒了当地民众的民族意识,民族主义得以在世界范围内广泛传播。民族主义追求的基本目标就是民族自治,而实现民族自治的最终诉求,就是取得国家地位。17世纪到19世纪欧美地区的民族解放运动和国家变革运动以及一战和二战后亚非拉地区的民族解放运动,使得现代民族国家形态实现了全球扩张,民族国家成为世界舞台上的主要行为体。20世纪末,民族主义重新兴起,冷战结束前后的分离和分立运动,使民族国家数量进一步增加,但也成为引起地区冲突的主因之一。

现代民族主义和民族国家几乎同时出现,互为因果。民族主义为民族国家的建立奠定了基础,而民族国家的诞生又促进了民族主义的进一步发展。民族主义随着西欧国家在全世界的扩张而得以在世界范围传播,从而使民族国家形态在全球范围内得到普及。

4. 战争在近代民族国家的形成中起了什么作用?

最早的国家和民族都是在战争中造就的。历史学家迈克尔·霍华德(Michael Howard)认为:"没有哪个国家不是诞生于战火之中……没有哪个有自我意识的群体能够不经历武装冲突或战争威胁,就把自己确立为世界舞台上的一个新的和独立的角色。"[①]因为大难当头,当务之急就是要分清敌我,即明确"谁是我们""谁是他们",以便团结自己人,抗击外来者。在确定"我们为什么是我们"时,共同的语言文字、宗教信仰、历史记忆、生活方式等

---

① 转引自〔美〕塞缪尔·亨廷顿:《我们是谁?》(程克雄译),新华出版社2005年版,第26页。

得到强调和强化,成为团结民众、凝聚民心的主要因素。所以,人们通过战争与同伴形成认同感,把与自己语言、宗教、历史和地理位置不同的人区分开,这样就建立了自己的民族和国家特性。

15—17世纪之间的欧洲君主专制国都是在战争的考验中逐步强大并建立了民族国家的。

首先,欧洲连年的对抗和战争强化了群体的分立,民族主义开始作为一种意识形态出现。民族主义的兴起,有助于消除内部冲突,将新兴的政府和变革的社会连接成一个相互支持的整体。统治阶级可以通过强调外部威胁来使国内同心,转移民众对国内问题的注意力和减少底层民众对政府的不满情绪,强化民众的国家意识。

其次,在战争的外在压力下,政治权力和经济权力相互利用与结合,已有的君主王国和新兴的商业阶层结合,商业、国王、官僚制度形成互动,使得国家成为强有力的经济实体和战争工具。而战争各方对武器和财富优势的追求又导致了技术和科学发明在诸多领域的迅速发展,使欧洲在世界范围内的扩张成为可能,这反过来为欧洲新生的民族国家提供了巩固与发展的财源。

最后,为了应对外部威胁和冲突,国家需要高效的行政制度、税收制度和动员能力,国家官僚体系由此建立,现代国家机器开始初步形成。所以,正是在战争威胁下形成的"挑战/应战机制"使得欧洲民族国家趋于完善、现代化和强大。

简而言之,"近代欧洲是在战争的砧板上被敲打出来",战争和为战争所做的准备缔造了现代民族国家。而战争的胜利也显示了民族国家作为现代意义上的新的国家形态具有区别于前现代国家的巨大优越性。

5. 民族主义与爱国主义是一回事吗?

"民族主义"(nationalism)和"爱国主义"(patriotism)①这两个概念都首先产生于欧洲。不管是西方还是中国,爱国情感、精神或意识自古有之,但爱国主义和民族主义是随着近代民族国家的产生而产生的。爱国主义和民族主义是建立和维系民族国家的思想基础。

---

① 这两个词都是在20世纪初才引进到中国,对中国而言,是同义词。中国古代政府是"家天下",国家是皇帝一家的私有财产,哪容百姓去"爱"?所以政府只要求民众"精忠报国""忠君报国",而不是"爱国"。爱国主义和民族主义是在中国结束了帝制之后才在中国出现的。

民族主义是指个人对一个民族的自我意识与民族认同感、自豪感、优越感。爱国主义是指个人对自己所归属的国家和国土的热爱和眷念,以及对自己所属国家的文化价值观和政治制度的认同。民族主义是民族意识的最高体现,爱国主义则是国家意识的最高体现。

民族主义的出发点和归结点往往都是本民族利益,因此在对本民族利益强烈关注的同时,也容易导致对其他民族利益的忽视甚至否定。而爱国主义以本国为效忠对象,不会贬低和否定其他国家,可以成为推动国家发展和社会进步的巨大动力。

当今世界,由于极端民族主义和民族分离主义给世界带来的灾难和动荡,人们越来越倾向于提倡爱国主义,而对民族主义持比较审慎的态度。不过,在现实政治中,民族主义和爱国主义往往是对同一种思想观念的两种不同称谓。肯定一国国民的行为,就称其为爱国主义;反对一国国民的行为,就称其为民族主义。

■■■ 6. 什么是国家主权?"主权高于一切"是在什么背景下提出的?

主权是指一国具有的独立自主处理内外事务的最高权力,可分为对内主权(internal sovereignty)与对外主权(external sovereignty)。

主权概念最早由法国哲学家让·布丹(Jean Bodin,1530—1596)在其1576年发表的代表作《国家论》中提出。"主权高于一切"这句话是针对中世纪欧洲权力高度分散带来的诸多问题,为了实现国家内部权力的统一而提出的。

中世纪的欧洲是典型的封建社会,处于权力高度分散的无政府状态。虽然这意味着没有任何一种权力对人民有绝对的控制权,人们甚至可以利用各种权力之间的竞争而坐收渔利,但事实上人们同时也遭到来自国家、教会、行会、黑社会乃至外部侵略等各种权力的威胁和控制,苦不堪言。希望建立欧洲帝国的神圣罗马帝国皇帝、同样想建立欧洲精神帝国的天主教会以及少数初步实现权力集中的君主国是威胁平民百姓财产和生命安全的最主要的"三股势力"。很长一段时间内,三股势力相互敌对,但谁都没能力消灭对方,矛盾尖锐,战乱不断,民不聊生。

"完全的、无限的自由,即任何人按其所愿生活的自由,不受任何人约束的自由,将使所有人陷于奴役,使所有人一无所获……任何人如果不愿意放弃他的一部分自由在法律统治下生活,服从别人的命令,则最终将失去一切。"[1]基于此点认识,目睹法国内部宗教战争惨剧的法国哲学家让·布丹首先提出,要在欧洲建立稳定的秩序,就必须在各国国内建立某种至高无上的绝对权威——主权,即"统治一个国家的永恒的、绝对的权力",以结束自然状态下"每个人对每个人的战争"。"主权高于一切"的观念正是在此特定的历史背景下提出的。而在之后的历史中,王权战胜教权,国王成为主权的所有者,民族国家作为享有主权这一特殊地位的法律实体开始形成。

时过境迁,当今世界,主权不仅不是绝对的、至高无上的,而且也不是统一的、不可分割的。随着时代的发展,主权已被赋予了新的内涵和意义。

7. 主权的产生有何历史意义?

主权是近代欧洲的历史产物,它是在西欧从封建时代走向近代民族国家体系的转型过程中,人们为了解决当时因权力高度分散而造成的国家间战争冲突不断、国内社会混乱无序、人人自危的状况而找到的一把"钥匙"。国家成为主权的所有者之后,社会有了一定的秩序,人们过上了相对稳定的生活。主权国家和平共处成为一项重要的国际法原则。就其诞生的历史背景而言,主权的产生有以下几方面的积极作用。

第一,人民摆脱了除本国政府之外的其他任何权力的侵犯,得到了更多的安全和秩序。主权对内至高无上,是凌驾于国内其他权威之上的最高权威,由此集中垄断了合法暴力,消除了内部一切非法势力对国民的侵犯。主权对外独立自主,是独立于所有外部权威之外的权威,抵御非法的侵略干涉,消除了外部势力对本国国民的侵犯。

第二,主权原则消泯了宗教对战争的影响,残酷的宗教战争退出了国际关系的舞台。成为欧洲主角的君主国不再为宗教信仰而战,现实政治和国家利益成为它们制定对外政策遵循的最高准则。

第三,主权原则为主权国家的生存发展提供了安全保障,在主权的保护下,国家数量减少的趋势得到缓解。主权原则规定,主权国家不论大小,在法律上一律平等。这就意味着所有的国家在理论上都获得了法律的保护,国家不再需要依赖自身的实力也能得以生存和发展,由此导致国际体系中大国吞

---

[1] 布丹语。转引自唐士其:《主权原则的确立及其在当代世界的意义》,《国际政治研究》2002年第2期,第19页。

并小国的现象得到一定程度的遏制,国家的死亡率大大降低。

第四,欧洲的国际关系逐步走出了霍布斯文化的阴影,主权国家之间相互征服和奴役的现象大大减少。根据霍尔斯蒂(Kalevi J. Holsti)的统计,从三十年战争开始到拿破仑战争结束,尽管欧洲爆发战争的频率并没有明显下降,基本上仍是三年就爆发一场较大规模的战争,但是,战争主要发生在大国之间。遍布中欧的德意志小国们尽管武力不足,而且鲜少参与战争,但并没有被大国随意吞并。[①] 同时,随着海外殖民地的开拓,从18世纪开始,大国之间的战争大为减少。

总之,主权国家的出现和主权平等原则的建立塑造了近代国际关系体系,在一定程度上维持了国际秩序。

当今世界,主权原则仍是国际关系最重要的基本原则和行为规范。

8. 拥有主权的国家是否可以在国际社会为所欲为?

主权国家是世界体系中唯一享有充分自主和独立的行为体。拥有主权的国家,从理论上讲,拥有独立的、不受限制的权力,不必听命于任何外部权威,但这并不意味着拥有主权的国家就可以在国际社会为所欲为。因为主权平等原则是主权国家诞生之后国际体系的最高准则。主权平等原则一方面规定各国在法律上一律平等,各国均享有主权的固有权力,各国的领土及政治独立不受侵犯,各国均有权利选择其政治、社会、经济及文化制度;另一方面也规定各国均有义务尊重他国的国际人格,各国均有责任履行其国际义务,并与其他国家和平相处。也就是说,国家在获得主权时必须接受主权平等原则,必须承认其他主权国家也和自己一样享有生存、自由和财产权利,并尊重其他主权国家的这些权利。国家在获得主权时签订的条约中都规定,主权国家不得使用武力侵犯他国领土和发动侵略战争。

---

① 〔加〕卡列维·霍尔斯蒂:《和平与战争:1648—1989年的武装冲突与国际秩序》(王浦劬等译),北京大学出版社2005年版,第74—78页。

> 主权不是不受法律约束的自由；……主权不是无视国际法有关规定的自由；……主权不是在国际法面前的权利和义务的平等：重大的不平等可以与主权并行不悖；……主权不是在政治、军事、经济或技术方面的实际上的独立；国与国之间在这些方面实际上的相互依赖，以及某些国家在政治、经济、军事上对其他国家依赖，有可能使这些国家难以甚或不能执行独立的内政外交政策，但是这在正常情况下并不影响它们在本国拥有立法和执行法律的最高权威。
>
> ——汉斯·摩根索[①]

当今世界，国家获得主权的主要标志是成为联合国的成员国，而成为联合国成员国的前提条件是国家接受并遵守《联合国宪章》。《联合国宪章》明确规定："凡其他爱好和平之国家，接受本宪章所载之义务，经本组织认为确能并愿意履行该项义务者，得为联合国会员国。"《联合国宪章》所载之义务即联合国七大原则：(1) 联合国会员国主权平等；(2) 联合国会员国均应善意履行宪章义务；(3) 联合国会员国应以和平方式解决国际争端，禁止（不得）危及国际和平、安全与正义；(4) 各会员国在其国际关系上禁止以武力相威胁或使用武力，禁止以与联合国宗旨不符的任何其他方法，侵害任何国家的领土完整和政治独立；(5) 各会员国对于联合国按宪章规定而采取的行动，应尽力予以协作；(6) 联合国在维护国际和平与安全时，应保证非联合国会员国遵循宪章原则；(7) 联合国不得干涉任何国家内政。

在全球化时代，人类面临着越来越严重和紧迫的核扩散、气候变化、传染病的全球蔓延等全球性问题，全球治理已成为国际共识。主权国家一些原本看似正当的行为，比如以污染环境为代价追求国内经济增长、自行开发和研制核武器、政府以安全为名限制公民权利，越来越多地受到国际制度和国际规范的约束。同时，经联合国授权的人道主义干预也已经成为一种符合国际法的行为。

---

① 〔美〕汉斯·摩根索：《国家间政治：权力斗争与和平（第七版）》，第 346—347 页。

朝鲜不顾国际社会的强烈反对，执意发展核武器。2016年3月2日，联合国安理会15国一致通过决议，决定实施一系列制裁措施，遏制朝鲜的核、导开发计划。决议规定联合国成员国必须对朝鲜的全部进出口货物进行强制检查，实行金融禁令，限制朝鲜战略物资的出口，禁止向朝鲜提供航空燃料，等等。

由此可见，主权国家通过国际承认获得独立自主处理内外事务的最高权力，并得到体系与制度的保障。然而，正因为主权并非先验存在的东西，而是社会建构的产物，所以主权原则的应用同时受到国际机制、体系结构以及主权本身的制约，并在全球化进程中经历着社会性重构。因此，拥有主权的国家从来不能在国际社会为所欲为。

9. 什么是"主权让渡"？国家参与国际组织是否意味着丧失主权？

主权让渡即在全球化发展背景下，主权国家为了国家利益，以主权原则为基础自愿地将国家的部分主权权能转让给他国或国际组织等行使，并保留随时收回所让渡部分主权的一种主权行使方式。

主权让渡有两个特点：一是主权让渡具有双向性和互动性，国家间或国家与政府间国际组织之间，彼此享有某种权利和承担某种义务；二是主权让渡具有独立自主性，即它是国家在相互尊重主权的平等条件下，独立自主做出的决策。

主权让渡不等于丧失主权，恰恰相反，它是国家行使主权的方式和表现。首先，从目的上来看，国家让渡主权的起因和出发点是通过建立良好的国际关系或开展国际合作，来获得更大的国家利益，而这无疑将会强化国家的主权地位。

其次，从让渡的方式来看，主权让渡是国家自主自愿的选择，主权让渡一般是通过建立在平等互尊基础上的协商谈判进行的，这正是国家行使主权和彼此尊重主权的表现。

最后，从结果来看，国家让渡主权不是放弃主权，而是与其他行为体共同行使这些权力或共同放弃这些权力，必要时国家也可以收回这些权力。

因此，主权让渡根本不同于主权丧失。主权丧失一般是被动的、被迫的，是对国家主权的蔑视、侵犯和损害。主权国家在坚持国家主权原则的基础上，出于自身利益和国际道义判断而自主地对本国部分主权进行让渡，以积极姿态加入全球化和地区化的合作与竞争之中，可以获得自身更大的发展空间，进一步增强综合国力，从而更有效地维护国家主权。

拓展阅读

1. 在现代民族国家出现之前，欧洲历史上有过哪些国家形态？

在现代民族国家出现之前，欧洲历史上曾出现过以下国家形式。

城邦

城邦是西欧地区最早的国家形式之一，最早出现于公元前800年，主要集中于古代希腊半岛，雅典和斯巴达是其中的佼佼者。

城邦的出现主要源于地理因素。希腊半岛连绵的山脉和贫瘠的土壤，限制了农业生产的发展，也增加了半岛被兼并和征服的难度。古希腊人将村庄建在易于防卫的高地附近，高地可设立供奉诸神的庙宇，并作为遇险时的避难处。由村庄扩大而成的居留地一般称为"城邦"，而提供避难处的地方称为"卫城"或"高城"。城邦若设在土壤较肥沃的地方或商路附近，则会吸引来更多移民，发展成为该地区的主要城市。公元前336年，亚历山大继承马其顿帝国王位，把希腊城邦置于统治之下。希腊城邦时代结束。

雅典卫城（Acropolis），希腊语为"阿克罗波利斯"，原意为"高处的城市"或"高丘上的城邦"，距今已有3000年的历史。

帝国

帝国由城邦发展而来,主要特点是领土面积幅员辽阔,人口众多,实行帝制。

帝国靠军事扩张、征服与占领获得土地。由于扩张速度过快、统治地域过广,欧洲帝国基本上处于"有统无治"的状态,帝国统治者一般只能有效控制统治中心的区域。而帝国为不断扩大疆土进行的战争耗费大量资源,往往致使国力渐衰。所以,很多欧洲大帝国"其兴也勃焉,其亡也忽焉"。波斯帝国、马其顿帝国、亚历山大帝国和后来的法兰克帝国都是短命帝国的代表。公元476年,西罗马帝国灭亡,欧洲开始进入混乱的黑暗时代。

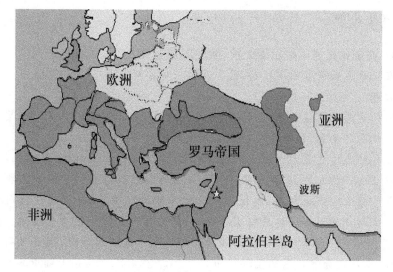

地跨欧、亚、非三洲的罗马帝国

中世纪的封建国家和城市联盟

公元9世纪,昙花一现的法兰克王国被人为分割,重建罗马式帝国之梦在西欧基本破灭。欧洲进入了封建国家和城市联盟并存的中世纪时代。

大多数的封建国家既没有明确而固定的领土,也没有严格的自上而下的统治机制。国王将地产作为服务的报酬加以分配,以维持官僚机构、法院和军队。强有力的封建领主又把他们的土地分给自己的追随者。封建主和封臣之间建立了规定彼此间权利和义务的封建契约,国王的权力受到诸如传统的国民议会及日益壮大的商人阶层等势力的制约。

罗马教皇是当时欧洲名义上的最高统治者,按"君权神授"的原则授权给神圣罗马帝国皇帝及各国君主。同时,商人阶层通过金钱向国王购买自治的权力,在繁华的城镇逐渐建立起了商业城邦。意大利北部的佛罗伦萨和威尼斯是其中的代表。在中欧地区,城邦基于共同经济利益形成了松散的城市联盟。其中最著名的是建立于1358年的汉萨同盟(Hanseatic League)。

然而,不管是封建国家还是城市联盟,最终都被在提供防御、进行贸易、组织动员等方面具有巨大能力的君主国所取代。

现代国家的雏形——君主国

15世纪,欧洲部分国家的君主权力开始得到增强,成立了自上而下的权力机构,初步统一了国内市场,凝聚起强大的军事和经济力量,既在欧洲大陆对抗教权、争权夺利,又在海外拓展和掠夺殖民地。国王认为自己只对上帝负责,对国民则实行专制统治。国王垄断包括经济、宗教和文艺等一切领域的最终决策权,并派遣自己信任的官员到各地上任。路易十四时期的法国是较为典型的君主国。

君主国作为欧洲中世纪末期的产物,也是现代国家的雏形。

与现代民族国家相比,欧洲的前现代国家有一些明显的共同点:第一,没有固定的领土;第二,民众缺乏明确的国家概念;第三,没有一个垄断一切合法权力的政府;第四,最高权力来自上天,不在人民手中。前现代国家的基本特征见表5-1。

路易十四(1638—1715),法国波旁王朝著名的国王,1643—1715年在位。路易十四时期的法国推行重商主义,由国家建立和监管一系列的贸易公司和手工工厂。路易十四自视"因神的圣宠"而为王,由此决定领导法国天主教会,甚至禁止新教传教。这一时期,就连文艺作品都专注于表达"国王的光荣",宣扬"官方"艺术观。

表 5-1　前现代国家的基本特征

领土	边界模糊，经常变动
人民	等级制，有贵族、平民、臣民、子民；效忠国王、教皇等多种权力
政府	部分掌握国家的权力，同时存在其他权威（如教会）
权力来源	神权至上，君权神授或受命于天

2. 中华民族是如何形成的？中国从什么时候开始成为现代民族国家？

今天的中华民族是在以汉文化为主体的基础上融合了其他民族文化而形成的一个大民族。中华民族不是一个血缘族体，而是一个文化族体，以儒家思想为核心的中华文化是把中华民族团结在一起的黏合剂。

华夏民族是汉族的先民。早在夏、商、周时期，华夏民族的雏形已基本形成。其标志是它与其他民族之间开始划清界限，形成了以"周礼"为核心的文化认同。周礼包括了祭祀方式、风俗习惯、语言文字、生产方式等内容。周礼所至的地方称为"夏"，识周礼、有文化的人称为"华"；同时，他们把域外的其他民族称为"夷"或"狄"，并认为"非我族类，其心必异"。

在春秋战国时期，华夏民族产生了一批伟大的思想家，如孔子、孟子、老子、墨子、荀子等，他们的思想对后来汉民族的形成和发展有着深远的影响。尤其是孔子、孟子，他们的学说为后来中华民族的形成和发展奠定了思想基础。正是因为有了共同的文化认同，到战国末期，天下统一成为大势所趋。秦统一天下后，统一了文字、货币、度量衡，建立了华夏大地上第一个中央集权的"大一统"的帝国，进一步促进了华夏民族的文化认同。此后，"大一统"思想成为华夏民族立国安邦的思想基础。

到汉代，随着汉王朝统治的进一步巩固，华夏民族的居住区域、人口有了扩大，经济上也出现了繁荣的局面。同时，儒家思想获得了文化上"独尊"的地位，逐渐成为社会的主流文化。汉朝不再蔑视周边的其他民族，而是在"大一统"的思想下采取怀柔的融合政策，由此奠定了汉民族与其他少数民族和睦共处、最终形成中华民族这个大民族的格局。

汉代后，华夏民族自称为汉人或汉族。由于形成了对以儒家思想为核心的语言、文字、礼教、伦理、典章制度的认同，尽管中华大地上历经战乱、政权更迭，并曾先后形成了三国、魏晋南北朝、五代十国等不同的政权割据局面，也有魏晋时期的民族大融合、蒙古族入主中原建立元朝、满族入关建立清朝等大动荡、大分化、大融合时期，但以汉文化为主体的中原文化一直是中华民族生存、发展和强大的内在动力。

中华民族有着悠久的历史和灿烂的文化，不过，现代意义上的中华民族是在20世纪初才形成的。1911年辛亥革命爆发,清王朝灭亡,标志着中国帝国时代的结束。中国由此开始进入建立现代民族国家的历史阶段。孙中山领导建立的中华民国成为中国历史上第一个现代民族国家形态。

自学指南

　　自世界体系形成以来,国家一直是世界体系中的主角。犹如观看一场戏剧,知道戏中的主角是谁,才能把握整部戏的剧情一样,只有了解国家的性质和特点,我们才可能全面把握国际关系的特征和趋势。国家自产生以来,其性质和特征发生了一系列变化,相应地,世界体系的性质和特征也发生了变化。国际关系学主要研究近代民族国家或主权国家之间形成的各种关系。

　　国家的主要职能、权力来源、组织机构和意识形态等,是政治学研究的范畴。政治学是国际关系学的基础,扎实的政治学基础有助于深刻理解和把握国际关系学的相关内容,所以,建议读者通过阅读政治学教材来加强对本章主题——国家的认识。

　　初学者可以通过阅读以下国际关系学教材的相关章节来获得更详细和更丰富的知识。

　　邢悦、詹奕嘉:《国际关系:理论、历史与现实》,复旦大学出版社2008年版,第5章"世界舞台上的主角——国家"。

　　阎学通、何颖:《国际关系分析(第三版)》,北京大学出版社2017年版,第四章"国家利益和民族认同"。

　　〔美〕布鲁斯·拉西特、哈维·斯塔尔:《世界政治》(王玉珍等译),华夏出版社2002年版,第三章"国际行为者:国家和世界舞台上的其他角色"。

　　〔美〕卡伦·明斯特:《国际关系精要(第五版)》(潘忠岐译),上海人民出版社2012年版,第5章"国家"。

　　〔美〕约翰·罗尔克编著:《世界舞台上的国际政治(第9版)》(宋伟等译),北京大学出版社2005年版,第6章"民族主义:传统取向"。

　　〔美〕威廉·内斯特编著:《国际关系:21世纪的政治与经济》(姚远等译),北京大学出版社2005年版,第3章"民族、民族国家和民族主义"。

　　拥有主权是现代世界体系中的国家行为体的主要特征,不过,随着时代的变迁,主权原则的意义与它产生之初已有所不同,读者可以通过阅读以下论著,进一步了解全球化背景下国家主权发生的变化。

　　王逸舟:《当代国际政治析论(增订版)》,上海人民出版社2015年版,绪论。

〔美〕梅里亚姆:《卢梭以来的主权学说史》(毕洪海译),法律出版社2006年版。

〔日〕藤田英朗:《重新审视主权》(戚渊译),商务印书馆2004年版。

〔澳〕约瑟夫·A. 凯米莱里、吉米·福尔克:《主权的终结》(李东燕译),浙江人民出版社2001年版。

〔澳〕埃克斯利:《绿色国家:重思民主与主权》(郇庆治译),山东大学出版社2012年版。

张千帆:《国家主权与地方自治》,中国民主法制出版社2012年版。

由于主权原则是针对现代民族国家而言的,民族、民族主义和民族国家也成为与国家主权相关的议题,深入理解这些问题可以深化对主权国家形成过程及其意义的认识。鉴于现代民族国家和主权国家首先诞生在欧洲,从宏观上把握近代欧洲历史的发展变化,尤其是欧洲思想史发展的整个脉络,对理解民族国家会有很大帮助。以下几部国内外学者关于欧洲历史、思想史和国际关系史的著作或通俗易懂,或颇有思想深度,很适合读者进行拓展阅读。

陈乐民:《欧洲文明十五讲》,北京大学出版社2004年版。

唐士其:《西方政治思想史(修订版)》,北京大学出版社2008年版。

时殷弘:《现当代国际关系史:从16世纪到20世纪末》,中国人民大学出版社2006年版。

〔法〕德尼兹·加内尔、贝尔纳代特·德尚等:《欧洲史》(蔡鸿滨、桂裕芳译),海南出版社2000年版。

〔美〕斯塔夫里阿诺斯:《全球通史》(吴象婴等译),北京大学出版社2006年版。

第六章

国家实力与国家利益

> 权力始终是政治的核心成分;政治在一定意义上就是权力政治;道义只能是相对的,不是普遍的;道义是权力的产物。
>
> ——爱德华·卡尔①

> 过去,对一个大国的考验是其在战争中的实力,而今天,实力的界定不再强调军事力量和征服。技术、教育和经济增长等因素在国际权力中正变得日益重要。
>
> ——约瑟夫·奈②

> 国家对国家利益的不断界定常常不是外部威胁的结果,也不是国内集团的压力,而是由构成和赋予国际政治生活以含义的国际共享规范和价值观所塑造的。
>
> ——玛莎·费丽莫③

> 我知道你(时任美国总统尼克松——编者注)是反对共产主义的,而我是共产主义者。我们都是以自己的国家利益为最高准则来谈问题和处理问题的。
>
> ——邓小平④

---

① E. H. Carr, *Twenty Years' Crisis (1919—1939)*, Haper & Row, 1964, pp. 16, 64, 102.
② Joseph Nye, "Soft Power", *Foreign Policy*, No. 80, Fall 1990, pp. 153—171.
③ Martha Finnemore, *National Interests in International Society*, Cornell University Press, 1996, p. 6.
④ 《邓小平文选》第3卷,人民出版社1994年版,第330页。

1. 什么是国家实力？在国际关系中有何意义？

国家实力①是指一国拥有的能在国际关系中发挥作用——控制和影响国际环境以及他国意志和行为——的全部力量的有机综合。在国际关系中，国家实力是衡量一个国家在国际社会中地位的重要尺度，是国家实现国家利益的重要手段。

国家实力是一个综合性概念，它是指一个国家所拥有的生存和发展的内部力量以及对外部世界发挥影响力的总和。它既包括一国的物质力量，又包括一国的精神力量；既包括一国已有的现实力量，也包括一国潜在的、可资利用的实力资源以及可转化为现实力量的机制等。

国家实力是一个相对概念，衡量一国的国家实力不能只看它所拥有的各种实力的绝对量，而是看它在国际体系中的排位，也就是说，相对意义上的国家实力才有意义。

国家实力从功能的角度来划分，可分为政治实力、经济实力、军事实力、科技实力和国际影响力等。

2. 什么是综合国力？综合国力一般包括哪些内容？

综合国力（comprehensive national power）是在冷战后国际关系学中出现的概念，它是由"国家实力"发展而来的，是指一国能在国际社会发挥影响力的所有力量的总和。

国家实力这一概念最早出现在现实主义的理论中，主要是指以军事力量为主的物质性力量。肯尼思·沃尔兹认为这种"物质权力资源"决定国家在世界体系中的位置。20世纪70年代以来，现实主义的"国家实力观"一直受到学界的质疑和批判。冷战后，学者们普遍认为，国家实力是由多方面的力量如物质力量与非物质力量、有形力量与无形力量、客观力量与主观力量等共同作用而形成的。为了突出国家实力的综合性，以与现实主义语境中单向度的国家实力有所区别，学者们使用"综合国力"来取代"国家实力"。

在衡量一国的综合实力时，主要考察其政治实力、经济实力、军事实力、

---

① "国家实力"由英文中的"national power"翻译而来。在英文中，"实力"和"权力"是同一个词——"power"，因此在中文中，"国家实力"和"国家权力"可理解为同义词。其他经常交替使用的概念还有"国家力量"和"综合国力"等（我国学者倾向于使用"综合国力"）。

科技实力和国际影响力。

政治实力

政治实力主要指政府的组织动员能力和领导人的能力。政府的组织动员能力是指政府运用非强制手段使其内外政策得到民众的支持和拥护,以及运用各种资源和机制快速、有效地应对国内外各种事件的能力。政府的组织动员能力是国家政治制度和政府运行效率的体现,它主要取决于政府掌握的权力和权威(或曰合法性)。领导都有一定的权力,但领导不一定就有权威。最好的政府是既有权力又有权威,最差的政府是既没有权力也没有权威,即所谓"失败的国家"。

此外,国家领导人的能力既是政府权威的重要来源,也是国家政治实力的重要组成部分,因为国家意志最终是由制定和执行国策的个人或群体来反映和体现。国家领导人在国家政府机构中担任重要职务,因此其所作所为都被视为国家行为。领导人的决策能力、领导能力和国际形象等都是国家政治实力的组成部分和集中体现。

色当会战后的拿破仑三世(左)和俾斯麦。19世纪中期,普鲁士和法国的两位领袖——俾斯麦和拿破仑三世的较量,充分说明了领袖水平对国家实力的影响。从有形力量来说,当时法国并不逊于普鲁士,但法皇拿破仑三世个性善变、朝令夕改,后人讽刺拿破仑三世的主意之多,犹如繁殖速度奇快的兔子。而俾斯麦却是个意志坚定、敢于决断的人。在此情况下,法国的胜算自然不高。

> 国家综合实力由操作性实力要素和资源性实力要素两类构成。……政治实力是操作性实力,军事实力、经济实力和文化实力是资源性实力,没有前者,后者就无法发挥作用。……政治实力是综合实力的根本,也是其他实力发挥作用的基础。
>
> ——阎学通[1]

---

[1] 阎学通:《世界权力的转移:政治领导与战略竞争》,北京大学出版社2015年版,第21页。

经济实力

经济实力一般包括工农业的生产能力与水平,第三产业的发展状况,资源的拥有、开发和利用,金融、外贸实力,以及参与世界经济的能力等。目前衡量经济实力的指标很多。例如,国内生产总值(GDP)和人均国内生产总值,第一、二、三产业的产值,以及国民收入、经济增长率、对外贸易、外汇储备、对外投资、国际竞争力等。一些人把经济实力简单地理解为一个国家的经济规模,也就是这个国家多有"钱",并倾向于使用 GDP 作为衡量的指标。GDP 虽然能反映出一国的生产能力,能使人们对一国的经济活动获得大致的认识,但是它不能涵盖经济实力的全部内容,而且它没有考虑经济增长的成本。所以,有学者倾向于用可持续发展指标(SDI)来测量经济实力,因为 SDI 扣除了经济发展的成本,更为客观和准确。不过,SDI 相对难以计算,而且目前还未就如何具体操作达成定论。

经济实力是综合国力的基石,从发展趋势来看,经济实力越来越成为制约综合国力中其他组成部分的重要因素,如经济实力决定着一国军事力量的规模与水平、生活质量及政局的稳定等,同时,经济实力也已经成为国际舞台上实现国家利益的重要手段。

军事实力

军事实力包括武装部队及其装备的数量、质量与战斗力,迅速部署的机动能力,以及军事科研与生产的能力与水平。其中,是否具有核力量是衡量军事实力的一个重要指标。目前衡量军事实力的指标主要是军费开支,其数据来源一般不是各国公布的国防白皮书,而是国际权威机构(如斯德哥尔摩国际和平研究所)的统计年鉴。

在综合实力中,军事实力长期以来被视为国家实力的主要甚至唯一标志。这是因为军事实力与其他实力相比有其特殊性。首先,军事实力虽然由诸多因素合成,但一旦形成就有相对独立性,可以直接投入使用,不必像有些实力要素那样,必须经过转化才能发挥效力。其次,军事实力具有强制性,是国家维护和推进国家利益的后盾,是国家在国际关系中解决冲突的最直

美国核动力航母"华盛顿"号

接的手段。不过,在主权制度得到保障后,军事实力的作用越来越有限,主权国家并不是靠自身的军事力量来维护主权和领土完整的,大多数国家也不可能运用自己的军事力量或武力威胁在世界上获取利益。

世界上军费开支最大的十个国家,其军费开支的总和占世界军费开支总数的80%,其中,仅美国一家的军费开支就占世界的1/3。在信息化时代,只有拥有高科技装备、能进行信息化战争的大国的军事力量才真正具有威慑力。

科技能力

科技能力一般分三个方面:一是基础科学研究。判断一个国家这方面能力的是该国在诺贝尔奖自然科学项目上的获奖数目。二是科技发明。判断标准是国家每年申请的专利数量。三是创新开发。按熊彼特(Joseph Alois Schumpeter)的定义,创新开发能力几乎无所不包,涵盖新物品的采用、新生产方式的采用、新市场的开辟、原材料或半制成品的新供给来源的获得、行业新组织的实现等。很明显,第一个能力最难获得,这个能力目前基本上被美国一家垄断。第二个能力则被少数几个西方发达国家所垄断,近年来日本和美国享有的专利数量之和,已占到全球专利总量的60%以上。第三个能力是可以靠引进人才和技术解决的,所以在这方面能力突出的国家稍微多一些。目前美国在以上三个方面都独占鳌头。

当今世界,科学技术,尤其是信息时代的高科技,越来越成为综合国力中最为活跃的因素。生产力的加速发展,社会财富的快速增加,军事技术的革新,产业结构的调整和升级,很大程度上都得益于科技进步。科技进步对综合国力的提升起着关键性的作用。美国在世界上的超级大国地位,在很大程度上是其在科技方面全方位的领先地位所造就的。

国际影响力

国际影响力是指国家以非强制手段影响国际环境及他国意志和行为的能力,在国际政治中主要表现为国家在国际组织中的地位和确定国际议程的能力。国际组织中的发起者、倡导者和组织者,一般地位都比较高,国际影响力也比较大。在联合国安理会五大常任理事国中,美国实力明显超出一筹,其他四国虽然和美国不在一个量级上,但由于都是安理会常任理事国,政治地位远高于其他国家。

设定国际议程的能力是指这个国家提出的某个问题或倡议能否得到世界上大多数国家的响应,从而成为国际社会关注的重大议题。例如,20世纪90年代以来,在欧洲国家的推动下,全球气候变化成为国际社会广泛关注和研究的重大议题,《联合国气候变化框架公约》(UNFCCC)逐渐成形,并得到了世界大多数国家的批准、支持和接受,显示出欧洲在设定国际议程方面的较强能力。

当然,国际影响力不一定局限于国家在国际政治领域的地位。比如,奥斯卡奖只是美国的内部奖项,但却是全球演艺界人士向往得到的荣誉,它由此成为美国国际影响力在文化方面的表现。

联合国安全理事会是联合国的六大主要机构之一。根据《联合国宪章》的宗旨及原则,安理会负有维持国际和平与安全的责任,是唯一有权采取强制行动的联合国机构。五个常任理事国是中国、法国、俄罗斯、英国、美国。

综合国力的以上几个方面相互联系、相互影响,甚至是环环紧扣的。例如,强大的军事力量依赖强大的科研能力和强大的经济实力支撑,一国军事力量的强大体现出它强大的科技和经济实力。同理,强大的科技实力需要庞大的科研经费的投入和大量的科技人才,一国科技实力的强大反映出它雄厚的经济基础和较高的教育水平。

国际社会通行的对以上各种实力的衡量方式是比较简单的,实际情况则要复杂得多。比如,仅以军费开支衡量一国的军事实力其实并不够准确,因为国家除了总共为国防花了多少钱之外,还有一个钱是怎么花的问题:这些钱是投入军事科研,还是抚恤家属?是购买武器,还是购置军装?军费开支中是否存在大量的浪费和贪污?不过,在国际关系研究领域,大多数情况下人们并不需要十分精准的数字,就像体温计的刻度只是到小数点后一位数就足以让人们知晓自己的体温是否正常一样。以上衡量实力的方式虽然简单粗糙,但已足够使人们对综合实力有一个大概的了解和把握。

3. 什么是克莱因方程?有何意义?

克莱因方程是由美国学者克莱因(Ray S. Cline)在 20 世纪 80 年代初提

出的对国家实力加以综合衡量的一个方程式：
$$Pp = (C+E+M) \times (S+W)$$

Pp——Perceived Power，表示被确认的权力；

C——Critical Mass，表示国家基本实体，包括领土和人口；

E——Economic Capability，表示经济实力，包括国民生产总值、能源、矿物、工业和粮食生产能力以及对外贸易；

M——Military Capability，表示军事能力，包括战略力量和常规力量；

S——Strategic Purpose，表示战略意图；

W——Will to Pursue National Strategy，表示推行国家战略的意志；

$(C+E+M)$——国家的物质实力（基本实体＋经济能力＋军事能力）；

$(S+W)$——国家的精神实力（战略意图＋国家意志）；

"×"——精神力量与物质力量之间的乘积关系，表示精神力量对物质力量的发挥起到至关重要的作用，一个国家如果没有了精神力量，物质力量就会毫无意义。

克莱因方程深化了人们对实力构成要素以及物质实力与精神实力之间关系的认识，使人们意识到精神力量对国家的重要作用，这对后来学者对综合国力的研究产生了重要影响。不过，在现实中，人们难以对方程中涉及的战略目标、国民意志和政府素质等无形要素采取客观、统一的评价标准。

4. 什么是国家实力构成中的有形资源和无形资源？两者之间是什么关系？

国家实力构成要素可划分为有形资源和无形资源两大类。

有形资源是指国家拥有的物质的、具体的、可触摸的甚至是可量化和测定的资源。一国的人口、领土面积、地理位置和自然资源等是一国最基本的有形资源。

人口包括人口数量、人口结构、人口质量、人口分布、人口增长率等。人口不仅是构成国家的基本要素，而且庞大的人口数量在相当长的人类历史上被认为是国家强大的重要标志。一个国家只有拥有一定数量的人口，才有可能形成一定规模的生产，建立一定规模的军队。不过随着工业化的发展，单纯的人口数量已经不能对国家的强盛与否起到决定性作用。人口要素的其他方面，如国民教育程度、健康水平、年龄分布等，对国家实力的影响日渐增大。

地理条件包括领土(领海)面积、领土位置、地形地貌等。辽阔的领土面积是国家重要的实力资源。一般而言,领土广阔意味着国家拥有更多的自然资源,能够维持更多人口和经济规模,军事防御就有了纵深;不过,广阔的领土也可能成为国家的负担:领土面积越大,国家越容易分裂,防御的难度也越大。地理位置在国力中同样具有重要的意义,以至于学术界出现了一门学问——地缘政治学,专门研究地理位置在提供国家权力优势方面的作用。但是,什么样的地理位置对国家最为有利,一般是随着时代的变化而变化的,学界对此没有定论。

自然资源包括煤、铁、石油、铀、橡胶等。自然资源对国家至关重要,丰富的自然资源不仅可以满足自身发展所需,而且还通过国际贸易换成财富。不过,哪一种自然资源最为重要则因时代而异。比如,北宋时中国人沈括已发现了石油,但当时石油主要只用于照明和制墨,对提升国家实力并无明显的价值。直到工业化时代,石油才被视为"工业化的血液",关系到国家工业化的进程和成败。当然,即使在工业时代,自然资源对一国兴亡的影响也非决定性的,很多自身没有太多自然资源的国家照样能成为大国,比如日本。知识经济时代,传统自然资源的重要性更是空前下降,瑞典的自然资源极其匮乏,却能研制出爱立信这样的国际品牌产品。

无形资源是国家实力构成中精神的、抽象的东西,它包括一国的政治、经济、社会结构的运行效率以及国家的凝聚力、国民素质、国际形象和外交质量等。

国民素质包含思想素质、文化素质、身体素质等。国民素质的重要性主要体现在:国家的发展不仅依赖人口的数量,更依赖人口的质量。人口的数量要与素质相结合,数量庞大但素质低下的人口反而会成为国家发展的负担。

国家凝聚力是国家无形力量的核心和集中体现,有凝聚力的国家比较容易在对外政策目标的内容、顺序和实现方式上达成共识,这样就便于国家对有限的资源实现最优配置,充分发挥国家有形力量的作用,从而最大限度地把国家的物质资源运用到国家所追求的对外政策目标上。同时,强大的国家凝聚力也是一国国内建设的宝贵财富。

国际形象主要是国际社会对某国的认知,具体体现在国际舆论的报道、国际评论家的分析或者国际组织的报告等。良好的国际形象可以使国家在国际社会享有较高的声誉,不仅可以使国家通过吸引力而非强制力来实现自己的利益和目标,而且还可以使一些小国获得超出其硬实力的国际影响力。

国家实力构成是有形资源与无形资源的有机统一,有形资源是国家实力的基础,但有形资源不会直接在国际关系中发挥影响力和控制力。有形资源能否转化为影响力和控制力,或者在国际社会能发挥多大的效力,在很大程度上取决于无形资源。

新加坡的金融区。新加坡总面积约为710平方公里,人口约508万,是世界上人口密度最大的国家之一。因其市容干净整洁,素有"花园城市"之称。新加坡是世界上重要的国际金融中心、航空中心和港口枢纽。自独立以来,其经济发展一直引人注目,曾被誉为"亚洲四小龙"之一。新加坡政府的廉洁形象享誉世界,在有关国际组织历年调查中,均名列前茅。

5. 什么是国家硬实力?什么是国家软实力?

在国际关系学中,实力通常又被称为权力、能力、力量等,尽管它们之间略有区别,但表达的含义基本相同。"软实力"(soft power)概念的诞生使得国际关系中关于实力的研究被区分为硬实力和软实力两种类型。

美国哈佛大学教授约瑟夫·奈(Joseph S. Nye, Jr.)在其1990年出版的《注定领导世界:美国权力性质的变迁》一书,以及同年在《对外政策》杂志上发表的《软实力》一文中,最早明确地提出和论述了"软实力"这个概念,并使之开始流行起来,成为冷战后使用频率极高的一个术语。

根据约瑟夫·奈的软实力理论,"硬实力"指的是国家拥有的同诸如军事和经济力量等具体资源相关的"硬性命令式权力","软实力"指的是与诸如文化、意识形态和制度等抽象资源相关的、决定他人偏好的"软性同化式权力"。具体而言,硬实力是指国家通过威胁或者奖励,让别国做它们不想做的事情之能力;而软实力则是指国家通过吸引力而非强制手段,让别国自愿追求你所要的东西之能力。换言之,"硬实力"的运用,表现为国家借助引诱("胡萝卜")或者威胁("大棒")手段,直接迫使他国改变自己的意志或者行为;而"软实力"的运用,则表现为国家通过自己思想的吸引力或者决定政治议题的能力,让其他国家自愿效仿或者接受体系的规则,从而间接地促使他人确定自身的偏好。

> 1990年,我在一本关于美国实力的书中第一次提出了软实力的概念。我尝试对相关实力进行比较评估,结果发现,传统的经济手段和军事资源已经不足以解释当下的种种现象了。它们虽然有助于理解强迫和收买是如何发挥作用的,却无法解释吸引和说服的威力所在。于是,我提出了"软实力"这个概念。它或许听起来是个新术语,但就其所指的行为而言却早已不是新鲜事物。
>
> ——约瑟夫·奈[①]

软实力主要来源于三个方面:第一,文化吸引力。具有全球吸引力的文化是构成一国"软实力"的重要基础;第二,意识形态或政治价值观念的吸引力;第三,塑造国际规则和确定政治议题的能力。如果一个国家可以通过建立和主导国际规范及国际制度,左右世界政治的议事日程,那么它就可以影响他人的偏好和对本国国家利益的认识,从而具有软实力。

世界软实力30强排行榜

6. 全球化时代,国家实力构成有哪些特点?

全球化时代,国家实力的构成要素以及各要素之间的关系发生了较大的变化。

第一,在全球化时代,构成国家实力的不同要素之间不可相互替代且难以相互转化。在古代社会并不是如此,国家可以通过金钱收买最有战斗力的

[①] 〔美〕约瑟夫·奈:《软实力》(马娟娟译),中信出版社2013年版,中文版序第一页。

雇佣军,可以用金钱购买最强的武器装备,从而赢得战争胜利并获得战利品,或去开疆拓土以获得更多的资源。但在当今的国际社会,随着国际关系的复杂化和权力分散化,不同实力要素在短期内是难以相互替代的,如经济实力强的国家未必能成为军事实力强大的国家,或获得与其国际经济地位相应的国际政治地位。任何一种实力转化成另外一种实力都需要严格的条件和较长的时间。

第二,国家实力构成要素只有相对均衡而全面的发展,才能满足国家在国际舞台上实现自身利益的需求。国家实力是国家实现国家利益和对外政策目标的手段,而国家利益和对外政策目标是多样的:既有宏大长远的大战略,也有具体而紧迫的小目标;既有战略目标和政治目标,也有经济、文化等方面的目标。针对不同的需要,国家需要运用不同的手段,对症下药。比如,面对安全威胁,主要用军事实力;应对经济挑战,主要用经济实力;应对文化冲击,主要用文化实力。国家难以通过一种实力实现"包治百病"的目标。

第三,在全球化时代,国力构成中有形资源的使用受到诸多制约,而无形资源的地位和作用不断上升。我们当今所处的核武器时代,大国间的战争很可能导致玉石俱焚、同归于尽的结局;而全球经济相互依赖的加深使得经济杠杆很容易损人害己,得不偿失。有形资源不仅在使用上受到极大的限制,而且其功效也大大下降。反观无形资源,尽管其发挥功效需要的时间要相对长一些,但它的使用成本较低,效果比较稳定,长期收效较高。例如,一国的文化吸引力不仅能达到"不战而屈人之兵",而且其收益是长期而稳定的。在世界历史上,一些帝国都把运用文化的手段征服别人视为实现长治久安之计。世界超级大国美国对其文化资源的运用相当重视,且手段相当娴熟,早在清末时美国就用"庚子赔款"在中国建立了清华留美预备学校(即后来的清华大学),以期培养出一批未来亲美的中国精英;同时,美国一直把在世界范围内推广其民主、自由、人权价值观作为其对外政策的主要目标之一,从而使民主成为当今世界的主流价值观。

7. 什么是国家利益?

国家利益(national interests),简而言之,即一个国家在国际社会生存和发展的基本条件和本质要求。

国家利益不是自古有之,它与"王朝利益""君主利益""帝国利益""宗教利益"相对,是欧洲近代民族国家形成之后才出现的。它的出现是民族国家在形成过程中与神圣罗马帝国以及教皇权威较量的结果。民族国家形成后，根据国家主权说，国家是最高的本源，国家利益高于一切，维护国家利益是国家对内和对外政策的最高目标。国家利益原则的确立为欧洲近代民族国家摆脱传统外交的神权至上、道德至上和君主私人性质，向现代民主国家的转型起了积极的历史作用。

> 我们没有永远的盟友，也没有永远的敌人。永恒不变的只有我们的利益，而我们的职责就是追逐这些利益。
>
> ——帕麦斯顿子爵三世[①]

对国家利益的认识，有客观论和主观论两种观点。客观论认为，国家作为客观的存在，其生存和发展必然需要一些不以人的意志为转移的客观条件，所以，国家利益是客观的；主观论强调，国家利益不是明摆在那里任何人都能看到，或者不言而喻、不论自明的，以国家利益面目出现的东西未必真正代表全民的利益，很可能是领导人的个人利益、执政党的利益或某些利益集团的利益，国家利益是人们主观判断的结果。

其实，国家利益既有客观性，也有主观性，每个国家的国家利益都是客观国家利益和主观国家利益相结合的产物。国家利益的客观性是指，只要一个行为体以"国家"的身份存在，就必然要具备赖以生存和延续的、不以人的意志为转移的、具有普遍性的基本条件，否则就不能称其为"国家"。比如，维护一国的领土完整及国家安全。国家利益的主观性是指，同一历史时期，不同的国家由于历史传统、文化价值观、决策机制和领导人个性等方面的不同，对国家利益的具体内容的理解和实现方式的认识千差万别。国家利益的客观性是以丰富多样的主观性表现出来的。

在国际关系研究中，可以从不同层次和视角对国家利益进行分析。例如，从重要性角度出发，可以将国家利益区分为根本利益与一般利益，或者重要利益与次要利益；从存在的形式来划分，可以分为物质利益和精神利益；从时间角度出发，可以分为长期利益与短期利益；从地域性角度，可以分为全球利益和地区利益；按照性质来分，可以分为安全利益、政治利益、经济利益和

---

① 帕麦斯顿子爵三世于1848年3月1日在英国议会下院的演讲。转引自〔美〕丹尼尔·B.贝克：《权力语录》（王文斌、张文涛译），江苏人民出版社2008年版，第156页。

文化利益四大类;等等。

8. 国家利益包括哪些基本内容?

关于国家利益包括哪些基本内容,学者们的认识不尽相同。汉斯·摩根索认为,国家利益应当包括三个方面:领土完整、国家主权和文化完整。在这三个方面中,最本质的问题是国家的生存问题,其他都是次要问题。结构现实主义学派代表人物肯尼思·沃尔兹干脆认为,生存是国家的根本利益。不过,他并没有详细说明什么是他所说的"生存"。

新自由主义学派学者乔治(Alexander George)和基欧汉提出,国家利益包含三种内容——生存、独立、经济财富,或曰:生命、自由、财产。建构主义学派的代表人物温特在其后又加了第四种利益——集体自尊(collective self-esteem)。这四种国家利益是目前为止不同学派的学者们对国家利益所作的较为明确的界定。下面对以上四种国家利益的具体内容进行逐一介绍。

首先是生存。几乎所有的学者都把它放在国家利益的首位,认为它是国家的根本利益和核心利益。生存的含义从根本上讲是指人民存活,但人要存活就需要土地,所以生存的含义也包括人民赖以立足的土地。显然,地域广袤但人迹罕至的南极洲不是国家;四处流浪、无家可归的犹太流浪民族也不是国家。如果领土时时可能丢失,人民时时可能丧命,那么,这个国家就面临生存危机了:前者如太平洋上某些随时可能被海啸吞噬的岛国,后者如非洲某些艾滋病肆虐的国家。

其次是独立或自由。温特所说的"独立"和基欧汉所说的"自由"是指一个国家有能力自由地控制本国的资源分配和决定本国事务。国家不仅需要生存,而且也需要"自由"。现代国家的独立和自由来自国家拥有主权。享有主权即意味着国家有了独立自主地处理内外事务的最高权力。如果没有"自由",国家满足其内部需求和对付外部紧急情况的能力就会受到限制。

再次是经济财富。国家利益中的"经济财富"与人们常说的"经济利益"似乎很相似,但前者的含义要更加广泛。人们常说的"经济利益"一般是指促进经济发展,而温特认为"经济财富"准确地讲是指"保持社会中的生产方式,在延伸意义上也包括保护国家的基础资源"。为了国民的生存和发展,国家必须有一定的物质资源和物质条件,在此基础上满足人们对"过上好日子"的需求。但处在不同历史发展阶段的国家对经济财富的理解不同。对于刚进入工业时代的国家而言,促进经济增长、提高人民物质生活水平是国家追求的主要目标;对于那些已经进入后工业社会的国家来说,发展经济已不再意味着单纯促进经济增长,而是促进社会各方面的协调发展,所以很多发达国家更为重视民众生活质量的提高和人与自然的和谐共处。

最后是集体自尊。集体自尊是指世界舞台上的国家作为一个整体对尊重和地位的需求。从社会学的角度来看,任何一个在群体中生活的个体都有自尊的要求,个体之所以为个体,自我之所以为自我,在于他人的适当的承认。人的自我价值感和认同感都与他人的评价有着密切的关系。对于国家而言,得到国际社会对其身份的承认是其参与国际政治的重要目标之一,所以,集体自尊是国家利益的核心组成部分。如果国家要求承认的需求得不到国际社会的满足,就会发生"要求承认的政治斗争"。例如,二战时德国的扩张,很大程度上是对一战后德国的民族耻辱进行报复。比较而言,"他民族"对"我民族"的承认程度越低,"我民族"对于国家尊严的需求就越高,国家尊严利益的需求就越紧迫。比如,发展中国家的主权意识比发达国家要更强烈,对攸关国家主权的利益比发达国家更为敏感。

人类历史上,在不同的历史阶段和不同的体系文化中,国家获得自尊的方式不同,在奉行"强权即公理"的时代,国家可以通过征服和战胜对方来获得"荣耀",现代社会国家可以通过"行善"和"做一个好公民"来赢得国际社会的尊重。在国家之间形成竞争关系的洛克文化下,集体尊严首先是指主权得到其他国家的承认,因为获得国际承认意味着这个国家至少在形式上被视为国际社会平等的一员,这样它就既可以免受征服的实际威胁,也可以避免没有国际地位而受到的精神威胁。但是,主权获得承认只是现代民族国家在这方面的最低需要。

综上所述,作为国家生存和发展的基本条件和本质要求,国家利益包括生存、独立、经济财富和集体自尊四个方面。国家同时追求这四个利益,但这四个利益在不同的国家和同一国家的不同时期,排序是不同的。尽管上文把集体自尊排在最后,但这并不意味着它是最不重要的。对某些国家来讲,集体自尊的利益往往放在一个比其他利益更为突出的位置。有些时候,国家为了尊严,宁可付出经济财富的代价。同时,面对具体问题时,由于四种利益之间可能存在张力,国家对各项利益的排序和取舍往往存在困难。比如,国家在获得生存和自由后,经济利益与国家尊严哪个更重要?国家最终做出什么样的选择,要视具体情况而定。

土耳其总统埃尔多安(左)和俄罗斯总统普京。2015年11月24日,在土耳其与叙利亚边境地区,一架俄罗斯战机被土耳其击落。事后,俄罗斯认为土耳其的做法有违国际法,而土耳其则坚持不道歉。为此,俄罗斯对土耳其进行全面制裁。尽管对土耳其的经济制裁无疑会使本就艰难的俄罗斯经济雪上加霜,但俄罗斯宁可牺牲国家经济利益也要捍卫国家尊严。最终,2016年6月,土耳其总统埃尔多安致函普京,就击落飞机事件表示道歉。

9. 国家利益和世界利益之间的关系如何?

世界利益又可表述为世界各国的共同利益、全人类共同利益或全球利益。国家利益与世界利益之间的关系可以概括为以下三个方面。

第一,世界利益是国家利益中的长远利益,国家利益与世界利益从本质上讲是一致的。世界利益既然是世界各国乃至全人类的共同利益,当然也应该是国家利益的一部分。世界利益的实现,如持久的世界和平、良好的生态环境、稳定的国际政治经济秩序等,能够使世界各国都从中受惠,因而从长远角度来看,世界利益的实现就是国家利益的实现。

第二,国家利益与世界利益的矛盾实际上反映了国家利益自身的矛盾,即长远利益和眼前利益的矛盾。国家利益是多方面的、多层次的,一种利益的实现有可能损害另一种利益的实现,甚至以牺牲另一种利益为代价。由于国家利益本身具有内在的张力,因此,一旦与世界利益相一致的一种国家利益和另一种国家利益之间出现了矛盾或对立,人们很容易将之归结为世界利益与国家利益的矛盾或对立。例如,保护环境、维护生态平衡既是世界利益也是国家利益,但某些国家因首先考虑实现工业化或经济增长的短期利益,所以认为国际社会要求国家承担保护环境和维护生态平衡的义务和责任妨碍了自己的国家利益。

> 当今大多数国家把自己视为"国家组成的社会"的一个部分,它们遵循这个社会的规范,不是出于对自我利益的考虑,认为这样做对它们各自的利益有好处,而是因为内化并认同了这些规范。这不是要否认国家在国家组成的社会范围内所做的许多事情是出于自私考虑的。但是,在涉及许多共存的根本问题上,国家已经获取了某种程度的集体利益,这种集体利益远远超出了"现实主义"的构想。
>
> ——亚历山大·温特①

第三,来自全球化的挑战和全球问题的压力要求各国逐步树立全球意识和全人类利益优先的原则。人类在全球化时代日益成为一个命运共同体。国家在安全、经济、卫生等众多领域呈现出"一荣俱荣,一损俱损"的态势。国家利益与世界利益相融合的程度越来越高,越来越多的国家不得不考虑自身的长远利益。国家只有协调好自身利益与世界利益的关系,使二者并行不悖,才能更好地维护国家的现实利益和长远利益。

 拓展阅读

1. 比较现实主义、自由主义和建构主义的"国家利益"观

国际关系中不同的理论流派对国家利益存有不同的见解,对国家利益的不同认识也是区分不同理论流派的重要标志。

现实主义者强调国家利益是由客观物质条件决定的,人们可以通过科学方法来认识它,并且国家利益主要体现为国家的安全利益。但是,现实主义无法解释这样一些问题:为何现实中相同实力地位(客观物质条件)的国家会有不同的国家利益?为何决策者对轻易可以认识到的国家利益时常"视而不见",做出有损国家利益的决策?

---

① 〔美〕亚历山大·温特:《国际政治的社会理论》,第302页。

> 恰恰是以权力界定的利益概念使我们既可免于……道德的偏激，又可免于……政治的愚蠢。因为如果我们把包括本国在内的所有国家都看成是追求以权力界定各自利益的政治实体，我们就能对所有的国家一视同仁。这种一视同仁是双重意义上的：我们能够像判断我们自己的国家一样判断其他国家；我们基于这种判断之上所实行的政策，就既能尊重他国的利益，同时又能保护和增进我们本国的利益。道德判断的适度一定会反映在政策的适度上。
>
> ——汉斯·摩根索[1]

自由主义理论提出，国家利益除了安全外，还包括独立和发展，同时提出国家利益是客观物质条件和观念共同作用而形成的，客观物质条件在国家利益的形成中起主要作用，观念在国家利益的形成中起辅助作用。但是，自由主义理论无法告诉人们国家的对外政策和行为什么时候是物质条件起作用，什么时候是观念起作用。

建构主义者继承并发展了自由主义，彻底否定了现实主义"国家利益既定论"，认为国家利益是一个因变量。国家根据在国际社会的实践、与其他行为体的互动而形成身份认同，身份决定利益，不同的身份认同有不同的利益追求，因此，国家拥有怎样的利益取决于国家在与其他行为体互动中形成的身份认同。而观念又是决定国家身份认同以及国家利益的核心因素。有鉴于此，有学者把现实主义和自由主义的国家利益观称为以"理性主义"为基础的国家利益观，而把建构主义的国家利益观称为以"理念主义"为基础的国家利益观。不同理论流派的国家利益观的比较见表6-1。

表6-1 不同理论流派的国家利益观

理论流派	国家利益	性质
现实主义	客观条件决定，即客观存在	理性主义
自由制度主义	客观条件和观念决定，即客观+主观	理性主义
建构主义	观念决定身份，身份决定利益，即主观+客观	理念主义

---

[1] 〔美〕汉斯·摩根索：《国家间政治：权力斗争与和平（第七版）》，第13页。

2. 权力的新变化：网络权力[①]

以信息资源为基础的权力并不是新权力,但网络权力是。1969年,美国国防部建立了只连接几台计算机的小型网络阿帕网(ARPANET)。1972年,数据交换协议(TCP/IP)创建,用以构建能交换数字信息包的基础国际互联网。1983年,国际互联网域名体系诞生,第一个计算机病毒基本上同期出现。1989年,发明了万维网。1998年,谷歌公司成立,创建了最受欢迎的搜索引擎。2001年,维基百科成立。20世纪90年代末,企业开始运用新技术改变全球供应链中的生产和采购方式。支持"云计算"的带宽和服务器集群是新近才出现的,企业可以利用它们在网上存储数据和软件。1998年,互联网名称与数字地址分配机构(ICANN)成立。世纪之交,美国政府才开始制订严肃的国家网络安全计划。1992年,国际互联网用户只有100万;在15年的时间里,这一数字增长到了10亿。在国际互联网发展的早期,自由论者宣称"信息要自由",将国际互联网的出现描述为政府控制的终结和"距离之死"。实际上,政府和地域管辖范围继续发挥着重要作用,但权力已经扩散。

我们可以从与电子和计算机信息的创建、控制和传播有关的资源集合的角度来定义网络权力——基础设施、网络、软件和人的技能。这不仅包括国际互联网,还包括内联网、蜂窝技术和天基通信。按照行为定义,网络权力是运用网域内电子互联的信息资源得到偏好结果的能力。网络权力可以被用来在网络空间内产生偏好结果,也可以运用网络手段在网络空间外的其他领域产生偏好结果。

网域具有独特性,它是人为创造的、新近出现的权力域,比其他权力域更容易受到技术变化的影响。正如一位观察家所说:"网络空间地理比其他环境更易变得多。山脉和海洋很难移动,但网络空间的各部分只需要点击开关就可以打开或关闭。"低门槛促进了网域内的权力扩散。电子的全球移动比大型船只在海上的移动成本更低,也更迅速。建设多航母特遣部队和潜艇舰队的成本竖起了一道极高的门槛,因此直到现在美国海军还能保持霸主地位。尽管在索马里或马六甲海峡等区域,海盗行为仍然是非国家行为体的一种选择,但海洋控制依旧是非国家行为体所力不能及的。类似地,虽然在空域有很多私人和政府行为体,但一国仍然能够通过在第五代战斗机和卫星支持系统上的高投入寻求空中优势。

然而,网域的进入门槛实在太低了,非国家行为体和小国以低成本能产

[①] 节选自〔美〕约瑟夫·奈:《论权力》(王吉美译),中信出版社2015年版,第143—153页,有删减。

生重要影响。与海战、空战和太空战相比,网络战与陆战有着更大的相似性,但在参加者的数量、进入的容易度和隐蔽的机会这三个方面,网络战比陆战更容易获得优势地位。虽然美国、俄罗斯、英国、法国和中国等少数国家被普遍认为拥有比其他国家更强的能力,但像谈海权或空权一样谈网络空间的支配地位是没有意义的。相反,军事和经济活动对复杂网络系统的依赖使大国有了可以被非国家行为体利用的弱点。

网域的极端冲突,或称"网络战争",也与众不同。在现实世界中,政府几乎垄断着大规模的武力使用,防御者对地形了解透彻,进攻因为消耗过大或精疲力竭而结束。资源和机动性成本高昂。在虚拟世界中,行为体多种多样,有时甚至是匿名的,现实距离无关紧要,"一场虚拟攻势的成本几乎为零"。由于国际互联网的设计以使用方便而不是以安全为目的,当前攻方比守方有优势。从长远来看,随着技术的演变,包括以改善安全状况为目标的系统"再设计",情况可能会发生变化,但现阶段形势仍然如此。较大的一方在解除敌人武装或摧毁敌人、占据地盘或有效运用反作用力战略等方面能力有限。威慑不是不可能,但它因为进攻源头的属性问题而变得模糊。冗余路径、快速恢复能力和迅速重组将成为防守的关键因素。正如一位专家对形势所做的总结:"从其他形式的战争中转移政策构想的尝试不仅会失败,还会阻碍政策和规划。"

网络权力影响着从战争到商业的很多领域。我们可以区分"网络空间内的权力"和"网络空间外的权力",就像在海权领域,我们可以区分海军海上权力和海军权力在陆地的投射。

如表 6-2 所示,在网域内,通过议程构建、吸引或说服,信息手段可以被用于形成网络空间内的软实力。例如,吸引开放源代码软件设计师团体遵循新的标准就是一个例子。网络资源还可以在网络空间内形成硬实力。例如,国家或非国家行为体可以利用数十万(或更多)被破坏的计算机组成的"僵尸网络"

表 6-2 网络权力的实体与虚拟层次

	网络权力的目标	
	网络空间内	网络空间外
信息手段	硬:拒绝服务攻击 软:设置规范和标准	硬:对数据采集与监视控制(SCADA)系统的攻击 软:动摇民意的公共外交运动
实体手段	硬:政府对企业的控制 软:帮助人权积极分子的软件	硬:轰炸路由器或切断电源 软:点名羞辱网络提供商的抗议

组织分布式拒绝服务攻击,使一家公司或一个国家的国际互联网系统陷入瘫痪,无法正常运转。

其他一些例子涉及"激进黑客"或出于意识形态目的的入侵者。2007年,爱沙尼亚遭到分布式拒绝服务攻击,该攻击被普遍认为是俄罗斯的"爱国黑客"所为,爱沙尼亚迁移"二战"苏军战士纪念碑激怒了他们。2008年,俄军入侵格鲁吉亚前不久,格鲁吉亚遭遇了拒绝服务攻击,其国际互联网入口被关闭。(有人认为,在这两起攻击中,黑客似乎都受到了俄罗斯政府的教唆,但俄罗斯政府并未承认。)网络空间内的硬实力还包括嵌入恶意代码以扰乱系统或窃取知识产权。犯罪集团以此来谋取利益,而政府可能会将此作为增加经济资源的途径。然而,要证明此类攻击的源头或动机通常很难,因为攻击者可以通过其他国家的服务器发动入侵。例如,很多针对爱沙尼亚和格鲁吉亚目标的攻击就是从美国的服务器上发出的。

网络信息在网络空间传播,通过吸引他国公民而形成软实力。在国际互联网上发起的公共外交运动就是一个例子。网络信息也能成为硬实力资源,损害他国的实体目标。例如,当代很多行业和公用事业都有由连入数据采集与监视控制系统的计算机控制的流程。嵌入这些系统的恶意软件会接受指令关闭某个流程,2010年伊朗核设施就曾经遭到 Stuxnet 蠕虫病毒的攻击。如果某个黑客或某国政府在2月中旬切断了芝加哥这样的北部城市或莫斯科的电力供应,所造成的破坏要比轰炸造成的破坏更严重。在医院等场所,备用发电机能在破坏性攻击发生时快速恢复供电,但大范围的区域断电则难以应付。

如表6-2所示,实体手段能够提供权力资源,对网络世界施加影响。例如,路由器、服务器和传送国际互联网电子的光缆都是位于政府管辖范围内的实体资源,提供和使用国际互联网服务的企业受到政府法律的管制。政府可以利用这些实体资源向企业和个人施压,这被称为"传统法律体系的标志"。雅虎因为遭到起诉而限制了在法国发布的信息,以适应法国法律的要求;谷歌德国删除了搜索结果中的仇恨言论。虽然在雅虎和谷歌的"母国"美国,这些信息都是受到保护的自由言论,但两家公司如果不顺应法德两国的要求,等待它们的将是监禁、罚款和两大重要市场的流失。政府通过向国际互联网服务提供商、浏览器、搜索引擎和金融中介机构等施加现实威胁以控制互联网的信息传播。

政府可以对能够产生软实力的实体资源进行投资,创建专门服务器,开发专门软件,帮助人权活跃分子传播信息,尽管他们所在国家的政府为了封锁这些信息会设置信息防火墙。例如,2009年,伊朗政府对大选后的抗议进行镇压后,美国国务院投资为抗议者提供了软件和硬件,让他们能够传播消息。

最后,如表6-2所示,实体手段能够同时提供用于国际互联网的硬实力资源和软实力资源。网络信息层次所依赖的实体基础设施容易受到政府和恐怖分子或犯罪分子等非国家行为体的直接军事袭击或蓄意破坏。服务器可能被炸毁,电缆可能被切断。在软实力方面,非政府行为体和非政府组织可以组织游行示威,点名羞辱他们认为在滥用网络的企业(和政府)。

我们还可以按照关系性权力的三个层面来考察网域内的权力,如表6-3所示。三个层面上的硬实力行为和软实力行为在网络空间都有体现。权力的第一个层面是某个行为体让其他行为体违背最初偏好或战略行事的能力。前面所谈到的拒绝服务攻击、逮捕持不同意见的博客写手或阻止他们发送信息等都是与硬实力有关的例子。

表6-3 网域权力的三个层面

第一个层面(A诱使B做其最初不会做的事)
硬:拒绝服务攻击,嵌入恶意软件,破坏数据采集与监视控制系统,逮捕博客写手
软:改变黑客最初偏好的信息运动,恐怖组织成员招募

第二个层面(A通过排除B的战略阻碍其选择)
硬:防火墙,过滤器,对企业施压以排斥某些思想
软:互联网服务供应商和搜索引擎自我监控,互联网名称与数字地址分配机构域名规章,普遍接受的软件标准

第三个层面(A塑造B的偏好,偏好形成后有些战略甚至永远都不用再考虑)
硬:威胁惩罚散布被审查信息的博客写手
软:塑造偏好的信息(如激发民族主义和爱国黑客),形成针对厌恶信息(如儿童色情作品)的规范

就软实力而言,某个个人或组织可能会试图说服他人改变行为。基地组织在国际互联网上播放视频招募成员的做法就是运用软实力改变人们最初偏好或战略的例子。

权力的第二个层面是议程设置或议程构建,某个行为体可以通过将其他行为体的战略排除在议程之外,使它们的选择行不通。如果议程设置与其他行为体的意志相违背,那它就是硬实力;如果议程设置被其他行为体认为是合法的而得到接受,那它就是软实力。例如,在2010年2月的伊朗革命胜利周年庆典期间,和六个月前一样,伊朗政府降低了网速,以阻碍抗议者将抗议活动的新闻片发送到YouTube上。一名伊朗流亡者评论说:"在那一天,绿党成熟了,明白了要与伊朗伊斯兰共和国政府这样坚决的政府战斗,Facebook

的用户页面、推特的云应用和有感染力的YouTube视频是远远不够的。"在猫和老鼠的较量中,技术既可以用于促进自由,也可以用于加强镇压。

根据开放网络促进会发布的数据,至少有40个国家利用高度限制性的过滤器和防火墙阻止对可疑信息的讨论。18个国家实行政治新闻审查制度。三十多个国家出于社会原因而过滤信息,拦截与性、赌博和毒品有关的内容。就连美国和很多欧洲国家也"有选择地"这样做。有时,这种拦截会被接受,有时却不行。如果过滤是隐秘的,公民就很难了解他们所不知道的事情。第一代过滤技术设备安装在国际互联网的关键节点,阻止由特定名单上的网站和地址发出的网络请求。这些技术通常为用户所知,但还有一些更尖端的技术更隐秘、更高效,能够"即时"瞄准反对者。在某些情况下,某个群体眼中的硬实力在其他群体那里就成了吸引力。在美国,当音乐界控告超过1.2万名美国人非法下载音乐侵犯知识产权时,被控告的人和很多没被控告的人都感受到了硬实力。但当苹果这样的跨国公司决定其iPhone产品不支持某些应用软件的下载使用时,很多消费者甚至都没有意识到他们的潜在议程被切断了,也没有人了解引导他们信息搜索的计算程序。

权力的第三个层面与某个行为体塑造另一个行为体的最初偏好有关,偏好形成后有些战略甚至都不用再去考虑了。当企业选择为其软件产品设计一种而不是另一种代码时,不会引起多少消费者的注意。政府可能会展开运动,使某些思想非法化,并限制那些思想在国际互联网上的传播,让公民很难了解它们。例如,沙特阿拉伯向公民封锁某些异教网站;为了让美国公民无法在国际互联网上赌博,美国政府采取了针对信用卡公司的措施;法国和德国不准在国际互联网上讨论纳粹思想。有时,各国政府会达成广泛共识,在国际互联网上一致封锁某些思想和图片信息,其中对待儿童色情作品的态度和做法就是一个例子。

自学指南

国家利益和国家实力是国际关系学中的两个基本概念,也是从国家层次分析国际关系的两个基本要素。主权国家以维护和实现自身利益为首要目标,而国家实力是实现国家利益的重要手段。所以,二者是国家对外行为的重要依据和决定性因素,也是国际关系学者分析国家对外行为的两个关键变量。

不过,国际关系三大主流理论对国家利益和国家实力有不同的看法。现实主义认为,国家最根本的利益是生存和安全,各国的国家利益是不可调和的;武力或武力威慑是维护和促进国家利益的主要手段,所以,国家实力主要是指国家的军事力量。自由主义国际关系理论则认为,国家利益除了安全之外,还包括独立和发展,各国的国家利益并非彼此冲突、相互排斥,国家之间可以通过合作而实现共同利益;国家实力除了军事力量等硬实力之外,还包括文化吸引力、国家凝聚力等软实力,软实力在国家实力中的地位上升。建构主义国际关系理论在自由主义的基础上更进一步,认为国家利益不仅包含国家的物质追求,也包括国家的精神追求,即对尊严和地位的需求,国家利益的具体含义和表现形式随着历史和文化的变化而变化;国家之间的实力对比并不决定国家的对外关系,国际关系的性质取决于国家之间在互动过程中形成的观念和共识。

国际关系学界对国家利益和国家实力的研究成果颇丰,读者可以通过阅读以下教材和论著来加深对国家利益和国家实力的理解。

邢悦、詹奕嘉:《国际关系:理论、历史与现实》,复旦大学出版社2008年版,第6章"国家主权与国家利益",第8章"国家实力"。

阎学通、何颖:《国际关系分析(第三版)》,北京大学出版社2017年版,第四章"国家利益和民族认同",第五章"综合国力和大国崛起"。

〔美〕布鲁斯·拉西特、哈维·斯塔尔:《世界政治》(王玉珍等译),华夏出版社2002年版,第6章"国家间关系:实力的基础及分析"。

〔美〕威廉·内斯特编著:《国际关系:21世纪的政治与经济》(姚远等译),北京大学出版社2005年版,第4章"国家的权力和财富"。

〔美〕约翰·罗尔克:《世界舞台上的国际政治(第9版)》(宋伟等译),北京大学出版社2005年版,第10章"国家实力和外交:传统的方法"。

〔美〕卡伦·明斯特:《国际关系精要》(潘忠岐译),上海人民出版社2012年版,第五章"国家"。

〔美〕亚历山大·温特:《国际政治的社会理论》(秦亚青译),上海人民出版社2008年版,第五章"国家与团体施动问题"。

〔美〕玛莎·费丽莫:《国际社会的国家利益》(袁正清译),浙江人民出版社2001年版。

〔美〕克莱因:《80年代世界权力趋势及美国对外政策》,(台湾)黎明文化事业股份有限公司1982年版。

〔美〕迈克尔·波特:《国家竞争优势》(李明轩、邱如美译),华夏出版社2003年版。

〔美〕约瑟夫·S.奈:《硬权力与软权力》(门洪华译),北京大学出版社2005年版。

〔美〕保罗·肯尼迪:《大国的兴衰》(陈景彪等译),国际文化出版公司2006年版。

第七章

国家实力的运用——外交

外交是运用智力和机智处理各独立国家的政府之间的官方关系……或者更简单地说,是指以和平手段处理国与国之间的关系。

——欧内斯特·萨道义①

外交是外交家对战略的执行,这种战略的目标在于在国际舞台上实现国家利益。

——莫顿·卡普兰②

外交本质上是一种政治活动,国家对外交要有充足的资源支持,从事外交者要有高超的艺术,外交是国家实力的重要组成部分。

——杰夫·贝里奇③

喋喋不休的争论总好于没完没了的战争。

——温斯顿·丘吉尔④

无论国内还是国外,唯有国家统治者才有撒谎的特权,他们可以为了国家利益而说谎。

——柏拉图⑤

---

① 〔英〕戈尔-布思主编:《萨道义外交实践指南》(杨立义等译),上海译文出版社1984年版,第2页。
② 转引自王福春、张学斌主编:《西方外交思想史》,北京大学出版社2002年版,第8页。
③ Geoff R. Berridge, *Diplomacy: Theory and Practice*, Houndmills: Palgrave, 2002, p.1.
④ 丘吉尔于1956年6月26日访问美国时发出了这个被广泛引用的声明。
⑤ 柏拉图:《理想国》。转引自〔美〕丹尼尔·贝克:《权力语录》(王文斌、张文涛译),江苏人民出版社2008年版,第154页。

1. 什么是外交？

外交（diplomacy）是指主权国家以及其他国际行为体，为了维护、实现和促进自身的利益，以国际法和国际惯例为基础，通过正式代表本国的最高领导和以专职外交部门为核心的中央政府部门，以通讯、访问、会谈、谈判、签订协议等和平方式处理国际关系和国际事务的行动和过程。

由这个定义可以看出，外交具有以下性质。

（1）外交最重要的主体是主权国家，外交是国家主权的象征和属性。此外，建立在主权国家相互联合基础上的政府间国际组织，如联合国、世界贸易组织、欧洲联盟等，是世界舞台上日益活跃和重要的行为体，它们与国家一样也是外交的主体。

（2）外交是采用和平方式来处理国际关系和国际事务的合法行为。和平方式是外交的一个根本属性。主权国家和国际组织依照外交实践中确立起的一系列外交惯例以及国际条约和协定确定的法律规范来进行外交活动，其中，谈判是一种最古老和最典型的外交方式。

（3）外交活动是政府间的官方交往，特别是在政治领域的官方交往，所以，外交的执行者主要是正式代表国家（或国际组织）的机构，包括中央政府、外交部和常设驻外使团。不过，在一些国家，在政府领导下的半官方和非官方的机构、社会团体以至个人的活动也可以视为外交活动。

（4）外交是科学、艺术与技巧的统一。外交需要遵守客观规律，尊重游戏规则，但也需要外交人员有超乎寻常的想象力和艺术性，在具体的外交活动过程如谈判、会谈中，创造性地将原则性和灵活性有机结合起来，能够根据事态发展和形势变化，灵活制定对策，恰如其分地通过相互妥协和让步，达到利益上的协调。

2. 外交有哪些功能？

外交是国家、国际组织等国际行为体在国际法和外交惯例的基础上，为了维护、争取、发展自身的利益或实现特定的目标，而进行的官方的、和平的对外活动。它对于协调国际关系、和平解决国际争端和维护世界体系的秩序，发挥着重要的功能。具体而言，外交有以下几个功能。

第一,沟通与互动功能。外交的必要性在于通过使馆、互访、会晤、谈判等沟通和互动方式,就各种问题与对方保持正常联系,彼此了解真实意图、战略、政策与利益,更好地相互理解和保护各自的利益,妥善处理矛盾与冲突,促进友好关系,推动合作与交流。21世纪信息技术和交通通信的革命性变革,极大地增强了外交的沟通和互动能力。

第二,谈判功能。当事各方存在着相互竞争甚至冲突的利益关系是国际关系中的常态,外交能够在多大程度上消除这种竞争和冲突的利益关系,取决于国家在多大程度上把外交理解为理性追求国家利益的手段。外交谈判的目的不是制胜,而是相关各方通过谈判找到可行的、双赢的妥协。职业外交官具备专业的谈判技巧、经验,富有想象力,往往由他们完成初步谈判之后,有关各方的高层领导才能最终达成并签署协议。

当地时间2017年7月19日,首轮中美全面经济对话在美国华盛顿举行,中国国务院副总理汪洋与美国财政部长姆努钦、商务部长罗斯共同主持对话。图为汪洋与罗斯握手。虽然此次对话未取得突破性成果,但双方通过坦诚交流,在某些重要议题上达成共识。

第三,搜集情报、信息的功能。掌握其他国家可能影响到本国的各种事态的发展,了解他国的政治、军事、经济和社会各领域的状况,摸清他国的内外政策及其走向,以便为本国制定正确的对外政策提供参考和佐证,为本国各项制度的完善和科技文化事业的进步提供外国的参考经验。所有的职业外交人员都有责任从事信息收集工作。他们通过跟踪接受国的广播、电视、报刊和其他公开的信息来源,收集并研究驻在国领导人的讲话、政府公告和官方材料,了解驻在国社会各方面的状况和动向;亲身接触驻在国的朝野各界人士和各国外交官员,广交朋友,尽一切可能通过合法途径获得宝贵的信息。

第四,管控冲突的功能。在矛盾、摩擦、冲突、危机的发展过程中,外交的功能在于防止其升级和激化,尽可能化解矛盾,减少负面影响,防止恶性的冲突行为,将矛盾和冲突限制在一定的范围内,或者通过协商与谈判,使冲突逐步降级,最终予以解决或消除。

3. 全球化时代,外交呈现出哪些特点?

全球化时代,外交的内外环境发生了较大的变化,从而对外交的内容、方式、手段和程序提出新的挑战和要求。概括而言,全球化时代的现代外交具有以下几个特点。

(1) 主客体多元化。主权国家仍然是国际关系和外交的基本行为主体。无论是双边外交还是多边外交,一个拥有近两百个国家的世界显然使得现代外交更加复杂。与此同时,大量的国际组织纷纷跻身国际关系和外交舞台,全球性的如联合国,地区性的如欧盟,在国际关系中扮演着举足轻重的角色。政府间国际组织是当今外交体系中的新主体;大量的非政府组织虽尚不是公认的外交主体,但因其广泛的跨国群众基础和所掌握的各种资源,在塑造外交议程、影响外交决策的过程中具有不可忽视的影响,成为外交主体需要关注的外交客体。此外,作为全球化一大驱动力的跨国公司也具有与非政府组织类似的地位。

(2) 议程多样化。当今世界,国家的外交不仅要服务于维护安全、政治独立和领土完整,也要促进国家的经济增长、科技提升、环境保护、人权保障、社会进步和文化发展。此外,全球化时代,国家之间的联系日益密切,世界体系的互动性和联动性加强,面对众多日益紧迫和严峻的全球问题,任何国家都需要与国际社会一同努力,为解决这些问题做出贡献。比如,防止大规模武器的扩散,应对全球气候变化带来的环境威胁,克服全球人口爆炸、资源短缺、贫富不均、毒品泛滥等诸多问题。如此一来,国家的外交所涉及的领域和范围无限扩展,几乎变得无所不包。

(3) 外交行为制度化。两次世界大战的惨痛教训促使人们寻求建立全球国际制度来保障世界和平与稳定,而经济全球化则要求建立普遍的全球或区域规制来调节相互依赖的国际经济关系。同样,其他国际问题的解决也需要国际制度的建立。现有的国际制度既有全球性的(如联合国和《防止核扩散公约》),也有区域性的(如亚太经合组织);既可以是正式的(如《保护臭氧层维也纳公约》),也可以是非正式的(如关于未来环境保护的《21世纪议程》);既有全能型的(如欧洲联盟),也有专门型的(如世界贸易组织)。形形色色的国际制度以及国际组织正在成为规范和调整跨国交流和国家行为的重要手段,为国家等行为主体的外交活动提供了行为规范和制度保障。

(4) 外交活动便利化。随着科技的提高和信息革命的到来,传统职业外交的重要性相对下降,各国领导人能够直接参与外交,首脑外交日益流行;新技术大大便利了外交官的国际旅行,带来了"穿梭外交"和多边外交的勃兴;新技术赋予公众参与对外事务的各种便利条件,催生了公众外交的新现象;新技术也大大加快了外交的节奏,促使各国领导人对突发的外交事件进行及时回应。

4. 什么是多边外交？有哪些特点？

多边外交(Multilateral Diplomacy)是指两个以上国际行为体通过国际会议、国际组织等多种沟通渠道,就共同关心的问题进行磋商、协调,以寻求解决方法。二战以来,尤其是冷战之后,多边外交发展迅速,成为国际社会处理重大问题的重要外交方式。其原因在于：交通和通信技术的迅猛发展为多边外交提供了便利；全球问题的凸显和日益严重促使世界各国共同探讨解决之道；多边外交为世界体系中的中小国家发挥作用提供了机会；与双边外交相比,在多边组织框架内解决国际重大问题更容易获得合法性。

国际组织和国际会议是多边外交最为活跃的两个场合,下面分别加以介绍。

围绕国际组织的多边外交。国际组织在当代有了迅速发展,各种类型的国际组织约有5万多个,重要的国际组织已达4000多个。全球性国际组织的成员几乎遍布全世界,其中联合国体系最为庞大；区域性国际组织的成员则覆盖特定区域,它们所处理的问题涉及全球社会的各个领域。这些国际组织为开展多边外交提供了广泛而固定的舞台。国际组织中的多边外交,涉及国际组织的建立、规则的制定、机构的设置和权力的分配,涉及国际组织的日常管理、议事日程、政策决定和组织实施。有关各方通过参与国际组织的活动达到特定的外交目标。

围绕国际会议的多边外交。多边外交最早是从临时的、不定期的国际会议发展起来的,国际会议一直是多边外交的主要形式。与国际组织相比,国际会议的发起比较随意和灵活。它们的召开不一定是为了建立一整套调整国家间关系的规则和制度,而是为了促进有关国家的共同利益,或者调解涉及有关国家利益的地区冲突,缓解紧张局势,内容涉及政治、安全、经济、社会、生态、文化等议题。联合国及其附属机构每年举办的大型国际会议是多边外交的盛会。

联合国大会召开时的情景。联合国大会由所有联合国成员国组成,每年定期举行一次会议,由秘书处负责筹备。大会一般在每年9月的第三个星期二开幕,通常持续到12月中下旬;分为两个阶段,前半期为一般性辩论阶段,后半期是大会审议列入议程的各项议题阶段。

多边外交有以下一些特点。

(1) 多边外交是一种制度外交。进行多边外交的前提条件是各方接受共同的游戏规则,所以,多边外交实际上是一种依据普遍行为原则,协调三个或三个以上国家行为的制度形式。作为制度化的外交形式,多边外交特别强调程序的重要性,任何外交行为都必须按照事先约定的程序进行,尤其是在国际组织的多边外交中,相关议事日程和会议程序是根据国际组织章程,由会员国共同协商制定的。此外,所有集体行动都必须遵循商定的决策规则。在实践中,多边外交主要存在三种决策规则:一是全体一致原则,即决策方案的通过需要全体投票者一致投赞成票,若有一人投反对票,则该方案不能通过,联合国安理会即实行这样的投票规则;二是多数原则,即获得赞成票最多的方案得以通过,包括绝对赞成票超过全部票数的1/2或2/3或只是相对多数等多种形式;三是共识决策原则,有关国家通过协商形成最大限度的一致意见,且不存在来自任何一国的正式异议,决议便形成。

(2) 多边外交是一种集团外交。从理论上讲,针对每一个议题的表决,都存在赞成、反对、弃权三种态度的可能性。只要多边外交有四个以上的国家参与,必然存在政策立场上"合并同类项"的过程,结果就会产生集团分化。集团分化的方式可能是基于地理范围的地区性集团,可能是基于已经形成国际组织的政治类集团(如伊斯兰国家集团、非洲联盟、阿拉伯联盟),也可能是基于在特定议题上的共同利益临时组成的集团(如全球气候大会谈判过程中产生的小岛国家联盟)。集团的存在一定程度上简化了多边外交,减少了实际卷入多边外交的参与方,从而有利于提高多边外交的效率,但也有可能对多边外交的目标——形成一致遵守的普遍原则或共同履行的决议——构成挑战。

(3) 多边外交是一种公开外交。多边外交是外交公开化的产物,没有外交公开化,就不可能有多边外交,因为多边外交不可能秘密进行,尤其是那些有众多国家参与的大型多边外交活动。大多数多边外交活动非但不保密,反而希望成为国际社会和媒体广泛关注的热点,以突显会议议题的重要性。由此,围绕会议背景、议程安排、各方政策主张、可能的外交博弈以及可能的前景等问题的新闻报道成为多边外交的一大特点。不过,也有学者批评说,有些多边外交越来越像是一种高调亮相或者集体表演,而不是对实质问题的认真严肃的讨论。

> 不断发展的多边外交已在促使传统意义上的双边外交日趋衰落。因为,毋庸置疑,纯粹的双边外交再也不能胜任试图解决当今国际关系密切联系的问题的重任。
>
> 〔荷〕纳西蒙特·席尔瓦①

5. 多边外交与双边外交是什么关系?

双边外交(Bilateral Diplomacy)是指两个国际行为体之间的外交活动,而多边外交是指两个以上的国际行为体之间的外交活动。二战以来,多边外交的重要性与日俱增,成为解决国际社会重大问题的一种重要方式。不过,多边外交的发展并不一定导致双边外交的衰落。多边外交与双边外交是一种既相互竞争又相辅相成的关系。

第一,多边外交与双边外交共生并存。当今的世界既存在大量的双边问题,也存在许多崭新的多边问题。因此,国际舞台上的外交不仅继续需要传统的双边外交,也需要发展各种适当的多边外交方式。只要以主权国家为主要行为体的国际体系不发生重大的变革,双边外交的重要地位是不会失去的。

第二,多边外交规范双边外交。成功的多边外交往往确立起规范各国行

---

① 转引自周启朋等编译:《国外外交学》,中国人民公安大学出版社1990年版,第122页。

为的多边规则,建立起新的多边机制。这些多边规则和机制对国家间的双边外交起着规范和调节的作用。当然,多边外交的规范能力目前仍是有限的。一方面,除了贸易等少数领域外,多边规则多为一般性的规则,从而为双边外交留下了广阔的活动空间;另一方面,即使在贸易这类严格实行多边管理的领域,贸易争端仍首先要通过双边外交来解决。只有在双边外交不能解决时,才会诉诸世界贸易组织的争端解决机制。

第三,多边外交支持双边外交。如果我们观察每一次的多边外交实践将会发现,其实任何一次的多边外交活动都穿插着许多双边外交活动。而且,一些多边外交事件为不愿意进行直接双边会面的两国外交代表提供了双边外交的机会和借口。例如,1993 年 11 月,美国总统克林顿在西雅图发起了亚太经济合作领导人非正式会晤,从而实现了中国国家主席江泽民在 1989 年之后对美国的首次访问和中美两国首脑的首次会晤。

第四,多边外交依靠双边外交。多边外交旨在寻求各国或国际社会共同关注问题的解决,而寻求多边一致的关键是获得主要国家的双边一致。在这个意义上,多边外交的成功仰赖其间成功的双边外交。在欧洲一体化的长期进程中,正是法国和德国之间的密切合作和协调为欧洲一体化的不断深化提供了强大的驱动力,形成了所谓的"法德轴心"。

第五,多边外交比双边外交更为复杂。多边外交的复杂性源于三个方面:行为体增多带来的复杂性,比如多边外交的决策机制就比双边外交更为复杂;议题增多带来的复杂性,多个行为体将各自的议题带入多边外交,形成议题成堆和议题之间纵横交错的复杂局面;行为体角色增多带来的复杂性,在多边外交中一个国家的多重身份,如中国的大国身份和发展中国家身份,将给中国处理与其他大国和发展中国家的关系带来困难。

6. 什么是首脑外交? 它有哪些作用和局限性?

首脑外交(Summit Diplomacy)是指国家元首、政府首脑或其他政治实体的最高领导人直接参与外交活动。首脑外交的方式包括国事或工作访问、正式或非正式会议与会晤、热线联系等。首脑外交自古有之,但随着交通、信息技术的革新和国家间交往的深入,它正从传统的礼仪性走向当代的实质性,从过去的偶尔为之发展成为当代主要的外交方式之一。

2016年3月20—22日,美国总统奥巴马对古巴进行历史性访问,成为88年来首位访问古巴的美国元首。此次访问标志着两国正式结束了长期的敌对关系,全面恢复外交关系。

首脑外交的盛行,反映了当代外交工作的新内涵、新要求和新趋势。当代世界面临着大量重大而紧迫的政治、经济、全球公共事务议题,急需国家首脑们当面迅速予以解决,以适应快速发展变化的世界形势和国际关系的需要,避免因授权有限的外交机构及其固有的程序而造成拖延。

具体来说,首脑外交主要有以下功能。

(1) 突破功能。国家元首或政府首脑是该国外交政策的最高决策者,他们对外交的直接介入,既有助于相关国家最高当局澄清是非、消除分歧、达成谅解与共识,又可以与对方迅速而直接地决定重大的外交问题。如果双方本着诚实互信、平等友好的原则,就可以使国家关系获得突破性进展。

(2) 公关功能。首脑外交往往是一个国家政治生活中的大事,大国首脑外交往往能够引起世界各国民众和舆论的高度关注。在强劲的视听轰炸下,人们对于另一个国家的认知越来越依靠政治领袖、领导人的"绝佳表演"。目前,各国政府都已经逐渐意识到塑造首脑形象对于外交的意义,各国外交的聚集点已经开始了从实力政治到形象政治的转移。

(3) 沟通能力。首脑外交是首脑个人直接参与的外交活动,政治首脑可以凭借其显赫的政治地位,对他国的政治家和广大民众进行说服,扮演意见领袖的角色。在多数情况下,政治首脑的讲话和发言,往往能够为国家间关系提供一个方向性的指引。一旦两个国家首脑之间形成某种共识和信赖,就会对两国民众之间增进理解和两国政府关系的改善产生重要的激励作用。

不过,首脑外交虽有助于通过首脑之间的直接接触,消除国家之间的误解和偏见,加深彼此之间的理解,为国家关系的发展创造良好的氛围,但首脑外交一般只能产生短期效应,不可能解决国家之间根本性的利益冲突和矛盾。

7. 什么是公共外交？有哪些特点？

公共外交(Public Diplomacy)又被称为公众外交,是指一国政府部门和官员或在其主导下地方政府或非政府部门,通过与国外的组织、民众和个人建立联系、保持对话、传递信息、文化交流、人员往来等形式进行的外交活动,旨在增进外国公民对本国对外政策的了解、认同和支持,以树立本国良好的国际形象、提高本国的国际地位和影响力。

公共外交具有以下特点。

(1)公共外交是政府或政府主导的对外活动。公共外交是政府行为,它可以是政府的直接行为,如政府官员与外国公众通过媒体、演讲等手段进行的直接交流,也可以是政府指导下的外交活动,政府将公共外交的具体活动分包出去,交由政府控制的其他公共机构或挑选出的民间机构去负责执行,政府负责提供政策指导和活动资金。

2014年4月1日,习近平主席在比利时布鲁日的欧洲学院发表关于中欧关系的重要演讲。欧洲学院成立于1949年,是全球最负盛名的专注欧洲事务研究的研究生教育学术机构之一,同时也是欧盟的重要智库和欧洲未来政治家的摇篮。

(2)公共外交是针对外国公众,而不是外国政府的活动。公共外交的主要对象是外国公众,如果将外国公众分为一般公众和精英人士的话,精英人士由于在国家的知识界、媒体、经济、社会等领域的重要位置而拥有比一般公众更大更直接的影响力,因此成为公共外交的主要对象。例如,大国领导人出访时,常常会选择到该国的一所知名大学进行演讲。

(3)公共外交的内容主要是国际文化交流和文化传播等活动。文化交流活动的内容非常广泛,包括文化艺术交流、人文交流、学术交流、研究支持、语言推广等。这些活动可以使外国公众通过与本国相关机构、社会团体或个人的直接接触,甚至在本国的亲身体验,产生对本国较为全面客观的认识乃至好感。

(4) 公共外交的目标可以是多层次的,最低目标是消除外国公众中存在的对本国的误解和敌意。因此在推动公共外交的过程中,要充分考察不同国家国内公众对本国的认知,尽可能有针对性地开展工作,以达到消除误解,增进理解的目的。

公共外交是全球化时代兴起的一种新的外交形态。由于社会公众在一国对外决策中的作用和影响越来越大,政府的对外政策的制定和实施必须考虑到民意,民意成为国家间关系得以改善和提升的基本条件。在此情况下,做好对他国公众的沟通和解释工作,争取他国民众对本国政策的理解和支持,成为一种实现国家对外政策目标的手段。

与传统的外交形式相比,公共外交具有受众的多元性、手段和方法的软软性以及目标的层次性和长远性等特点。我们应对公共外交的作用有客观的认识。公共外交的最终目的是通过树立本国良好的国际形象来提升本国的软实力和国际影响力,但良好的国际形象一般不是由这个国家政府推动的公共外交促成的。人们对一个国家的良好印象主要是靠正常的、自然的社会交往和文化交流获得的,如对该国文化艺术的兴趣、对该国具有国际影响力的公众人物(如影视明星、球星)的青睐等。因此,在大力推动公共外交的同时,国家必须进一步修炼"内功",增强自身文化的吸引力,遵守国际规范和国际法,增强对外政策和行为的合法性,通过拓展多层次的、多种形式的社会交往活动来树立本国的国际形象。

> 就公共外交而言,民间组织和公众是台前主角,政府和外交官更多是在幕后扮演主导角色。在多数情况下,借助于其他社会力量与海外公众交往要比政府直接出面和外交官亲自操作更有助于目标的实现。
>
> ——赵可金[①]

---

① 赵可金:《外交学原理》,上海教育出版社2011年版,第310页。

宋美龄访美

8. 什么是经济外交？经济外交有什么作用？

经济外交（Economic Diplomacy）是指国际行为体（主要是主权国家，也包括各类国际组织、跨国公司等）为了解决经济问题（如协调经济关系、维护经济秩序、应对金融危机），或以经济手段达到特定的政治目的（如对外经济援助或经济制裁），而开展的访问、谈判、签订条约、参加国际会议和国际经济组织等多边和双边的活动。

经济外交的主体以主权国家为主，同时也包括全球性和区域性的国际经济组织，以及国际行会、商会等国际非政府组织、跨国公司等行为体。例如，欧洲联盟是"20 国集团"（G20）的正式成员，同时，国际货币基金组织的总裁和世界银行的行长等国际组织的重要人物也参加 G20 部长级会议。

经济外交所要解决的国际经济问题，最初主要是两国或多国之间的对外经济贸易问题，现在已经扩大到包括国际经济决策、立法、执行、监督和咨询等更广泛的领域。经济外交有访问、谈判、签订条约、参加国际会议和国际经

> 经济外交有经济之精妙，又有外交之玄雅。现代经济外交是世界经济和人类文明高度发展的产物，是须按市场规律办事和依法办事的涉外经济活动。……要想在经济外交这个特殊战场上立于不败之地且受人尊敬，不仅要掌握外交、规则、艺术和技巧，还要懂得经济学的原理和方法。
>
> ——何茂春[①]

---

① 何茂春编著：《经济外交学教程》，世界知识出版社 2010 年版，前言。

济组织等多种形式,其内容包括对外贸易、国际投资、经济技术合作、对外经济援助、对外经济制裁和反制裁等。经济外交既可以是目的,国家以此谋求扩大本国经济利益或解决实际的经济问题,也可以是手段,国家利用其经济实力来实现本国的政治利益或对外战略目标。

经济外交的作用可以归纳为以下几个方面。

(1) 增强本国经济实力和国际地位,维护本国经济利益。在当今国际社会,国家的综合实力和国际地位在很大程度上是由该国的经济实力所决定的。在经济全球化的大趋势下,每个国家都同时面临着难得的机遇和严峻的挑战,保卫国家的经济安全、提升国家经济竞争力对每一个国家来说都是至关重要的。与此同时,国家之间的利益关系主要体现在经济上的竞争与合作。经济外交就是通过制定和执行经济政策或协商、谈判等外交手段来调整国家间的经济关系,以达到增强本国经济实力的目的。

(2) 协调国际经济关系,解决国际经济争端。在各国角力经济实力的今天,激烈的竞争和各种各样的经济争端是不可避免的。这些国际经济争端如不能及时解决,必将破坏国际经济关系,程度轻的可能只影响几个国家,程度重的则会导致全球性的经济混乱。令人高兴的是,绝大多数经济争端都通过经济外交活动得到了解决。事实证明,经济外交活动是协调国际经济关系、避免引发更大的国际经济危机的最重要的途径。

(3) 开展经济合作,化解国际经济危机。随着世界经济一体化和全球化进程的深化,国际经济危机发生的频率越来越高,传播的速度越来越快,波及的国家和地区也越来越广。战胜危机最迅速、最有效的做法是各国积极开展经济合作,这种合作的最高层次是经济外交。经济外交能够促使各国在原则问题上达成一致,使有关国家的经济不同程度地服从化解国际经济危机的需要而做出调整,最大限度地调动国际力量援助危机中的国家。

(4) 维持和改革国际经济秩序。经济全球化和世界经济一体化要求全球经济秩序化,要求有关国家按照共同制定的规则享受权利和履行义务,而规则的制定和秩序的建立必须依靠经济外交的途径。同时,当今的国际经济秩序中存在的诸多不公平、不合理之处,也需要通过经济外交的途径加以改革。

9. 什么是经济制裁?为什么经济制裁有时不能发挥作用?

从国际法的角度上看,经济制裁(Economic Sanctions)是一国或数国对破坏国际义务、条约和协定的国家,在经济上采取的惩罚性措施。其方式有:封锁、禁运、冻结资产、扣船、抵制货物、终止贸易、停止财政上的一切来往等。经济制裁在国际关系中常被作为报复手段加以使用。《联合国宪章》就把经济制裁作为制止侵略的手段。但在现实的国际关系中,经济制裁也是某些国家实现其政治、军事、经济目的的手段,也是霸权国家维护其霸权的工具。

经济制裁包括双边经济制裁和多边经济制裁两种。双边经济制裁有两种情况:一种是一国对另一国实行的经济制裁;另一种是两国相互实行的经济制裁。多边经济制裁是国际组织或国家集团对特定国家或国家集团实施的经济制裁措施。

不过在实践中,经济制裁很多时候不能发挥预期的作用。就双边制裁而言,其实施的结果不仅取决于双方力量对比,还取决于整个国际政治经济关系的格局。对被制裁国来说,制裁国往往是强者,但强者难以阻止被制裁国与其他国家发生经贸关系。在许多情况下,强者会要求其他国家就经济制裁予以配合,但这很难做到,因为其他国家会因中止与被制裁国的贸易而付出高昂的成本。此外,制裁给竞争伙伴提供了机会,它们往往乘虚而入,占领制裁者原来的市场。其他国家不愿配合支持,已经使制裁结果大打折扣,如果制裁者的市场又被其他国家夺走,必定会使制裁国陷入被动,还会激化制裁国与其他国家的矛盾。

而在多边经济制裁中,一般来说,参与制裁的国家会因利益不同而对制裁持不同态度,进而影响制裁所能发挥的作用。如果被制裁国与其有巨大的利害冲突,或是威胁到其他地区乃至全球利益,或是威胁到其安全,该国的制裁态度通常是坚决的;如果被制裁国与其没有根本的利害冲突,或是虽有根本利害冲突,但自己不是对方的主要对手,其态度往往比较温和;如果认为制裁别国会使其得不偿失,取消制裁会取得更大的利益,该国的态度就是动摇的,甚至会放弃制裁。此外,制裁国之间的利益竞争也会使它们调整甚至改变立场,被制裁国也会利用制裁国之间的矛盾突破制裁。

另外,经济制裁是一把双刃剑,既能伤害对方,也能伤害自己。一般说来,制裁方给对方造成的损失会比被制裁方的反制裁给自己造成的损失大得多。不过,对制裁方来说,它可能也要承受商品出口的减少、失业人数的增加、必须进口的重要原料和生活用品的紧缺等后果。对被制裁方来说,短期来看,其经济会遭受不小的打击。可是,这有可能迫使它降低对制裁国的依赖程度,自力更生地发展本国经济,或是建立多元的国际经济关系。从长远看,坏事很有可能转变为好事。

总之,作为一种惩罚性的措施,不管是双边经济制裁还是多边经济制裁,在很多情况下,其象征性意义大于其实质意义,它一方面是表达对被制裁国行为的强烈反对,另一方面旨在对其他国家起到警戒作用。

2014年乌克兰危机爆发后,美欧对俄罗斯实施经济制裁,对俄罗斯经济造成严重危害。俄罗斯股市和汇率不断下跌,俄国产品出口下降,工业生产连续零增长,投资增速持续为负,资本外流加剧。这使受到2008年金融危机打击的俄罗斯经济进一步雪上加霜。与此同时,俄罗斯也采取大量反制措施,禁止进口产自美欧等一些国家的部分食品。总之,经济制裁让制裁与被制裁双方都受到损失。

10. 有效的外交应遵循哪些原则?

优秀的外交是一门艺术,但这并不表明外交没有任何规矩。实际上,如果遵循一些外交的普遍原则,就可以提高外交成功的可能性。这些原则包括:脚踏实地、审慎发言、寻找共同点、换位思考、沉着冷静和留有余地。

脚踏实地就是指要确定符合实际的目标,过高、过大和太过理想的目标都不可取。换句话说,国家要认清自己所处的环境和自己的利弊条件,面对现实,不要做春秋大梦,形势比人强。制定力所能及的外交目标是外交成功的前提。

审慎发言就是事前要深思熟虑,话出口后就要坚决执行。外交场合讲究不轻易允诺,但话一出口,就不能出尔反尔。老练的外交人员都会对自己的发言思虑再三,说出去的话就像泼出去的水一样收不回。

寻找共同点就是要找到相关国家的共同利益所在,这是和平解决争端的关键。在这方面,切忌以为本国是光明的使者和完美的代名词,而对手是邪恶的化身。这样的话,必然导致谈判变成圣战,冲突无止无休。

换位思考就是要尽量理解对方的处境,站在对方的角度思考问题。国家之间有时会因文化差异、信息缺乏或者误解而妨碍正常的沟通和交流。所以,在国际交往中,即使不同意对方的做法和言行,也要去想想为什么他要这么做。

沉着冷静就是遇事不急不躁、等待时机。外交不是一件一蹴而就的工作，过于急躁不是毁了谈判，就是给对方留下软弱和没有底气的印象。除非其中一方实在强势，否则谈判不可能很快结束。有的时候，谈判只是一种拖延时间、延缓危机爆发的手段，那就更需要足够的耐心。

留有余地就是在保全自己面子的同时要照顾对方的心理感受，不要轻易下最后通牒。"买卖不成仁义在"，很多国家早晚还是要继续打交道，一次谈判不成也用不着割袍断交，日后可能还有其他的合作机会。

> 以下是我认为完美的外交家需要具备的素质。忠于事实、准确、冷静、耐心、风度翩翩、谦虚和忠诚。它们同时也是完美的外交需要具备的条件。"但是，"读者可能会反对，"你忘了知识、洞察力、谨慎、好客、迷人、勤劳、勇气，还有圆滑。"我并没有忘，我只是将它们视为理所当然而已。
>
> ——哈罗德·尼克尔森①

拓展阅读

1. 外交有哪些选项？

外交实践在很大程度上是一种艺术而非一门科学，要想取得成功，就必须根据情势和对手的不同而选择不同的外交方式。具体而言，为了应对不同的情势和对手，外交人员必须在以下问题上作出选择：

直接谈判还是间接谈判？

是相互之间直接谈判，还是通过中间人进行间接谈判，这是外交人员必须做出的一个选择。直接谈判的优点很明显：首先，它可以避免因中间人等第三方而引起误解。自古以来，信息在传递过程中被歪曲的事情经常发生；其次，直接谈判的效率也比间接谈判要高。此外，直接谈判本身就能成为一个向有关各方发出的信号。

间接谈判也有优点。直接谈判会带给谈判对手一定程度的合法性，但有些时候，一国可能恰恰不愿增加对手的合法性。比如，在朝鲜核试验问题上，

---

① 转引自〔美〕康威·汉得森：《国际关系：世纪之交的冲突与合作》（金帆译），海南出版社、三环出版社2004年版，第220页。

美国坚持不与朝鲜直接谈判。此外,在间接谈判中,即使本国的建议遭到对方的拒绝,也不会让本国外交面临窘境。

高层外交还是低层外交?

外交人员必须在是进行高层接触还是低层接触之间做出选择。显然,接触的层次越高,或发表声明的官员地位越高,对方就越重视发出的信息,因为这些信息意味着更可靠的承诺,并可能预示着更强烈的反应。所以,大多数情况下,国家首脑口头和书面声明都会得到别国的高度重视。

不过,有些时候,低层外交的优势也很明显。进行低层沟通可以避免反应过度和保持灵活性。比如,作为"试探气球",内阁官员或军方可以发出威胁,如果事后发觉此举不妥,还可以由更高层的政治领导人出面否认或收回威胁。还有些时候,外交过程不得不使用非政府组织或个人,有学者称之为"二轨外交"。二轨外交可以单独进行,也可以与官方外交结合起来,形成双轨外交。

使用威胁还是奖励?

为了达成协议,是挥舞大棒进行威胁,还是提供具有诱惑力的胡萝卜,这是外交人员必须做出的又一个抉择。那么,为了让对手做出符合自己意愿的回应,外交人员是应该提供奖励,还是发出威胁呢?

除非你既有实力,又有使用该实力的意愿,并能让对方相信你真的会使用实力,否则威胁是不会取得什么成效的。威胁外交存在很多不足,常常导致没有准备的战争,不仅代价惨重,而且结果也不可预测。因为如果威胁不起作用,那么发出威胁的一方就会面临两难选择。一方面,如果不将威胁付诸实践,那它就会给人留下软弱的印象。这不但会刺激危机中的对手采取更大胆的行动,也可能会导致其他方面的弱势以及遭到对手的轻视;另一方面,如果真动用武力和财力去实施其所宣称的惩罚,即使行动取得成功,那也意味着威胁外交的失败,同时,国家将会遭受人员和财产的损失,并有可能背上始料未及的长期负担。

很多时候,同发出威胁相比,提供奖励可能更能刺激对方做出符合自己意愿的回应。有些时候,你可以"买到"你"赢不了"的东西。通过增加援助、贸易让步、国事访问以及其他有形或无形的奖励都有可能推动协议的达成。通常,最有效的外交是既可以在必要时发出威胁,也可以在需要时提供奖励。

措辞精确还是有意含糊其词?

大多数外交人员都强调外交谈判过程中措辞精确的重要性,但有些时候,含糊其词也是非常必要的。

措辞精确是外交的一大特点。确保书面和口头交流时措辞的准确无误,可以有效防止对方产生误解。而且,措辞精确,尤其对于国家领导人来说,能表明一国承诺的真实性和可靠性。不过，在某些情况下，含糊其词也是有好处的。含糊其词可以掩盖无法调和的分歧和矛盾，还可以使一国在必要时从原有立场上后退而不至于有损颜面。此外，在面临危机或困境时，还可以避免过分刺激外交对手。

运用言语还是行动进行沟通？

外交沟通的方法有两种：一是言语，二是行动。这两种方法互有长短。

无论是政府之间的直接外交还是通过公共外交，口头和书面沟通都是比较合适的谈判方法，而且也是一种适宜的向对方发出信号的战略。因为它只需付出很小的代价，就能表明自己的立场。而且，与采取实际行动发出的信号相比，口头和书面沟通的灵活性更大。

与通过言语发出的信号相比，通过行动发出信号通常更加引人注意，而且也有其优点。一些信号可以通过低层或者一些无碍大局的行动发出。例如，一国可以通过取消已经安排好的与另一个国家的某个文化交流活动来表达对另一国的不满。采取更为强硬的行动信号也可以，从宣布部队进入警备状态到部署军队，再到有限制地展示军事实力，这些不同的军事行动都可以向外界发出强烈的信号，但这种做法相当危险。因为与从言语或微妙的行动后退相比，从引人注目的实际行动后退要难得多。

将外交问题挂钩还是分别处理？

在外交过程中，一国是应当一个一个地处理它和别国之间的各种问题，还是应该将这些问题相互挂钩？对这个问题，仁者见仁，智者见智。

支持将外交问题挂钩的人认为，如果别国敌视本国，本国与他国是敌对关系，那么和它在其他问题领域（如经济领域）保持正常关系是不太合适的。而赞成分别处理外交问题的人则宣称，脱钩可以在一些没有尖锐冲突的问题领域取得进展，而且还可以保证沟通渠道的畅通。总体上来看，美国在对外政策中一直运用挂钩政策，即将美国的对外援助或对外制裁与该国的民主、人权状况联系起来。不过，美国的对外政策也会进行调整。在奥巴马总统时期，美国改变了对古巴的长期制裁政策，双方恢复了正常的外交关系。

把冲突最大化还是最小化？

当冲突发生时，是提高还是降低冲突的层次，这是外交人员必须做出的一个选择。通过将冲突与国家生存和安全、世界和平以及其他一些主要原则联系在一起，使冲突最大化，不仅可以引起相关各方对冲突的重视，也可以增强自身行为的合法性和正义性。2001年"9·11"事件后，布什总统公开发表演讲，认为这是恐怖主义对人类文明的挑战，恐怖主义是全人类的敌人，由此发动了打击恐怖主义的战争。在1996年的"台海危机"中，中国总理李鹏发表公开声明,指出台湾问题是中国的"核心国家利益",此事关系到中国的"领土完整和统一事业"。这个声明向全世界宣示了台湾问题对中国的重大的利害关系。

最小化冲突的优点也是非常明显的,它有助于缓和紧张局势,防止冲突升级。例如,1999年,以美国为首的北约以"人道主义"的名义对南联盟进行军事打击,发生了轰炸中国驻南联盟大使馆的事件。事件发生后,美国政府马上发表声明称这是"误炸",克林顿总统公开向中国道歉,美国"最小化冲突"的举措防止了中美关系的恶化。

最后,需要说明的是,尽管以上分析了各种外交选项的优缺点,但这并不能取代技巧和智慧在外交中的关键作用。正如明白比赛规则并不能保证比赛获胜一样,理解了这些选项的优缺点也无法保证外交的必然成功。当然,掌握这些基本知识或规律有助于提高外交成功的可能性。除此之外,外交人员个人能力和随机应变也是决定外交成败的重要因素。

2. 文化在国际谈判中的作用[①]

谈判可能是一项与地球一样古老的活动,我们的时代是一个谈判的时代。国际谈判不仅是国际社会国家间开展合作的产物,也是促进国际合作的一种有效手段。随着技术的发展,现代社会中的人们在空间上的距离缩短了,交流和互相影响的机会增加了。因此,谈判的机会也显著地增加了。这也意味着越来越多的人会聚集到谈判桌前,并且也为文化的碰撞提供了条件。在国际谈判中,文化的影响力犹如空气之于万物,无时不在并总是起着重要作用,谈判的参与者、结构、策略和过程都透露出文化的微妙影响力。文化在国际谈判中的作用既可以是障碍,也可以是推动器。

> 这种基督教精神(进取的、进攻的性格)对西方外交的目的性和宗旨有着相当深的潜移默化的影响。当把这种精神同宣扬自己的价值观结合起来,以之为"天职"和"使命"的时候,外交就同意识形态联系在一起。此时的外交绝不只是为了解决国与国悬而未决的争端而运用的具体谈判技巧,而是文化价值传播的航道。
>
> ——陈乐民[②]

[①] 节选自〔奥地利〕维克托·克里蒙克主编:《国际谈判:分析、方法和问题》(屈李坤、赵围、樊海军译),华夏出版社2004年版,第23章。

[②] 陈乐民主编:《西方外交思想史》,中国社会科学出版社1995年版,第10页。

通常所观察到的情形是，文化对谈判的影响是微妙的。然而，这种微妙性并没有减少文化的重要性，而仅仅是使得它更不显著了。文化的微妙影响与谈判的关键部分直接相关，比如参与者、结构、策略、过程和结果。

文化是由谈判人员带到谈判中来的，不论这些谈判人员是个体、集体或组织。这取决于他们是如何看待谈判的。对美国人来讲，谈判主要是一种交换活动；而对日本人来讲，它更多的是一种关系。谈判人员如何安排谈判场合以及如何处理它都受到他们自己文化的影响。

道德标准也会被谈判人员带到谈判中来。在应该做的和不应该做的以及应该容忍的和不应该容忍的事情之间所划分的文化界线在不同文化里是变化的。在有些文化中人们容易采取的行为如撒谎、欺骗或贿赂，在另外的文化中是绝对不能接受的。

谈判的结构成分，比如法律框架和组织设置，也是离不开文化的。它们是很有代表性的社会产品。其他的结构性因素包括：涉及的参与方数量、濒临危险的问题的数量、在参与方之间的权力分配，以及对外面的旁观者比如媒体来说谈判过程的透明（公开）程度。

谈判策略的选择受到利益和价值观的指引，而利益和价值观又涉及文化。在一些文化中，行为是直接的，冲突被广泛地接受，问题被迎面碰到；在另外一些文化中，行为是间接的，冲突并不是公开被承认，问题只是转弯抹角地被间接提及。例如，俄罗斯趋向于从实力的立场开始谈判，而且并不介意采取攻击性的战术，比如威胁；而日本非常不愿意直接与对手发生冲突。

谈判各方所设立的目标在某种程度上也受到文化的影响。例如，西方人极大地受到公平观念的影响，注重基本的原则和法规以及同类的规则；与对遵守规则和抽象原则的关注相比，中国人更关心的是在谈判的参与者之间保持协调，或保全面子，有时他们甚至对这些规则视若无睹。

文化可能会影响谈判者用于达成协议的方法。有些文化，比如法国和德国的文化，偏爱一种演绎的方法，首先寻求可接受的原则，然后再把它们运用到具体的问题中。其他文化，比如美国的文化，更愿意采用归纳的方法，它们独断地处理所遇到的困难，可能仅仅只有在最后才能看得出基本的原则。

在多边谈判中，当建立联盟时，文化可能有决定性作用。一些参与者将会同意与有着共同利益的人合作，而不考虑他们是谁；其他参与者仅仅只同有着相同价值观的人合作。前者可以被称作马基雅维利文化，后者可以被称作原则性文化。

谈判过程可被定义为谈判的核心，是谈判者之间真正的相互作用。这一相互作用由各种被用来设计交流信息、创造新选择、分配资源或进行让步的步骤和战术所组成。这些行为是与价值观念相关的,在一种文化中被认为是合理的行为在另一种文化中可能完全不能接受。例如,不遵守诺言或不让对方知道截止时间可以从完全不同的角度来考虑。在一些文化中,有礼貌比讲真话更重要。欺骗和进行威胁在一些社会中被视为谈判人员可以利用的可接受的方法;而在其他社会中,采取上述行为是中断整个谈判的最充足的理由。

交流是谈判过程中另一个主要的组成部分。它的效果极大地受到跨文化的差异的影响。当交流是间接的,它的内容是含糊不清的,有关的反馈也不足时,谈判就需要大量来自参与者的解码。于是,文化和背景为精确地理解由对方所传递的讯号提供了两种主要的工具。差异不仅存在于所表达的内容里,而且还存在于它们是如何表达和讨论的社会背景中。

日本人微笑的意义是一个有趣的例子。日本人的微笑可以被理解为一种礼貌的掩饰,它是一堵不透明的墙,一个人可以在后面观察其他人。它可以表达合作或拒绝,喜悦或愤怒,确定性或完全的无知,信任或不信任,愉快或窘迫。一个人只有对日本文化有一定的了解,并且清楚微笑发生的环境,才能理解其真正的含义。

在世界上的许多地方,礼节在谈判中可能是一个基本的部分。礼节可以被定义为带有象征性特征的任何正式的行为。礼节通常被许多西方人看作是毫无意义的;而在中国,正是这种表现礼节的能力把一个文明人同无赖区分开来。在谈判中礼节性的行为有很多,比如把用双手呈递名片视为对对方的敬重,穿正式的服装出席宴会;同时,还有一些特定的礼节,包括演讲、祝酒、会议期间的先后次序原则、称呼人们的方式、对符号和数字(通常也是有意义的)的处理以及协议的签署仪式等。中国的谈判人员将根据他的对手表现礼节的能力来评价他们,并且在此基础上对建立一种富有成效的关系的可能性形成自己的意见。因此,礼节就变成了结构性因素,从机能上促进了谈判的发展。

在理解"时间"上的跨文化差异同样也会影响谈判过程。在西方,时间被认为是具有成本、应该节省地使用的商品;而在东方,时间被认为是一种像每个人呼吸的空气一样无限的资源,因此,时间的压力对亚洲人的谈判行为几乎没有任何影响。据说一个中国的谈判人员对一个催逼他快点达成协议的西方对手说:"五千年了,没有你们的技术,中国一样可以。我们可以等更长的几年。"另外,幽默可以作为一种辅助方法,当它起作用时,它能够极大地提升相关的融洽关系。然而,在一种文化中有趣的事情,在另一种文化中可能被认为是废话甚至是令人不愉快的。

在文化和谈判结果之间有更直接的联系。例如,有些文化更喜欢对每个词都经过仔细斟酌的协议,而有些文化可能更喜欢表述得很模糊的协议。西方人所设想的在中国的一个合作合同可能有几百页长,而中国人可能只用六页纸就很容易地表达出来了。谈判的结果也并非总是以书面的形式表达出来,它根据文化而改变。除了通常的条款、数据和在商务合同中所提到的图表外,西方人认为达成协议的时间耗费(或节省)也是结果的一部分;日本人则会把谈判中建立起来的信任和人际关系当作结果的主要组成部分。

文化也会影响参与方是如何解释已经达到的结果的。在有些社会里,协议是在艰难的条件下所努力取得的最终决策,它必须要严格地执行;而在其他一些社会里,协议是一份书面的文件,它从签署的那天开始生效,如果在签署时占优势的情况已经改变了,它也有可能会被修改。例如,对中国人来说,在一个长期过程中的某个特定阶段,签署一份合同并不是达成一项协议,而是使一种关系具体化了。

当一项协议已经达成了,下一步就是确保双方都将执行其条款。在西方思维里,这是通过社会公共机构如法院和国际仲裁来实现的。在一些文化里,这种态度被看作是一种不信任的信号,参与方宁愿采取额外的谈判或调停,而不是诉讼。

总之,国际谈判是一次跨文化的探索,在日复一日的谈判中,双方需要建立以共同文化为核心的桥梁,但这并不意味着要失去个性。国际谈判的要点不是首先看对方与己有何不同或可能会犯的错误,而是寻找互补性,并将文化的差异变成一种提供谈判动力的创造性来源。

自学指南

上一章指出,国家实力是国家在国际舞台上发挥影响力以实现自身利益的能力。在国家凭借实力实现国家利益的各种手段中,外交和武力是两种最基本的手段。外交是通过和平方式影响别国的行为以实现本国利益,而武力是通过暴力手段强制改变别国行为来实现本国利益。需要说明的是,"弱国无外交"并非国际关系的真谛。恰恰相反,外交对弱国而言尤为重要:在国家物质力量不占优势的情况下,实现国家利益的主要方式就是充分发挥软力量的作用,而外交能力正是一国软力量的重要组成部分。正是由于这个原因,古今中外,杰出的外交家大多产生于处于危难之际的小国、弱国或战败国。

外交和武力是实现国家利益的两种不同手段,并不意味着二者泾渭分明或水火不容。相反,外交和武力从来都是相互渗透的。一方面,武力可以成为外交的后盾,增加谈判桌上的筹码;另一方面,国家在运用武力解决问题时也离不了用外交的手段去组建联盟或离间对手,战后还要依靠外交来建立新的秩序。不过,概而言之,外交是国家实现其利益的最核心、最重要的手段,国家可资利用的其他手段,如威慑、制裁、奖励、吸引等,其作用和功效在很大程度上都是通过外交体现出来的。所以,外交学在国际关系学中一直占有显著的地位,是国际关系学的一个独立的分支。

外交自古有之,但随着人类的进步,外交发挥作用的形式、领域和功效也发生了很大的变化。进入20世纪后,随着世界体系和国家性质的变化,外交也呈现出新的特征:从欧洲中世纪时期的精英外交、秘密外交、双边外交逐渐演变为今天的多边外交、首脑外交、公共外交和经济外交等;外交已不再是政治家和外交官的专利,民众对国家外交的影响力越来越大。同时,外交的领域不断拓宽,由高阶政治拓展到低阶政治,甚至人们生活的各个方面。

由于外交在国际关系理论和实践中的重要地位,所有的国际关系学教材中都有外交的内容,以下列出的中文版外交学教材有助于读者对外交学有一个更全面、系统和深刻的了解。

韩方明主编:《公共外交概论(第二版)》,北京大学出版社2012年版。
赵可金:《外交学原理》,上海教育出版社2011年版。
何茂春编著:《经济外交学教程》,世界知识出版社2010年版。
何茂春编著:《经济外交法》,世界知识出版社2014年版。
张学斌:《经济外交》,北京大学出版社2003年版。
杨闯主编:《外交学》,世界知识出版社2010年版。
陈志敏等:《当代外交学》,北京大学出版社2008年版。
金正昆:《外交学(第3版)》,中国人民大学出版社2016年版。
李渤编著:《外交学》,南开大学出版社2005年版。
鲁毅等:《外交学(第2版)》,世界知识出版社2004年版。
熊炜编著:《外交谈判》,北京大学出版社2014年版。
〔英〕戈尔-布思主编:《萨道义外交实践指南》(杨立义等译),上海译文出版社1984年版。
〔英〕R.P.巴斯顿:《现代外交(第二版)》(赵怀普、周启朋等译),世界知识出版社2002年版。
〔英〕杰夫·贝里奇:《外文学经典选读:从柯门斯到瓦泰勒》,北京大学出版社2008年版(影印版)。

以下有关外交思想史和外交史的知识有助于加深读者对外交理论的认

识和理解。

陈乐民主编:《西方外交思想史》,中国社会科学出版社1995年版。

何茂春:《中国外交通史》,中国社会科学出版社1996年版。

王福春、张学斌主编:《西方外交思想史》,北京大学出版社2002年版。

叶自成:《新中国外交思想:从毛泽东到邓小平》,北京大学出版社2001年版。

王玮、戴超武:《美国外交思想史(1775—2005)》,人民出版社2007年版。

〔法〕让-巴蒂斯特·迪罗塞尔:《外交史》,上海译文出版社1982年版。

〔美〕亨利·基辛格:《大外交》(顾淑馨、林添贵译),海南出版社1998年版。

〔美〕罗伯特·A. 帕斯特:《世纪之旅:七大国百年外交风云》(胡利平等译),上海人民出版社2001年版。

此外,以下有关政治家和外交官的传记或回忆录则能使读者切身体会并感受丰富、生动而精妙的外交艺术。

裴默农:《春秋战国外交群星》,重庆出版社1994年版。

李扬帆:《走出晚清:涉外人物及中国的世界观念之研究(第二版)》,北京大学出版社2012年版。

梁启超:《李鸿章传》,海南出版社1993年版。

〔美〕刘广京、朱昌编:《李鸿章评传:中国近代化的起始》(陈绛译),上海古籍出版社1995年版。

顾维钧:《顾维钧回忆录》,中华书局1989年版。

《邓小平文选》第3卷,人民出版社1994年版。

钱其琛:《外交十记》,世界知识出版社2003年版。

〔英〕丘吉尔:《第二次世界大战回忆录》(方唐、贾宁等译),北京时代华文书局2017年版。

〔德〕俾斯麦:《回忆与思考》(山西大学外语系译),东方出版社1985年版。

〔美〕艾森豪威尔:《艾森豪威尔回忆录》,三联书店1977年版。

〔美〕尼克松:《领袖们》(刘湖等译),知识出版社1985年版。

〔美〕基辛格:《白宫岁月:基辛格回忆录》(方辉盛、赵伸强等译),上海译文出版社2016年版。

第八章

国家实力的运用——武力

> 兵者,不祥之器,圣人不得已而用之。
>
> ——老子①

> 全部历史表明,积极参与国际政治的国家,或是在不断地准备战争,或是在积极地卷入战争,或是处于从战争中恢复的过程中。
>
> ——汉斯·摩根索②

> 一边是真理和非暴力,一边是谬误和暴力,在这两者之间没有调和的余地。我们也许不可能做到在思想言词和行为中完全非暴力,但我们必须把非暴力作为我们的目标稳步地向它接近。不管是一个人的自由还是一个民族或整个世界的自由,都必须通过这个人、整个民族或这个世界的非暴力来达到。
>
> ——甘地③

> 无论你是否相信(我知道大部分人不相信),纵观历史长河,暴力呈现下降趋势;而今天,我们也许处于人类有史以来最和平的时代。暴力下降的过程肯定不是平滑的,暴力并未全然消失,这一趋势也不能确保会持续下去。但无论我们观察的是人类数千年的历史,还是短期事态,大至发动战争,小到体罚儿童,暴力的下降趋势有目共睹,无可置疑。
>
> ——斯蒂芬·平克④

---

① 老子:《道德经》,第三十一章。
② 〔美〕汉斯·摩根索:《国家间政治:权力斗争与和平(第七版)》,第76页。
③ 何怀宏编译:《西方公民不服从的传统》,吉林人民出版社2001年版,第33页。
④ 〔美〕斯蒂芬·平克:《人性中的善良天使:暴力为什么会减少》(安雯译),中信出版社2015年版,第1页。

1. 国家运用武力的方式有哪些？

如果以武力是否得到实际运用来看，国家运用武力的方式可以分为两种：一是将武力作为外交的后盾，具体形式包括武力威慑和武力威胁；二是武力干预或发动战争。

武力威慑和武力威胁，都不涉及武力的实际使用，而是通过调动本国的武力资源，来达到自己的外交政策目标。两者都表明了使用武力的决心，但武力威慑是要以此来遏止他国损害本国利益的政策和行为，而武力威胁是要迫使他国服从本国的意志。武力威慑通常是被动的和防御性的，目的是促使他国不做某些事情。武力威胁则通常是主动的和进攻性的，目的是强迫他国做某些事情。

武力干预和战争是武力的实际使用。武力干预是一国将本国的军事力量派遣到他国的领土上来影响该国的事态发展和政策。和战争相比，武力干预的时间较短、规模较小，使用武力的数量和种类有限，人员伤亡和物质损失相对不大。武力干预既有未经被干预国政府同意的军事干预，也有得到被干预国政府同意的军事干预。前者即我们通常所说的武力干涉，具有贬义的意味；后者则可视为军事支持。无论在哪种情况下，进行军事干预的国家，都试图通过这种干预达到本国的对外政策目标。

此外，联合国安理会对人道主义灾难也会采取武力干预的手段。人道主义灾难，即一国境内已经发生或正在发生大规模的、持续性的侵犯人权的行为，如种族屠杀。在各种外交努力宣告失败后，联合国安理会有权决定进行人道主义干涉，它授权某些国家或区域组织加以实施，但是干涉行动必须处于安理会控制和监督之下，所采取的干涉行动需与灾难情势相称，不超出人道主义目的绝对必要的程度，一旦履行了人道主义任务，干涉力量必须尽快撤离。

从国家运用武力的级别来看，由低到高可以分为以下五个级别：作为外交的后盾、武力威慑、间接干涉（如提供军事资源、训练别国军队、向别国派遣秘密部队等）、武力干涉（如军事演习、空中打击）和直接行动（发动战争）。

> 军事力量之所以对治国方略依然比通常所认为的更加必要,有两个根本的原因:第一,在一个无政府(没有中央权威)的领域,武力是政治互动不可缺少的一部分。对外政策不能没有军事力量。第二,武力是"可互换"的。它可被用于各种广泛的任务,并可横跨不同的政策领域;它既能被用于军事目的,也能被用于非军事目的。
>
> ——罗伯特·J.阿特[①]

2. 武力威慑发生作用需要哪些条件?

武力威慑是武力非实战使用的一种形式,它并不涉及武力的实际使用,而是通过调动本国的武力资源,来遏止其他国家损害本国利益的政策和行为,以期通过和平的方式实现本国对外政策目的。

一国能否通过武力威慑来达到自己的对外政策目标,取决于三个要素的组合:一是是否拥有足够强大的军事力量;二是是否拥有实际使用武力的决心;三是被威慑的一方是否相信这些武力和使用武力的决心并调整自己的政策或行为。也就是说,要使武力威慑发生作用,一国必须拥有强大的武力和使用武力的坚定信心。如果只有强大的武力而缺乏使用武力的决断和意志,那么武力威慑就难以起到遏制和改变他国行为的目的。比如,二战前夕,英法两国的实力不在德国之下,但两国在绥靖政策的指导下,对希特勒德国的扩张行为不敢动用武力加以制止。结果令希特勒得陇望蜀,发动了征服全欧洲的侵略战争。

武力威慑要发生作用,关键还要看能否把使用武力的决心告知潜在的敌国。这涉及信息传递的问题。即使一国拥有强大的武力和使用武力的坚定决心,但如果武力所要威慑的对手对此没有正确的感知,威慑仍然不会发生作用。因此,成功的威慑需要以对手可认知的方式传达信息。

[①] Robert J. Art, "American Foreign Policy and the Fungibility of Force," *Security Studies*, Vol. 5, No. 4(Summer 1996), p. 7.

3. 什么是战争？什么是常规战争？什么是非常规战争？

战争是国与国之间、政府与敌对武装团体之间或敌对武装团体相互之间，为了各自的政治目的，使用军事手段进行大规模相互杀戮的行为。战争的主体主要是国家，但又不限于国家，它还包括民族解放组织和非国际性武装冲突中的交战各方，如内战中的叛乱团体。换言之，战争既包括国与国之间的武装冲突，如1990年伊拉克对科威特的武装侵入，也包括发生在一国国内的武装冲突，如1994年也门国内南北之间的军事战斗和索马里各派别之间的武装冲突。

> 战争比一条真正的变色龙更善变，在不同的战例中相应地改变其特点。战争的主要倾向透过其全部现象总是形成看似矛盾、实则合理的三位一体——其一是原始暴力性、仇恨和敌意，这些被认为是盲目的自然力；其二是盖然性和偶然性的作用，富有创造性的精神可以在其中自由地徜徉；其三是战争作为政治工具所具备的服从性，这种服从性使其只向理智低头。
>
> ——克劳塞维茨[①]

战争有多种类型及分类方式，国际关系主要研究国家之间的战争，最常见的是将战争分为常规战争和非常规战争。

常规战争是指一国将其部队（通常是大规模的武装部队）公开派遣到另一个国家，使用常规武器进行战斗的战争形式。从有限展示自己的实力（如美国1991年以来对伊拉克进行的多次空中和巡航导弹攻击）到世界大战（如第一次和第二次世界大战），都可视为常规战争。除了美国于1945年对日本广岛和长崎发动核攻击和一些使用化学武器的战斗，战争各方主要还是使用常规武器。一般来说，常规武器是那些依赖爆炸或冲击的武器，而不是核/放射性武器和生物化学武器。

---

① 〔德〕克劳塞维茨：《战争论》（张蕾芳译），凤凰出版集团、译林出版社2010年版，第20页。

非常规战争是指一国对另一个国家的非正式的、未公开的军事介入、军事干预或武装打击行为,其主要特点是,战争各方一般无视战争规则,或针对"非战斗人员"使用暴力,或拒绝接受战败。通常情况下,非常规战争的地理范围有限,且使用多种暴力手段的可能性很大。非常规战争有武器转让、特别行动和恐怖主义等形式。

武器转让即向处于战乱中的国家出售或者给予武器。世界范围内的武器转让完全可以被看作是干涉的一种形式。因为无论是否故意,这种行为都对国家内部或者国家之间的活动产生了冲击。而且被转让的武器常常被一国的反对派用于反政府活动,或被政府用于打击反对派。在这些情况下,武器转让不啻对他国的间接干涉,同时也刺激了非常规军事行动的增加。在过去的数十年间,造成阿富汗不同集团间冲突不息的一个重要原因可能就是,印度、伊朗、苏联/俄罗斯、美国和其他国家向阿富汗国内的许多派别提供了数量庞大的武器和其他军事物资。

特别行动包括公开或秘密派遣自己的特别行动队、情报人员或准军事人员进入其他国家,执行诸如突击、情报搜集等小规模军事行动。当这些军事行动包括攻击敌方武装部队或其他军事目标时,就被称为特别行动战争。1961年4月,在美国中央情报局的协助下,由逃亡到美国的1500多名古巴人组成的反政府武装突袭古巴,他们在美国飞机和军舰的直接掩护下,向古巴革命政府发动了一次武装进攻。这一被称为"猪湾事件"的行动,便是特别行动的例子。

恐怖主义是指暴力实施者(国家、亚国家集团、秘密代理人)基于政治目的,对非战斗人员有组织地使用暴力或以暴力相威胁的行为,其目的是在公众中制造恐惧。恐怖主义作为一种暴力形态,其表现形式复杂多样,如暗杀、劫持人质、爆炸、劫持交通工具、武装袭击、生化袭击等。冷战结束后,尤其是"9·11"事件之后,恐怖主义成为威胁世界安全的全球性问题。无论是处于动荡之中的欠发达国家,还是政治、社会相对稳定的发达国家,都不同程度地受到恐怖主义浪潮的冲击。

4. 什么是全面战争?什么是有限战争?

全面战争又叫总体战,参战各方一般利用国家力量,综合动用各种资源投入战争,能够造成巨大的人员伤亡和物质破坏。全面战争通常涉及多个作战主体,全面战争的爆发可以是为了征服对方以掠夺其资源,也可以是由于意识形态的冲突。三十年战争(1618—1648年)期间,当时欧洲主要国家均涉及其中。两次世界大战也可以被认为是全面战争,因为参战各国将本国社会各方面的资源都动员到战争中来。

由于全面战争的巨大破坏性,二战结束后的战争规模小了很多。世界大国为了防止全面战争再次爆发,对各自行为都比较克制。冷战期间最让世界担心的就是以美苏为首的两大军事集团会再次爆发全面战争,好在两大国都比较冷静克制,加之核武器的制约作用,冷战最后以和平形式结束。

与全面战争相对应的是有限战争。有限战争一般限定在一定的时间和空间范围内,其爆发原因一般是为了追求有限度的目标,参战方为了实现目标所动用的资源也有限度。朝鲜战争就是一场有限战争。战争中美国有绝对优势兵力,它还可以对中朝两国动用核武器,正如它曾威胁的那样。但为了防止与苏联发生直接冲突,进而使战争发展为全面战争,朝鲜战争最后以停火形式结束,而没有以美国的绝对胜利告终。越南战争、伊拉克战争同样属于有限战争。

5. 大规模杀伤性武器包括哪些种类?给人类造成哪些危害?

大规模杀伤性武器(weapons of mass destruction,WMD)是指核武器、生物武器以及化学武器。这一术语的出现最早可以追溯到20世纪30年代的西班牙内战,但是当时这一名词所指的是常规武器。

二战结束后,1946年联合国在其第一份决议中将原子武器界定为大规模杀伤性武器。1972年《禁止细菌(生物)及毒素武器的发展、生产及储备以及销毁这类武器的公约》中,生物武器与化学武器也被明确界定为大规模杀伤性武器。生物武器是指利用细菌、病毒等致病微生物以及各种毒素和其他生物活性物质杀伤人、畜和毁坏农作物。化学武器是以化学毒剂杀伤有生力量的各种武器、器材的总称,包括在战争中为杀伤对方有生力量、牵制和扰乱其军事行动而使用的各种化学战剂、弹药及其施放器材。

大规模杀伤性武器对人类的危害首先是因为其巨大的杀伤力。例如,生物武器的主要战剂炭疽孢子、鼠疫杆菌、天花病毒等,能够在人群中引起烈性传染病的大规模流行,从而导致大量人员的伤亡。以炭疽孢子为例,有人甚至称其杀伤力可能不亚于氢弹,足以造成整个城市或地区的瘫痪。化学武器因其杀伤途径多、范围广、作用时间长等特点,在战争中被多次使用。在越南战争中,美军使用过大量落叶剂,即所谓"橙剂",对越南人民的身体和当地环境造成了极严重的后果,越战后出生的许多婴儿都成为畸形儿。

  核武器是人类迄今为止所发明的威力最大的武器,具有常规武器不能比拟的巨大杀伤力,而一场有核国家之间的大战将会使战争失去其本身的意义。"核冬天"理论的出现,更使人们认识到核武器是对人类文明的直接威胁。一旦核大战爆发,人类文明将毁于一旦,战争也就没有了胜利者。目前核武器仅有的两次实战使用均是在二战末期。1945 年,美国先后在广岛和长崎投下了两颗原子弹,引起了灾难性的后果。在广岛,全市 9 万幢建筑中有 6 万幢被毁,死亡人数为 11.8661 万人。在长崎,5.2 万幢建筑中有 1.4 万幢被毁,7.4 万人死亡,7.5 万人重伤。而现代核武器的杀伤力早已超过了这两次使用的原子弹。据世界卫生组织估计,一次大规模的核战争将直接导致 11 亿人死亡,受重伤的人数也大致相同。而且,核战争将导致全球气候的灾难性变化,威胁全人类的生存。同时,研制核武器也会耗费人类社会巨大的人力、物力和财力。20 世纪 80 年代,美国总统里根抛出"战略防御倡议"(Strategic Defense Initiative,SDI),把核军备竞赛推向新的高潮,力图打破与苏联的核平衡。苏联在经济实力不济、国力维艰的情况下,仍然投入了大量的人力、物力和财力应战。有学者认为,与美国长期进行的核军备竞赛,是导致苏联国民经济发展停滞不前、人们生活水平长期得不到改善以致苏联最终解体的一个重要原因。

原子弹投放在广岛

原子弹投放在长崎

  大规模杀伤性武器对人类的危害不仅在于其巨大的杀伤力,更在于其目前在全球扩散的趋势。一方面,尽管各国政府在限制大规模杀伤性武器方面采取了一些有效措施,但扩散的趋势仍旧存在;另一方面,全球巨大的武器黑市使得大规模杀伤性武器流入恐怖组织手中成为可能,而恐怖组织一旦掌握了大规模杀伤性武器,将会对世界安全带来不可预计的威胁。

6. 核武器的出现及其发展有何重要意义?

核武器的出现及其发展,对军事斗争乃至人类社会产生了巨大影响,其战略意义突出表现在以下几个方面。

第一,由于任何国家都难以承受核打击的灾难性后果,核武器成为有核国家实现其国家利益和对外政策目标的一种重要手段。国家通过"核强迫"(nuclear coercion)和"核威慑"(nuclear deterrence)来达到其影响他国行为的目的。具体而言,一个国家利用它所拥有的核武器实力强迫其他国家做它原本不想做的事情,这就是核强迫;一个国家利用它所拥有的核武器实力使得其他国家放弃它原本想做的事情,这就是核威慑。冷战时期,美苏两国常常以核打击相威胁,在国际社会推行强权政治。

第二,核武器成为衡量一国国际地位的重要指标和国家实力的重要象征,对世界格局产生深远影响。人类进入核时代以后,拥有核武器成为世界大国的象征,超级大国以核武器作为争夺世界霸权的重要工具,并为获得"核优势"进行了旷日持久的军备竞赛。世界上一些国家为了提高政治地位,增强自身实力,或维护自身利益,继超级大国之后也成为"核俱乐部"的成员。尽管目前世界上的核国家仍是少数,但还有不少处于核门槛的国家,或是隐蔽的核国家。一旦它们成为核国家,将对全球和地区的战略格局和安全形势产生深刻影响。

第三,核战争有可能导致人类文明毁灭的严重后果,使核国家之间极力避免将冲突升级为直接的核战争,由此,核武器的存在在一定时期内成为维护世界和平、防止世界大战的客观条件。冷战时期,当美苏都成为核国家之后,两国领导人都意识到两国之间大规模的战争不仅"无利可图",而且"不可思议",于是在"相互确保摧毁"的前提下,两国都放弃了在军事上与对方一决雌雄的做法,从而维持了二战后世界的总体和平。

> 对我们所有人而言,若没有核武器,世界就会缺乏稳定,而且更危险。
>
> ——玛格丽特·撒切尔①

第四,核武器的出现使军事战略思想发生了巨大的变化。从军事力量建设上看,核武器诞生以后,很快被纳入大国的军事力量体系,使军事力量划分为核力量和常规力量两大部分。以核武器为基本装备的核部队,不仅出现在陆、海、空三军之中,甚至与陆、海、空军并列,成为独立的战略性军种。与此同时,专门用于防护核武器的部队或分队也应运而生,成为常规部队中不可或缺的一部分。从军事力量运用上看,核力量的存在,使战略威慑有了更加坚强的基石,并在斗争实践中发挥了重要作用。国家领导人可运用其直接掌握的战略核武器,对军事斗争进程施加直接的影响和控制,在短时间内直接达到战略目的。在核条件下,战场空间扩大,时间概念缩短,生存问题突出,战争样式更加复杂多样。

7. 军力强大有可能产生哪些负面效应?

一国的军事力量不仅是其综合实力的重要组成部分,而且也是该国在国际体系中的地位和权力的象征。但军事力量并非在任何时候对任何国家而言都是越强大越好。强大的军事力量有可能对国家利益造成极大的损害。

首先,军事力量使别国产生不安全感。现实主义的"安全困境"理论深刻地阐述了这一问题。简要地说,A 国为自己的安全而增强军事力量被 B 国认为是对本国的威胁,于是 B 国为了自保也相应地增强军事力量。A 国看到 B 国增强军备之后,认为 B 国会对自己产生威胁,为了自保再度增强军事力量……由此两国陷入无穷无尽的军备竞赛之中。不过,两国并没有因为军备的增加而增强安全感,反而陷入了呈螺旋形无限上升的安全恐惧中。

其次,军事力量制造诱惑。历史学家保罗·肯尼迪发现,军事力量强大

---

① 玛格丽特·撒切尔与米哈伊尔·戈尔巴乔夫的谈话,《时代周刊》1987 年 4 月 27 日。转引自转引自丹尼尔·B.贝克:《权力语录》,第 165 页。

是帝国过度扩张的一个诱因。一旦国家有了强大的武力,往往对外交缺乏足够的耐心,经常希望通过发动战争、消灭问题的方式来解决问题,却没有考虑到即使赢得了战争,也未必能解决好问题。历史上美国深陷越南战争的泥潭,以及美国在阿富汗战场、伊拉克战场的窘境,都印证了这一论断。

《三万亿美元的战争——伊拉克战争的真实成本》是约瑟夫·E.斯蒂格利茨(Joseph E. Stiglitz)的大作。斯蒂格利茨2001年获得诺贝尔经济学奖,是全球公共部门经济学领域最著名的专家。在该书中,斯蒂格利茨指出,美国为伊拉克战争付出的代价极其高昂:年轻的士兵和优秀的工程师在战争中丧生;因战致残的军人和军人家属遭受着身心的折磨;社会承担着战争带来的高昂医疗费用;国民警卫队由于远赴伊战无法应对国内危机……据斯蒂格利茨估计:伊拉克战争的经济成本将达到3万亿美元,而这还是保守估计!

再次,军事力量代价高昂。在古代,虽然战争的烈度和伤亡程度比现代战争小得多,但大规模的对外战争也是耗时、耗力的。如汉武帝与匈奴打完几场大仗之后,汉帝国庞大的国库就被掏空了一半。今天的战争更是耗资巨大,庞大的军费开支及其造成的浪费令人咋舌。美国的一架B2轰炸机价值22亿美元,以重量计算比黄金还要贵2到3倍。再者,即使国家通过军事上的优势,战无不胜、攻无不克,最终面对的也将是战略上的彻底失败。因为国家将资源集中投放在军事领域,忽视了经济建设、科技进步等方面,丧失了积累进步的机会和资源,最终反而会削弱国家的整体实力。

最后,全球化时代,军事力量的使用在国际社会受到越来越多的限制,其作为对外政策手段的功效也大打折扣。与此同时,其对国家形象造成的负面影响却越来越大:追求强大军事力量和滥用武力的国家都会受到国际舆论的强烈谴责和反对。因此在当前形势下,发展综合国力,尤其是提升国家的软实力,才是国家提升国际影响力、感召力和国际地位的正确选择。

军费开支前十名的国家

8. 国际法对战争行为有哪些限制？

目前，国际法对国家之间使用武力主要有以下几个方面的限制。

首先，国际法对战争目的有严格限制。《联合国宪章》规定，只有用于自卫和经联合国授权与组织的制止侵略的战争才是合法的。目前，敢于公然违背这一规则的国家已经少之又少。

其次，国际法对战争中武器的使用做出了一系列具体的限制。例如，限制使用极端残酷的武器。1980年通过的《禁止不人道常规武器公约》对达姆弹、集束炸弹和空气炸弹等极度残酷的武器做出了禁止或限制的规定。禁止地雷的国际公约则于1997年被签署。为了全面地禁止生物武器，1972年，在联合国的主持下，各国签订了《禁止细菌（生物）及毒素武器的发展、生产及储备以及销毁这类武器的公约》，不仅严格禁止在战争中使用此类武器，而且永远禁止各国生产、发展、储备此类武器。《禁止化学武器公约》(1993年)规定禁止使用、生产、购买、储备和转移各类化学武器，以及销毁化学武器，将所有的化学武器生产设施拆除或转作他用。

最后，国际法对战争行为的约束正在扩大到对战俘和非交战人员的保护方面。一是禁止以平民或民用物体为攻击对象。1949年8月12日，63国代表在日内瓦举行的会议上，签订《关于战时保护平民之日内瓦公约》(日内瓦第四公约)，公约于1950年10月21日生效。截至2007年，共有194个国家和地区以不同方式成为该公约的缔约方。二是要求在战争中为战俘和非交战人员提供保护。现代国际法认为，战争是交战国军队之间的对抗，丧失了作战能力的伤员和战俘应与战斗人员区分开来，他们应受到人道主义待遇。《关于战俘待遇之日内瓦公约》(日内瓦第三公约)对此有详细规定。

《关于战俘待遇之日内瓦公约》(节选)

9. 21世纪的高科技战争有哪些特点？

21世纪的国际战争是高科技战争，其制高点是信息战。这种战争的主要特点如下。

（1）战争的全面政治化。政治渗透于战争全过程，政治不仅对战争行为进行有效控制，而且使战争的目的从传统的彻底消灭敌人变为改变对方政权。战争过去主要是以抢占领土、兼并人口、掠夺资源等硬性利益为目标，而现在更多的是以政治控制、霸权地位、非传统安全等软性利益为目标。战争的政治化还表现为战争决策的政治化和集中化。政治战略决策与战争、战场决策密切连成一体。高层政治领导人不仅尽享战略决策，而且常常直接决定、过问甚至参与战术制定和战斗指挥，例如决定兵器的选择、攻击的目标、进展的速度、规模的大小、战争阶段的划分等。它使国家领导人可以及时根据政治需要，实施或调整军事行动，严格控制战争的规模、烈度和目的。

（2）战争的突发性和临时性。过去的战争一般会有较长时间的预谋和准备，现在由于高技术武器和装备的出现，实施战争行动具有突然性，在确定战争的目的、目标、地点、规模、烈度和手段等方面，具有很大的临时性，以适应复杂多变的国际形势和国家利益的灵活要求。

（3）战争持续时间大大缩短。首先，军事性工具的革命性变革，大大加快了战争破坏、战争决策和指挥、调动、联络、行动的速度。夜战能力迅速提高，充分利用了战争时间，大大缩短了战争的绝对时间。此外，战争时间的准确性和军事价值明显提高，尤其是在战争初期。时间的允许误差由日、时、刻缩短到分、秒、微秒。其次，战争的消耗成倍增加，导致战争的持续能力大为减弱。再次，战争目标的单一性加速了战争进程，甚至连传统意义上的战争分期也不复存在。最后，为了在国内外舆论做出强烈反应、国际干预之前达到战争目的、结束战争，也需要尽可能缩短战争时间。

(4)战争的战略空间大为扩展。随着远程兵器和武装直升机的发展、使用,远程奔袭成为常事,战争爆发地点已由边境深入腹地,战场已从连成一片变为相互远离。战争的打击范围可以遍及一国,也可以是特定地区。战场空间多层次移动,从传统的平面推进变为海陆空并进的立体推进,陆战场作用相对降低,海空战场作用提高,夺取制空、制海权往往是取胜的关键,但仍是三个战场相互配合。战场空间已扩大到地下、水下和外空,出现了全方位进攻和立体防御的概念。随着军事工具先进性和流动性的加强,作战地域和方向的永久性和固定性日益为流动性和漂移性所取代。

(5)作战手段的高技术性和灵活性。高技术性表现为射程远、速度快、精度高,毁灭性趋向于两个极端,保险系数大的各类新型武器、装备相继投入使用,典型的如美国的隐身技术、舰射巡航导弹、"战略防御计划"技术、空间系统技术、软技术武器和灵巧武器技术等。高技术性还表现在集指挥、通信、控制于一身的现代化CISR系统,该系统是信息化军队的主要装备之一,能确保整个作战有序性、准确性、灵敏性和持续性,真正做到"运筹帷幄之中,决胜千里之外"。同时,还形成了信息威慑、信息肢解、信息污染、信息遮断、信息封锁等信息战法。高技术性意味着数字化军事时代的来临,从数字化士兵、数字化部队到数字化战场。灵活性指高技术手段提供了灵活作战的条件,如斩首行动、重点进攻、有效摧毁、纵横突破、后方突袭、漂移不定、协同作战、控制进程等。这样,就出现了"非接触战争""零伤亡战争"。

拓展阅读

1. 战争规则的演变①

最近150年是产生了一系列有关战争的国际法规和公约的时代。这些战争规则可以用日内瓦公约作为标志,它是人类战争技术和战争形式发生两次质变的产物,也是人类精神状态文明化进程的产物。

第一次质变是从冷兵器到热兵器的质变。这一质变发生在西方工业化时代。火药广泛用于战争,来复枪和远程大炮可以大批量生产,铁路运输使得大量兵员可以迅速远距离运送。战场上的杀戮从面对面的搏杀变成远距离的射击,因而伤员和俘虏数量增加,这是战争中最为悲惨的场景。

1862年,亨利·杜南的《索尔费里诺回忆录》一书出版,书中描述了他亲

---

① 节选自丁林:《在"9·11"危机的十字路口》,世纪中国网,现题为编者所加,内容有删节。

身经历的1859年意大利北部索尔费里诺战役中受伤士兵的悲惨命运。他身体力行,于1863年创立了中立的国际红十字会,致力于一视同仁地救助战场伤员。在他的呼吁下,1864年的《第一次日内瓦战争公约》提出了保护战场上的伤病员的规则。1868年《第二次日内瓦公约》又把这一规则扩展到保护海战中的受伤水兵。1929年《第三次日内瓦公约》规定保护战俘,指出战俘不是罪犯,交战方必须人道地对待对方战俘,并且在战后释放战俘。

第二次质变发生在第二次世界大战后期和冷战时期。核武器的发明和核武器制造技术的扩散,常规武器技术的惊人发展,以及毒气和生物武器的出现,使得人类面临着前所未有的威胁。二战中纳粹对犹太人、吉普赛人等民族进行了种族灭绝性的屠杀,日军在中国南京实施了大屠杀,这种正规军队对平民的大规模屠杀,使战后人们一致认识到,无论如何必须防止再次发生这样的人间惨剧。在战争后期,盟军对德累斯顿、柏林、东京的大规模轰炸,为了迫使日本投降而针对广岛、长崎的原子弹袭击,也令战后西方有良知的人们反省,怎样避免这种不能区分军人和平民的杀伤手段。

1949年的日内瓦第四公约是关于战时保护平民的公约。这是人类历史上第一次把战时平民置于国际法的保护之下,明确禁止战争期间杀害、刑囚、绑架平民,禁止对平民实施超出司法权范围的审判和处罚。1977年,又一次扩充了1949年关于保护平民的日内瓦第四公约的内容,把对平民的保护延伸到那些没有正式宣布为交战国的公民的人,以及内战冲突中的平民,还有在交战国家或区域活动的提供宗教、医疗和人道援助的任何人士。

这些有关战争的公约具有国际法的效力。从此以后,违反这些公约的条款,就被视为违反国际法的战争罪行。关于战争的国际法效力,建立在涉及战争的所有人的一项共识的基础上:正义和实现正义的手段不可分离。不管导致战争的分歧是什么,正义的目标不能用非正义的手段来实现。

"9·11"恐怖主义袭击对各国公认的战争规则发起了公开挑战。恐怖分子和当代国际社会的关键区别在于,在对抗的规则中要不要顾及无辜平民的生命。当代恐怖主义对现有战争规则的挑战来源于战争技术手段的第三次质变,这就是当代技术的突飞猛进和扩展,世界任何角落里的散兵游勇都有可能获得一定程度的化学武器、生物武器,甚至小型核武器;交通运输的发展,使得再森严壁垒的国界也可能被突破渗透,何况一向比较开放的欧美国家?人员的交流、种族的混合,使得当代世界已经不可能像历史上那样根据民族或国籍来辨别敌我。当代通信技术的发展、因特网的普遍使用,使得恐怖活动既可以高度分散,又可以瞬间协调,恐怖打击可以在任何出乎意料的时刻出现。"9·11"恐怖袭击典型地表明了恐怖活动的全部优势:它以最不顾及无辜平民生命的姿态,打击发达国家最不设防、最软弱、最无辜的平民。

这是一场十分危险的对抗游戏,这场对抗一旦失控,最容易受到伤害的其实是世界各地的无辜平民,最终受到最大伤害的是同情恐怖分子的国家的平民。这场对抗把全世界放到了十字路口,有可能影响未来全球政治对抗和平衡的规则。150年来人类对战争行为的规范和制约有可能走回头路,甚至影响人类文明的走向。

值得庆幸的是,全世界几乎所有的政治家都看到了这一危险性。特别令人注意的是,所有伊斯兰国家的领导人显然也看到了这种危险性。"9·11"事件后,出现了各种政府罕见的对恐怖事件的一致谴责,它们一致承诺打击恐怖活动。美国政府也看到了这一危险性,渐渐显示出后发制人的姿态。在国内加强反恐怖立法的同时,极力宣扬要坚持20世纪60年代以来取得的民权成果,表示要坚持各种肤色、种族、民族、宗教信仰的人在美国和睦相处的理想。在对外备战的同时,用最大努力争取世界各国政府对反恐怖战争的理解。

这些表明,国际社会将尽一切可能支持已有的战争行为规则,不让恐怖主义对抗规则占上风。这种一致性是以往很少见的,恰恰表明政治家们对它的极端危险的共识。这种一致性后面有利害的考量,这种利害的考量表明理性在起作用,这是全世界共同一致对抗恐怖主义的保证。可以预料,在未来的新的战争行为规则里,将会有世界各国一致地扑灭一切针对平民的恐怖主义活动的内容。

2. 我们如何减少战争?[①]

毫无疑问,许多因素可能导致国家间的争端不能以和平方式解决,并最终导致国家兵戎相见。我们之所以研究战争,不仅是为了了解战争发生的原因,也是因为我们怀着这样一种期望,那就是减少战争乃至消除战争。那么,有哪些处理国际争端的方法可以防止或至少降低国家滑向战争深渊的可能性呢?以下四种方式可能是减少战争的比较便利的机制。

提高战争成本

战争带来的巨大人力、经济、物质资源、心理上的成本是阻止国家参与战争的最重要的因素之一。一般情况下,对战争成本的考虑会使国家倾向于通过谈判解决争端,以使自己的状况变得更好,而不是更糟。随着战争成本的上升,国家会更愿意为了避免战争而做出妥协。因此,提高战争的成本可以扩展各方都能接受(即认为该方案比战争更有利)的解决方案的范围。核武

---

① 译自 Jeffry A. Frieden, David A. Lake and Kenneth A. Schultz, *World Politics*, Second Edition, W. W. Norton & Company, Inc., 2013, pp. 118—121。

器显而易见的、有可能毁灭人类的震慑效果或许是这一效应的最好阐释。

尽管美国和苏联在冷战期间长达五十年彼此针锋相对,但一个令人震惊的事实是,这两大超级大国却从未直接向对方发起战争。虽然还有许多其他理论对于这段所谓的长期和平产生的原因做出了解释,但毫无疑问的是,核武器以及"相互确保摧毁"的威胁使得美苏双方保持了足够的谨慎,从而帮助它们平安度过了无数次危机而非诉诸战争。沿着这条思路,还有一种更为温和的观点认为,国家间的经贸往来可以通过提高战争的经济成本来促进和平。两国将彼此作为贸易伙伴的价值看得越重要,就有越强大的动机去和平解决争端,以避免争端破坏两国的互利往来。

增加透明度

误解或误判是导致战争的一个重要原因。世界政治中存在着广泛的不确定性,增加国家间透明度的机制可以减少误判的危险,从而降低战争的可能性。透明度指的是旁观者观察一个国家并了解影响其关于战争与和平的决策相关因素的能力。相对而言,一个国家的军事能力可能是最容易实施透明化的方面。比如,随着卫星技术的进步,先进国家有可能深入了解彼此的武器系统和军事水平。各国可能同意派遣军事官员互访来观察彼此的活动。国际组织也可以通过派遣中立军事观察员来提高国家间的军事透明度。例如,国际原子能组织通过对其成员的原子能项目进行观察来判断这些核燃料是否出于武器化的目的而被生产出来的。当然,没有任何一种机制可以完全避免被滥用,就像美国对伊拉克所采取的从1991年海湾战争到2003年武装干涉的一系列行动所清楚展示的那样。武器可能会被藏到视野所不及的地方,卫星图像可能是模糊而难以辨认的,国际观察员可能被阻挠或误导,而官僚体制导致的错误可能会引起误判,无论是有意的还是无意的。

即便如此,增进对一个国家众多复杂因素的了解仍然是有意义的,因为这些因素对国家决策产生着决定性的影响。尝试着去观察对手对有争议物品所赋予的价值,观察其愿意为了获得这一物品而付出的代价和承担的风险,是比单纯计算对手的兵力、坦克、飞机数量更令人畏惧的任务。既然国家的决策可能产生于国内的政治因素,最有希望增加这一领域透明度的途径很可能会在国家内部找到。一些国家的政治体系天生就是非常透明的,这给了外来者许多机会来观察这个国家内部关于哪些价值具有最重要的意义以及它们是否值得用战争来获取的争议。相对而言,一些国家的政治系统却很不透明,在这些国家内部,决策是由一小撮人在很少乃至没有公共问责制的情况下做出的。

用外力确保承诺的履行

不用一兵一卒,别人就会做出对自己有利的承诺,这是难以令人信服的。其原因在于,国家间不会因为多次互动就轻易相信彼此的承诺。不过,如果国家认为存在着未来与对方长期交往的前景,就可能因为害怕未来对方的报复而放弃现在违背承诺的意图,在这种情况下,多次互动就能够让承诺变得更令人信服。然而,在力量对比发生变化的情况下,力量逐渐增强的国家会不畏惧来自对方的报复。而且,如果一个国家可以用其越来越强大的力量去摧毁另外一个国家,那么它就更不会对未来有顾虑。对局势产生类似影响的还有先发优势,如果对方的反制措施会因突袭而被摧毁,那么发动一次爆炸性突袭的诱惑就是难以抵挡的。

通常,两个相互敌对的国家很难依靠它们自身的力量来找到解决信守承诺这个难题的方法,最可行的解决方案可能来自双边关系之外,亦即第三方的支援或干预。这里所提到的第三方是指不直接参与两国博弈的任意一个国家或一些国家,包括国际组织。在某些情况下,这样的外来者有可能帮助敌对国家建立起关于不使用武力和先发优势的可信承诺。第三方可以通过监控或直接参与协议的执行来履行这一职能,所采用的手段包括为一方或双方提供安全保障,以及在战争即将发生时用武力建立起将双方彼此分隔的隔离带。

例如,在第二次世界大战之后,美国所提供的安全保障很大程度上缓解了西欧各国对德国战后重建的恐惧。尽管战后的德国满目疮痍,国土也被分割,法国仍然对德国怀着极大的恐惧,认为德国重新崛起并成为其邻国的安全威胁只是时间问题。最终解决法德两国之间安全问题的是美国做出的在德国驻军并保障两国安全的承诺。一支规模可观的美国军队驻扎在德国国内以监控其重建及重新武装的进程,因此,法国可以放下对德国在战后恢复元气的恐惧而增进其与德国之间的关系。美国及其建立的同盟体系使德国做出的与其西部邻国和平共处的承诺变得可信。

将看似不可分割的物品加以分割

对有争议领土的争夺是导致战争的一个重要原因。其实,存在着在不进行物理分割的情况下对看似不可分割的物品加以分配的方法。一种可能的机制是双方联合控制或分享控制权。例如,曾经有人提议让以色列和巴勒斯坦对耶路撒冷的某些地区实行联合控制来保障所有人都可以进入圣地。另一种处理不可分割物品的机制则是通过在另一问题上的妥协来实现。例如,一幅名画是不能被物理分割的,关于这幅画的争议可以通过得到名画的一方向另一方支付相应的补偿作为交换而得以解决。在这种情况下,通过扩展交易的范围,这件物品变得可以分割了:双方不再就哪方获得这幅名画争论,转而讨论得到名画的一方愿意为此向另一方支付多少补偿。既然金钱是显而易见可以分割的,将这一新的领域引入交易创造了原本不存在的和解可能性。因此,争议各方也许能找到一个新的议题并在此对原先争议中失败的一方进行补偿。这种通过引入一个新议题来使得一个争议事项变得容易解决的策略被称为"关联原则"。

自学指南

自国家形成以来,国家之间的战争就从未间断,人类对战争的研究也从未停止,并由此发展出一门学科——军事学,它主要研究战争的本质和规律,用于指导战争的准备和实施,以使国家在战争中取得胜利。

在国际关系中,武力是国家实现对外政策目标的传统手段,也是解决国际争端的传统方式。鉴于武力的直接使用主要体现为国际战争和冲突,国际关系学中与武力相关的研究主要集中在对国际战争和冲突的研究上,包含三个方面:一是对国际战争和冲突的根源和性质的探究;二是对战争进行的伦理和道德方面的思考;三是对如何防止战争和冲突、实现世界永久和平的研究。本书第十二章"世界安全"将会介绍有关第三类的研究。

在第一类研究中,近代西方最著名的军事学家克劳塞维茨的《战争论》对战争的性质、特征做了系统而全面的论述,现实主义理论大师肯尼思·沃尔兹的《人、国家与战争:一种理论分析》则从三个层次对战争的根源进行了分析,而修昔底德的《伯罗奔尼撒战争史》是以历史方法研究战争的经典之作。第一类研究的成果可以统称为"战争理论"。

第二类的研究可简称为"战争的伦理学"。事实上,人类历史上所有的文明和宗教都对战争进行过精神层面和道义角度的思考。例如,古代中国先哲墨翟宣扬"兼爱""非攻",认为一切战争都是非正义的,而孔子则一方面坚决反对发动侵略战争,另一方面强调要坚决抵抗侵略战争。近代以来,和平主义运动在英国和美国最为盛行且影响最大,所以这方面的研究主要集中在英国和美国,代表人物有乔纳森·戴蒙德(Jonathan Dymond)、诺曼·安吉尔爵士(Sir Norman Angel)等。他们对战争的道德和伦理的思考和论述为后来国际关系学界的战争伦理研究奠定了基础。不过,直至人类进入核时代,国际关系学才开始了关于战争的规范研究,由此出现了核时代正义战争的理论,代表人物有保罗·拉姆齐(Paul Ramsey)、约翰·考特尼·默里(John Courtney Murray)、罗伯特·塔克(Robert W. Tucker)、理查德·福尔克(Richard A. Falk)、威廉·奥布莱恩(William V. O'Brien)等。他们的主要观点是：管理和限制战争的伦理学必不可少；各国有权进行反侵略的防御战争；国家有义务遵守限制战争的国际法等。

由美国学者詹姆斯·多尔蒂和罗伯特·普法尔茨格拉夫所著的《争论中的国际关系理论》一书，对冲突和战争理论做了最详尽、最权威的阐述，是读者全面掌握本章内容的最好的拓展阅读材料。此外，以下教材的相关内容对读者自学本章内容也很有帮助。

邢悦、詹奕嘉：《国际关系：理论、历史与现实》，复旦大学出版社2008年版，第8章"国家实力的运用：外交与武力"。

阎学通、何颖：《国际关系分析（第三版）》，北京大学出版社2017年版，第六章"国际安全和世界和平"。

俞正樑：《国际关系与全球政治》，复旦大学出版社2007年版，第五章"武力的使用：最后的保障"。

〔美〕詹姆斯·多尔蒂、小罗伯特·普法尔茨格拉夫：《争论中的国际关系理论(第五版)(中译本第二版)》(阎学通、陈寒溪等译)，世界知识出版社2013年版，第五章"早期的冲突与战争理论"，第六章"暴力冲突的微观理论"，第七章"暴力传统的宏观理论：国际战争"。

〔美〕布鲁斯·拉西特、哈维·斯塔尔：《世界政治》(王玉珍等译)，华夏出版社2002年版，第七章"国家间关系 施加影响的手段"。

〔美〕约翰·罗尔克编著：《世界舞台上的国际政治（第9版）》(宋伟等译)，北京大学出版社2005年版，第12章"国家安全：传统的道路"。

〔美〕威廉·内斯特编著：《国际关系：21世纪的政治与经济》(姚远等译)，北京大学出版社2005年版，第8章"为什么国家进行战争或维护和平"。

〔美〕威廉·汉德森：《国际关系：世纪之交的冲突与合作》(金帆译)，海南出版社、三环出版社2004年版，第五章"战争与局部冲突：权力的没落"。

〔美〕卡伦·明斯特：《国际关系精要（第五版）》(潘忠岐译)，上海人民出版社2012年版，第八章"战争与冲突"。

〔法〕达里奥·巴蒂斯特拉：《国际关系理论（第3版修订增补本）》(吴勇、宋德星译)，社会科学文献出版社2010年版，第15章"战争与和平"。

除了以上教材的相关内容外，以下一些著作对读者理解战争的性质、战术的运用和战争的代价等很有意义。

〔美〕罗伯特·J.阿特、罗伯特·杰维斯编：《国际政治——常在概念和当代问题（第七版）》(时殷弘、吴征宇译)，第二部分"使用武力"，中国人民大学出版社 2007 年版。

〔澳〕约翰·伯顿:《全球冲突:国际危机的国内根源》(马学印等译),上海人民出版社 2007 年版。

〔意〕尼科洛·马基雅维里:《战争的技艺》(崔树义译),上海三联书店 2010 年版。

〔日〕纐缬厚:《我们的战争责任:历史检讨与现实省思》(申荷丽译),人民日报出版社 2011 年版。

〔美〕约瑟夫·E.斯蒂格利茨、琳达·J.比尔米斯:《三万亿美元的战争:伊拉克战争的真实成本》(卢昌崇等译),中国人民大学出版社 2010 年版。

〔荷〕弗里茨·卡尔斯霍芬、利斯贝特·泽格费尔德:《国际人道法概论:对战争的限制》(姜波、王芳译),北京大学出版社 2015 年版。

徐进:《暴力的限度——战争法的国际政治分析》,中国社会科学出版社 2012 年版。

朱文奇:《国际人道法》,中国人民大学出版社 2008 年版。

Michael Howard, *"The Causes of War" and Other Essays*, Cambridge, MA: Harvard University Press, 1983.

Robert J. Art and Kenneth Waltz, eds., *The Use of Force: International Politics and Foreign Policy*, Lanham, MD: University Press of America, 1983.

Melvin Small and J. David Singer, eds., *International War*, Homewood, IL: Dorsey Press, 1985.

John Stoessinger, *Why Nations Go to War*, New York: St. Martin's, 1985.

第九章

对外政策

"对外政策问题"……(是)个人和集体生存的双重问题。

——雷蒙·阿隆①

在国内事务上犯错误,你总能劫后余生,但是对外政策上的一个错误就能让你性命难保。

——约翰·肯尼迪②

把对外政策分析仅仅集中在国家对外部门之间的关系上是很可笑的。虽然外交部试图获得看门人的地位,但实际上,它们不得不接受来自国内其他部门的大量平行外交。

——克里斯托弗·希尔③

对外政策至少是一种双重博弈,政治家们处于国际谈判(无论是危机还是非危机期间)和国内政治力量的压力之间。……成功的对外政策必须符合两个条件:一方面要让其他国家能够接受,另一方面要能获得国内选民的同意。

——罗伯特·帕特南④

---

① Raymond Aron, *Peace and War: A Theory of International Relations*, London: Weidenfeld & Nicolson, 1966, p.17.

② Arthur Schlesinger, *A Thousand Days, John F. Kennedy in the White House*, Greenwich, CT: Fawcett, 1967, p.395.

③ 〔美〕克里斯托弗·希尔:《变化中的对外政策政治》(唐小松、陈寒溪译),上海人民出版社2007年版,第3页。

④ Robert D. Putnam, "Diplomacy and Domestic Politics: The Logic of Two-level Games", *International Organization*, No.42 (Summer 1998) pp.427—460.

1. 什么是对外政策？对外政策研究包括哪些内容？

对外政策(foreign policy)①是国家决策者为实现国家利益所规定的特定目标而制定的、处理与他国或其他国际行为体关系的战略和行动方针。简而言之，对外政策就是国家在对外交往中，确定国家利益的具体内容和实现国家利益的手段。

在实践中，对外政策所包含的内容和拟解决的问题有：(1)把国家利益由观念变成具体的、可操作化的目标；(2)判断同政策目标有关的国际和国内形势；(3)评估实现所期望目标的国家能力；(4)制定运用国家能力、实现国家目标的计划或战略；(5)定期回顾和评估政策的实施过程。

与之相对应，对外政策研究也包括三部分。(1)对外政策的目标。国家利益是一国对外政策的出发点和最终目标，国家利益决定了对外政策追求的目标，是否实现了国家利益是检验对外政策成败的标准，所以，国家利益的轻重缓急和具体内容是对外政策研究的核心。(2)对外政策的制约因素，如国际环境、综合国力、意识形态、利益集团等，这些因素使得不同国家在相同的国际环境下采取不同的对外政策，或不同的国家针对相同的问题采取不同的对外政策。(3)对外政策制定过程，亦即对外决策方式，不同决策者、制度建构以及所面临问题的性质决定了对外政策有不同的产生过程。

2. 什么是霸权政策？为什么会有"霸权稳定论"？

所谓霸权(hegemony)政策，是指世界体系中的主导国试图通过运用其权力优势建立一个由自己主导的世界或地区秩序的对外政策。

在国际关系中，实行霸权政策的国家通常具有超越其他国家的强大国

---

① "foreign policy"在中文中出现了"对外政策"和"外交政策"两种译法，最初人们更倾向于使用"外交政策"。不过，"对外"和"外交"这两个词的含义并不相同。"对外"在英文中对应的是"foreign"，而"外交"在英文中对应的则是另一个词——"diplomacy"。"对外"在国际关系中是指一国对他国政府、政府间国际组织、国际非政府组织的关系，以及处理这些关系的原则和手段；而"外交"更多是与"武力"相对，它强调国家以和平方式进行对外活动，是一国实现其对外政策目标的手段之一。对外政策包括外交政策，外交政策是对外政策中的一部分。

力,因此被称为"霸权国"或"霸主"。① 尽管霸权国为了满足自己的利益常常奉行强权政治,甚至通过使用强权胁迫及损害他国权益的手段,来追求和维持世界秩序;但世界体系中这种有意愿且有能力主导国际事务的大国,同时也为国际社会提供了公共产品,比如自由开放的国际贸易制度、稳定的国际货币体系以及国际安全保障体制,这在一定程度上维持了国际秩序,客观上也会使大多数国家获益。因此,在国际关系理论中有"霸权稳定论"之说。

冷战时期,世界分成东西方两大阵营。在西方阵营中,美国以其无可匹敌的综合国力成为西方世界的"霸主"。同时,美国也为维护西方阵营的团结和秩序付出了巨大的努力。比如,主导建立关税及贸易总协定(General Agreement on Tariffs and Trade,GATT)来减少贸易壁垒,主导建立了布雷顿森林体系和国际货币基金组织(International Monetary Fund,IMF)以稳定国际金融,向诸多盟国提供军事安全保障乃至"核保护伞"以维护世界和平。这就是霸权政策的体现。近年来,随着美国实力的相对衰落,学界普遍认为,美国霸权的终结将意味着世界秩序的更加混乱和更大的不确定性。

> 除非霸权存在,一种特殊类型的国际经济秩序,即自由经济秩序,就不可能繁荣和获得充分发展。
>
> ——罗伯特·吉尔平②

3. 什么是"搭车"政策?

"搭车"或"追随"(bandwagon)政策是指世界体系中实力比较弱的国家通过依附强国的方式,换取安全保护及其他好处的政策。

在"一超独霸"的单极世界中,大多数国家在霸权国处于强势时期时都会

---

① 东西方世界对霸权的理解并不相同。在中国人眼中,霸权是一种含强烈贬义的"行为",让人联想到称王称霸、专横霸道、恃强凌弱的做法。而英文中的"hegemony"则是源于古希腊语的一个中性词,有"领导""支配"的含义,但无"横行霸道"之义。它主要是指某个国家、国家集团或政权所处的超群的优势地位或能力。因此,所谓"霸权国"或"霸主"(hegemon)亦是一个中性词,指有能力确保管理国家关系的原则并愿意这样做的国家。

② 〔美〕罗伯特·吉尔平:《国际关系政治经济学》(杨宇光等译),经济科学出版社1989年版,第88页。

采取搭车或"追随"政策,尤其是当国家面临一个可能对自己造成威胁的次强国家时,往往会借助霸权国的力量抗衡次强国家。即使是单极格局下的次强国家,在霸权国处于鼎盛时期一般也会采取搭车政策,尽量避免与霸权国发生直接对抗,以免使本国在霸权国主导的国际体系中处于不利地位。只有当霸权国显露出颓势时,体系中的次强国家才会团结弱小国家对霸权国群起而攻之,由此从根本上改变体系的权力格局。

二战之后,面对美国的超强实力,东盟、西欧、日本都纷纷倒向美国,唯美国马首是瞻,在政治和安全问题上追随美国的对外政策。冷战结束后,美国"一超独霸",俄罗斯在北约东扩问题、科索沃危机和阿富汗问题上,都采取了尽量不得罪美国的政策。

需要说明的是,搭车政策不等于投降政策,其根本目的在于维护或获得自身利益,至少避免不必要的损失。不过,搭车政策并非没有代价和风险,若运用不当,则有可能丧失本国在军事、经济、文化上的固有优势和自主权,甚至沦为大国或霸权国的附庸。因此,国家在实行搭车政策前必须充分权衡利弊,在实行过程中也要把握好度的问题。

4. 什么是均势政策?为什么近代欧洲长期实行均势政策?

均势(balance of power)是与霸权相对而言的一种国际体系。它是指在多极格局下,没有一国处于优势地位或能对其他国家发号施令的状态。现实主义将均势视为维持国际秩序基本稳定的一种方式。均势政策是指国家采取的努力建立和维持这样一种国家之间力量相对平衡的状态的战略和政策。一般而言,国家通常采取两种手段来实现均势政策:增强自身实力和与他国结盟。

近代欧洲之所以能够长期实行均势政策,得益于以下几个条件。

(1)近代欧洲存在足够数量的独立国家组成或解散联盟,这是欧洲能长期维持均势的客观条件。欧洲大陆传统上就存在着法、德等数个势均力敌的国家,它们之间相互制衡。而海岛国家英国的独特地理位置,使之有条件对欧洲大陆上的权力之争奉行光荣孤立政策,坐山观虎斗。

(2)近代欧洲具有共同的政治文化,各国均以维持均势作为国家行动的框架,这是均势在欧洲得以长期存在的内在原因。《威斯特伐利亚和约》签订以来,主权原则在欧洲得到普及,以战争形式吞并一个主权国家被视为非法。

同时,在基督教原则、君主制原则和欧洲原则融合的基础上形成的"欧洲协调"特别强调维护欧洲的权力均衡,这使欧洲各国逐渐形成了自我克制、维护均势的政治文化。

(3) 近代欧洲国际战争性质的变化和战争技术的进步也是均势得以长期存在的一个必要条件。民族国家建立以后,国家之间的战争由王朝战争变为民族战争,欧洲国家普遍能够实行迅速的战争动员和大众征兵,战术由呆板的方阵行进改为灵活的纵队运动,集中优势兵力进行坚决和迅速的抵抗,从而能够阻止侵略战争的迅速扩大和防止毁灭性战争,这为欧洲国家维持均势提供了物质保障。

(4) 近代欧洲之所以能够长期实行均势政策,与英国的努力密切相关。为欧洲利益和全球利益计,英国有必要保持欧洲大陆的均势状态,而得天独厚的地理优势和工业革命率先完成提升了英国的国家实力,使得英国有能力长期制衡欧洲大国,推行其大陆均势政策。

迪斯累里(Benjamin Disraeli),1874—1880年任英国首相,提出英国应追求"光荣孤立"的对外政策。自19世纪晚期以来,英国对外政策的基本目标就是保持欧洲均势,不容任何力量破坏这种局面。光荣孤立政策可见于英国拒绝加入永久性联盟或是与其他强国定下盟约之举。

英国所奉行的大陆均势政策有四个特点:一是反对任何国家主宰欧洲大陆,谁有这个念头就反对谁,即便是曾经的盟友也照反不误;二是不会彻底消灭追求欧洲霸权的国家,而是将之削弱或约束,否则多极格局便会失衡;三是平时不和任何欧洲大陆国家保持同盟的关系,只在局势危急时才根据情况选择盟友;四是不追求在欧洲大陆获得领土或势力范围。

概括而言,欧洲大陆传统上存在多个势均力敌的大国,这为均势政策的出现提供了客观条件,而英国得天独厚的地理位置、国家利益的驱动力、强大的国家实力以及政策本身设计的合理性,保证了均势政策能够在近代欧洲大陆长期实行。

5. 什么是意识形态？对外政策可以抛开意识形态的"干扰"吗？

《布莱克维尔政治学百科全书》对意识形态的定义是：具有符号意义的信仰和观点的表达形式，它以表现、解释和评价现实世界的方法来形成、动员、指导、组织和证明一定的行为模式和方式，并否定其他一些行为模式和方式。由此定义可以看出，意识形态有以下特征。

（1）主观性。意识形态为人们观察世界和认识自我提供了一个视角。人们对客观世界的认识角度和解释的模式不同，由此形成了不同的世界观。无论哪种世界观，其在最终意义上是真还是假都是不可验证的。接受一种世界观，无论是有神论的还是无神论的，在某种意义上就相当于一种信仰行为。

（2）理想化。意识形态除了为人们提供认识和解释世界的方法以外，还总是指向某种目标和理想。每种意识形态都包含对理想社会的追求。

（3）实践性。意识形态总是与社会政治集团的行动密切相关，为实现其利益服务。意识形态能激发集团成员的政治信心和行动的热情，并为社会政治集团的行动提供指导思想和合法性的辩护。

（4）排他性。意识形态往往是一个自圆其说的封闭系统，通常自我标榜其正确性，甚至宣称自己是唯一正确的，对其他思想观念采取排斥的态度。

20世纪以来，世界上出现了纷繁复杂、多种多样的意识形态，有自由主义、保守主义、资本主义、民主社会主义、共产主义、民族主义、专制主义、法西斯主义等。但不管是何种意识形态，都是社会政治集团在其政治实践中形成的，旨在认识、实现、保护和增进其自身利益。

当今世界，任何国家都有占主导地位的意识形态，意识形态在对外政策中的作用主要表现在以下三个方面。

（1）意识形态是国家制定对外政策的主要依据之一，意识形态决定了国家对世界及自身在世界中位置的认识，国家以此来确定它在国际社会的利益，并据此来制定国家对外政策的目标。所以，不同意识形态的国家在国际社会拥有不同的利益和价值追求。

（2）意识形态在很大程度上影响甚至决定着国家的特性，所以维护自身的意识形态是国家利益的一个重要组成部分。例如，以自由、民主思想立国的美国，以维护自由民主制度并将其推广到全世界作为对外政策的主要目标之一。

(3) 意识形态为国家在国际社会追求其现实利益提供道义支持。尽管并非每一项对外政策都包含着对意识形态的追求,但即使是在单纯追求物质利益的对外政策中,国家也需要意识形态为其提供道义上的支持,以避免受到国际舆论和国内民众的道义谴责。而对于那些既符合现实利益又符合意识形态的对外政策,国家更能理所当然地通过强调其政策的道义含义,来显示其对外政策的合法性和正义性。

总之,在对外政策领域,意识形态确定了国家在国际事务上遵循的原则和价值取向,国家以此制定对外政策目标。所以,国家的对外决策是不可能抛开意识形态的"干扰"的。不过,不同的意识形态对国家现实利益造成的结果是不同的:符合客观国家利益的意识形态可以维护国家的现实利益;违背客观国家利益的意识形态则会损害国家的现实利益。例如,20世纪六七十年代,中国奉行"共产主义"的意识形态,以推动世界革命为对外政策目标,极大地损害了中国的现实利益。

6. 影响对外决策的国内因素有哪些？

国家的对外政策是在诸多因素共同作用下形成的。影响对外政策的国内因素主要有以下几个。

(1) 历史与文化传统。历史与文化传统作为一个民族、一个国家的记忆,主要影响国家在国际事务上遵循的原则和价值取向。不同历史文化背景的国家面对同样的国际环境所作的对外决策是不同的,正如美国欲"输出民主"拯救世界;而中国愿以和为贵,构建"和谐世界"。

(2) 政治制度与国内政局,包括立法机构对对外决策的监督、制约、批准的权力。开放的或民主的国家在对外政策方面很大程度受其社会特征——社会变量的影响,如公众舆论、利益集团、政党利益等;而与之相比较,政治过程更为专制或更为封闭的国家,其对外政策受其政府特征和结构影响更大。

(3) 政府结构因素。传统上,外交与军事机构在决策过程中的地位、影响与作用最大;随着政府经济职能的扩大和福利国家的兴起,目前主管经济事务的国家机构也跻身于这一行列。此外,各国决策机构所遵循的规范决策活动程序也不同,有集权型、分权型、等级型、民主型、民主—集中型之分。

(4) 经济发展与经济结构。经济发展与经济结构作为对外决策的关键因素,或为对外决策创造良好的基础,或产生某种制约作用,在相当程度上决定了外交选择余地的大小,它的急剧变动会冲击对外政策的形成。例如,2008

年金融危机后,欧美国家临困境,而中国逆势而上,出于尽快摆脱危机的需要,欧美国家普遍采取了改善或提升与中国关系的对外政策。

(5) 社会因素,主要包括党派、利益集团、民意、公众舆论与大众传播媒介等因素。在任何国家,政党的数量与相互关系,中央与地方的权力分配,以及利益集团的发育与影响力等,都是影响国家决策的重要因素。与此同时,随着时代的进步、传媒的发展,民意与公众舆论虽不直接决定对外政策的制定,却能通过对决策者施加政治影响而影响国家的对外政策。

(6) 个人决策者的因素。按照决策时是否有自主性以及是否亲近民众,决策者大致可以分为大众型、谦卑型、魅力型和固执型四种,不同类型的决策者在对外政策的制定过程中的表现不同。此外,决策者个人的心理和健康等状况在某种程度上也影响着国家对外政策的优劣与执行的成败。

7. 什么是对外决策模式?有哪三种对外决策模式?

对外决策过程是决定对外政策结果的重要因素。谁参与了决策、什么样的决策机制、谁在决策中最有发言权,对决策结果的影响重大。学者们根据已知的对外决策的规律和实践经验,在对决策过程在行政机构内的运行方式进行研究的基础上,概括归纳出三种定型的、标准的对外决策的具体形式,称之为"对外决策模式"①。

对外决策模式由决策主体、决策程序和决策方法三个基本要素构成,根据这三者的具体组合方式,三种决策模式分别是理性决策模式(the rational actor model)、组织过程模式(the organizational process model)和官僚政治模式(the bureaucratic politics model)。

理性决策模式

理性决策模式有两个基本的假定:国家是一个单一的行为主体,它有一个单一的意志,并可由一个单一的个人或群体来代表;同时,国家的对外决策是一个理性选择的过程,通过一种成本核算的方式,试图以最低的成本实现最佳的效果。

---

① 因为这三种模式是由艾利森最早提出的,所以又被称为艾利森的三个模式。参见〔美〕詹姆斯•多尔蒂、小罗伯特•普法尔茨格拉夫:《争论中的国际关系理论(第五版)(中译本第二版)》(阎学通、陈寒溪等译),世界知识出版社 2013 年版,第 612—619 页。

理性决策模式的理想程序是:(1)认清形势。决策者能及时获得充分而正确的情报与信息,并对环境条件与自己所处的位置,以及有关力量之间的互动关系,做出正确的分析和判断。(2)选取目标。决策者根据形势与自身利益的关联程度,选择最大价值的行动目标,使决策有明确的方向。(3)探求方案。决策者设计出各种可行的备选方案,并理智地加以评估、比较和筛选,将它们按优先顺序排列,提出取舍意见。(4)最后抉择。选择一个在同样的约束条件下获利最大、风险最小、见效最快的最佳方案,以便选择一个优先的行动,达到所选取的目标。

组织过程模式

组织过程模式描绘的是一种分权式的政府,其中的关键角色是政府的各个职能部门。这些部门都试图在推进自己的组织使命、职业角色和标准运作程序方面有所建树。它们各自为政,互不干涉,根据组织内的标准运作程序(standard operating procedures,SOPs)在决策中发挥自己的作用。对外决策实际成为涉及对外事务的各职能部门的一系列对外政策的总和,最高领导人只在各职能部门的政策发生冲突时进行协调和平衡工作。因此,由职能部门控制的决策过程不仅会使对外政策不具有内聚力,而且还可能出现彼此对立的政策。例如,20世纪80年代中曾根康弘在担任日本首相期间曾致力于推进本国市场的开放,但由于官僚机构的不合作,日本市场的开放仍旧步履维艰。

按照组织过程模式,政府追求的不是完善的理性选择或最佳方案,而是各部门都可接受的方案。而各部门并不注重长远战略目标,也不考虑变化和发展,只是专注于眼前的具体事务。政府大量的日常事务的决策就是以这种按部就班的形式(流水线作业)进行的。

官僚政治模式(政治过程模式)

官僚政治模式认为,对外政策是参与决策的各方讨价还价的产物。它所描述的是一种极其政治化的决策过程。和组织过程模式一样,它假定对外政策的决策权是分散的,存在着多元决策者,最高领导人并不完全控制决策过程和决策结果。和组织过程模式不同的是,它更加关注参与决策的个人,而非参与决策的职能部门;更注意分析参与决策的各方如何相互竞争以影响最后的决策过程,而不是仅仅把决策看作是各方政策的简单总和。

具体而言,在官僚政治模式看来,不同的参与决策者(个人、政党和利益集团)持有不同的目标和立场,因此在参与者彼此竞争和争辩的情况下,决策就成了一种讨价还价、明争暗斗、拉帮结派、相互妥协的活动；而对外政策即参与决策过程的各方，基于其利益和特点的考量，进行竞争、讨价还价、妥协，最终决策是合力的结果。即使决策做出，也不意味决策过程的结束。对决策不满的决策者仍可继续"有所作为"，即力图修正或修改这一决定及其实施。由于各决策者都试图推进个人的、党派的、集团的利益，官僚政治模式必然使做出的决策模糊不清、前后不一，充满矛盾。

关于以上三种对外决策模式的比较见表9-1。

表 9-1　对外决策的三种模式

决策模式的类型	理性决策模式	组织过程模式	官僚政治模式
决策性质	理性选择	程序化的输出结果	讨价还价的结果
决策主体	具有单一意志的理性行为体	相关的组织机构	处于决策位置的政府官员
决策取决于	利益最大化	组织内的标准运作程序	决策者的地位、权力和谈判技巧

8. 对外政策都是理性的、利益最大化的决策吗？

按照理性决策模式，只要作为单一行为体的国家能够合理地思考自己的利益和目标，合理地判断得失，那么它就可以做出理性的、利益最大化的决策。然而，现实情况与这种理想模式通常并不吻合，具体体现在以下几个方面。

第一，理性决策模式假定国家是一个整体一致的行为体（coherent actor），然而，任何一个国家的决策实际上都会涉及不同的政府部门，这些部门很可能有不同的利益和视角，因此作为决策者的国家很难说是一个整体一致的行为体。即便是在集权国家，除了攸关国家利益的重大决策外，对外事务的决策权也并非集于最高领导人一人之手。

第二，理性决策模式假定对外决策是以合理、冷静地评估长期的战略利益为基础，但实际决策过程中，参与决策的各个部门和利益集团都可能有自己的特殊利益，因此最终确定的国家的"一般利益"很可能是某一部分人或者某一部门的眼前利益。

第三，理性决策模式假定，理性选择的基础是有充分的时间和信息，但现实中国际形势变化多端，存在着许多复杂的、不可确定、无法预测的因素，决策往往是在紧迫时间下、依据有限的信息做出的。即便有许多情报和政策选择供决策者考虑，决策者也很难做到全面权衡、面面俱到。另外，在决策过程中，有时外部的压力也会使国家做出并非完全符合国家利益最大化的决策。

第四，理性决策模式没有考虑到错觉的作用，而一旦决策者产生错觉，就会降低对准确信息的利用，并且会对目标和战略做出错误的分析。在国际关系中，错误估计形势有可能造成高估或低估所受到的威胁。在一般情况下，国家多习惯于"做最坏的打算"（worst-case analysis），从而导致各方都做出过度的反应，而这种过度的反应是很容易造成敌意的。

因此，在现实生活中，完全符合理性的对外决策几乎是不存在的，理性决策模式假定的"国家是谋求其利益最大化的、整体一致的行为体，其行为方式是合理地权衡各种选择的代价与利益"，实际是对外决策的"理想"模式。不过，理性决策模式对攸关国家长远利益的大战略的确定以及重大外交问题的决策仍然是有意义的。与此同时，危机决策也能较鲜明地体现理性决策模式的特点。而且，正因为理性决策模式假定国家的对外行为是有目的和明智的，有关对外政策的研究和分析才变得有意义。

> 有关缔造战略的几大要点值得再说一遍。第一，那些介入战略缔造的人，不管是国务家还是军队领导，都生活在一个信息不全的世界上。他们在大多数场合，除了在最笼统的意义上，不知道其他国家的战略意图和目的，而且他们对自己一方的了解也往往有欠缺。第二，环境经常迫使他们在最为紧张的压力下工作。当发生危机时，他们极少有时间来思索和反省。于是他们常常集中于狭窄有限的问题，而不关心大的、长期的抉择；换句话说，他们会只见树木，不见森林。他们很少有人能以一种合乎逻辑的或透彻的方式表达自己的思想，不管是在书面上还是在面对面的谈话中。大多数人只是对事态做出反应，而非塑造事态，使之符合自己的目的。如同政治，战略是可能性的艺术；然而很少有人能够辨识什么是可能的。历史没有伴随冷战的结束而结束，因而战略也是如此。
>
> ——威廉森·默里 [1]

---

[1] 〔美〕威廉森·默里等：《缔造战略：统治者、国家与战争》（时殷弘等译），世界知识出版社 2004 年版，第 25 页。

9. 什么是危机决策？为什么说美国在古巴导弹事件中的决策是危机决策？

所谓危机决策，是指国家在危机时刻进行的特殊决策。它一般具有三个特点：(1) 出现了具有高度威胁或是可能产生高度威胁的情况；(2) 形势紧迫，必须在有限的时间内做出决策；(3) 由范围很小的最高决策机构做出决定。

在国际危机的严重性、时限性和突然性三要素同时作用下，危机决策的压力感受与常规决策完全不同。决策者在危机中面临的最大压力就是没有足够的决策时间，他们必须在既定的很短时间内做出决策。对于决策者来讲，处理危机最需要的是勇气、冷静和果断的性格，而不是周密的逻辑分析能力。因此，危机决策通常采用控制论的决策模式，排除选择的多样性，只跟踪少数关键变量，把它们控制在一定范围内，减少不确定性，把决策程序简化为"接受一定的变量与信号—做出反应—信号反馈—修正目标—再做出反应"的不断循环过程，即一种逐步调整和改正的序贯决策过程，使之逐步接近实际，达到对国际危机进程的某种控制。危机决策常采用高度集权方式。

1962年，加勒比海地区发生的古巴导弹危机由苏联在古巴部署导弹、美国坚持要求撤除导弹而引发，是冷战期间美苏两大国之间最激烈的一次对抗。古巴导弹危机是美苏之间高强度的国际冲突事件，符合国际危机的三个

应对古巴导弹危机的关键人物约翰·肯尼迪 (John F. Kennedy)，1960年当选为美国总统，是美国历史上最年轻的当选总统。古巴导弹危机是他总统任期内的重大事件之一。

特征:(1)事发突然,用于解决冲突的决策时间比较有限;(2)国家重大利益受到严重威胁;(3)冲突本身有升级为军事冲突或战争的危险,是一次典型的国际危机。

面对危机,美国政府迅速做出反应,成立由总统领导的国家安全委员会执行委员会,并提出六种方案:(1)无所作为;(2)对苏联外交施压;(3)秘密会晤卡斯特罗(分裂古苏);(4)派出地面部队进攻古巴;(5)空袭导弹基地;(6)封锁古巴。通过理性决策模式分析,美国推断苏联领导人的政治目的是缩小与美国的军事实力差距,特别是导弹方面的差距,苏联向古巴部署导弹是防御性的而非进攻性的。因此,最终选择成本最低、引发战争可能性小而让苏联让步可能性大的封锁对策,从而迫使苏联做出妥协,成功化解了古巴导弹危机。

美国在古巴导弹危机中的决策符合危机决策的三个特征,采用了理性决策模式,属于危机决策。同时,美国在古巴导弹危机中的决策最终成功避免危机升级,因此是一次成功的危机决策。

 拓展阅读

1. 摩根索提出的三种典型的对外政策[①]

美国著名政治学家汉斯·摩根索在其传世之作《国家间政治》中,以国家权力和利益为准绳,提出了维持现状政策、帝国主义政策和威望政策三种典型的对外政策。这一划分在传统国际政治中有极大影响。

维持现状政策

维持现状政策趋向于保守权力,即维持一个特定历史时刻存在的权力分配。但维持现状政策并非反对任何变更。它不反对变更本身,而是反对将国家之间的权力关系颠倒过来的变更。即它只谋求绝对权力分配的小调整,而不改变有关国家的相对权力地位。实行这种对外政策的国家,旨在保持自己已有的权力。

在历史上,维持现状政策通常表现为捍卫战争结束后的和平安排。例如,二战之前,英法两国对德国的绥靖政策就是维持现状政策的典型。而像瑞士这样的永久中立国,实际上采取的也是一种永久自保和维持现状的对外

---

① 参阅〔美〕汉斯·摩根索:《国家间政治:权力斗争与和平(第七版)》,第二编"作为权力斗争的国际政治"之第四章"寻求权力的斗争:现状政策"、第五章"寻求权力的斗争:帝国主义"、第六章"寻求权力的斗争:威望政策"。

政策。

帝国主义政策

帝国主义政策又称修正现状的政策。如果一国的外交政策旨在通过变更现存的权力关系,获得更大的权力,或者说,旨在推翻现状,谋求有利于自己权力地位的重大变动,它就是实行帝国主义政策。这种政策根据改变现状的范围大小,可以分为世界帝国主义政策、大陆帝国主义政策与地区帝国主义政策三种类型;依据所用的手段,可以分为军事帝国主义、经济帝国主义与文化帝国主义三种政策。

二战期间,德日法西斯以武力为后盾,利用各种手段、策略将其势力扩展到其他国家,使别国屈从于自己的意志,并试图从根本上改变国际格局,建立由其主导的世界体系的侵略政策是军事帝国主义政策的典型代表。二战之后,由于军事占领的成本过高、缺乏国际社会的道义支持以及受到国际法的制约,未来崛起大国对已有权力关系的挑战将更多地凭借其软权力来实现,即凭借经济文化优势,通过吸引的手段"使"而非"命令"其他国家支持自己的对外政策,从而达到扩大本国势力及影响的目的。因此,也有西方国家将中国在东亚地区及非洲地区的经济、文化势力扩张指责为帝国主义政策。

威望政策

威望政策即一国显示其国威的政策,它有两个可能的最终目的:为威望而谋求威望;为支持维持现状政策或帝国主义政策而谋求威望。有两个具体手段服务于这一目的:最广义的外交礼仪和炫耀武力。为威望而谋求威望很少是对外政策的首要目的,一国实行威望政策更多的是以本国实际拥有的或自以为拥有的或希望别国相信它拥有的权力,来给别国深刻的印象,并通过显示这种权力来维持或增加它所拥有的权力。

美国倡导并建立国际组织、与其盟国进行联合军事演习,中国成功举办北京奥运会、国庆节阅兵、宣扬"和谐世界"和"人类命运共同体"理念等,都是国家实行威望政策的具体表现。

2. "美国例外论"在美国对外政策中的体现[①]

美国是个高度自信、乐观并且有着强烈优越感的国家。有史以来,美国人一直怀有这样的信念:美国过去是、现在是、未来还是世界上最好的国家;美国人的理念过去是、现在是、未来还是最正确的。这种信念来自"美国例外"。"美国例外"可以有多种解释,但它的根源来自北美殖民地时期新英格

---

① 节选自邢悦:《文化如何影响对外政策:以美国为个案的研究》,北京大学出版社2011年版,第7章。这部分内容有助于读者理解美国对外政策背后的文化因素。

兰地区的清教文化,指清教徒具有"上帝选民"的特殊身份并负有拯救世界的"天命"。这种信念后来也被北美其他早期的殖民地所接受,成为13个殖民地共同的历史起源和美国早期国家认同的基础。建国后,美国在北美大陆成功地建立了世界上第一个稳固的民主政体,这一事实仿佛印证了"美国是上帝选择的特殊国度,美国注定以其独一无二的经历贡献于人类"这一基督教信念。于是,"例外论"和"天定命运"似乎找到了事实依据,扩展为整个美国的集体历史记忆,成为美国人根深蒂固的普遍信仰。尽管当代美国人不会再以清教的选民思想来论证美国的特殊性,但美国不同于其他国家,美国是世界上独一无二的民族,并因此承担着将上帝赋予美国的民主、人权价值观传播到世界各个角度的意识仍然普遍存在于美国人对国家的认同中,成为美国人的"迷思"。

美国的自由女神像。它高高地耸立在纽约港口的自由岛上,象征着美国人民争取自由的崇高理想,被誉为美国的象征。1876年由法国人民捐款,作为法国政府送给美国政府用来庆祝美国独立100周年的礼物。自由女神手持火炬,矗立在纽约港入口处,日夜守望着这座大都会,迎来了自19世纪末以来到美国定居的千百万移民。

"美国例外"的思想贯穿于美国的整个历史实践之中,并且明显地体现在美国决策者的思想和美国的对外政策中。在对外政策方面,美国之"例外"主要体现在以下几个方面。

第一,美国自认为在道义上比其他国家高出一等,美国具有上帝一样的品格:清白无罪,乐善好施,无比强大。

美国的"清白无罪"是指美国是一个宽厚的、防御性的民族和国家,没有沾染旧大陆的阴谋、自私和狡诈,不喜欢操纵别人或干涉别国事务,美国在国际社会的目标是高尚的。里根总统就多次强调:"可以肯定地说,在世界上没有任何人比美国人更痛恨战争,更热爱和平。"①不仅如此,美国还把自己视为其他国家行为的无辜受害者。按照美国人的理解,美国之所以介入两次世界大战,起因都是美国无辜受害:一战中,德国无视美国的中立地位,实施无限制的潜艇战,击沉了载有大批美国乘客的客轮;二战中,日本偷袭珍珠港,造成美国人员和海军力量的巨大损失。②

美国的"乐善好施"是指美国是一个慷慨大度的民族,在国际舞台的行为不是谋求本国私利,而是为了使世界摆脱罪恶,为了维护世界上所有国家和人民的自由、安全和幸福。威尔逊总统在一次演说中说:"国家根据物质利益来决定对外政策是非常可怕的事情。这不仅对与你打交道的人不公平,而且就你自己的行为而言也是可耻的。我们不能放弃这样的原则:道德而不是权宜之计是我们的指南。"③美国认为它参加两次世界大战的最终目的,不是为了报复对自己造成伤害的敌人,而是为了拯救世界。威尔逊宣称,美国参加第一次世界大战的目标是以美国的理想主义取代欧洲的强权政治的国际新秩序;罗斯福宣称,美国参加第二次世界大战的目标是摆脱德意日法西斯的奴役,建立一个基于"四大自由"的世界秩序。冷战期间,美国遏制苏联是为了保护自由世界,抵御极权主义的进攻。

美国的"无比强大"是指美国在道德上和物质上拥有其他国家无可比拟的实力。美国人认为,既然上帝赋予美国拯救世界的使命,上帝就一定会给美国实现其使命的条件——强大。而现实中美国军事力量的无比强大,似乎证明了上帝真的赋予美国特殊使命,美国的确在道义上拥有其他国家无法匹敌的力量。美国人相信,凭借其强大的军事力量和道义力量,只要美国坚定不移地去做某件事,就一定会成功。1989 年,面对苏联在与美对抗中日益呈现出的颓势,布什总统在他的就职演说中骄傲地称:"我们拥有的实力乃是一种向善的力量。"④冷战后,克林顿总统在强调美国在冷战后的世界体系中的领导地位时,明确指出:"世界之所以期待着美国的领导,不仅是因为我们的实力和规模,还因为我们所支持和勇敢反对的东西。我们是自由的灯塔、民主的堡垒,是世界上自由能带给人们美好前景的鲜活的例证。长期以来,我

---

① 梅孜编译:《美国总统国情咨文选编》,时事出版社 1994 年版,第 733 页。
② 在美国对外政策中长期起支配作用的孤立主义思想就是由此而来的。美国不愿与其他国家同流合污,不愿让其他国家玷污了美国的清白,美国要独善其身,完善自我。
③ Arthor S. Link, ed., *The Papers of Woodrow Wilson*, Princeton University Press, Vol. 28, 1979, p. 452.
④ 李剑鸣等编译:《美利坚合众国总统就职演说全集》,天津人民出版社 1996 年版,第 470 页。

们一直如此……"①

第二，美国从不认为自己是国际政治权势斗争的参与者，而是以国际事务的仲裁者自居。

自视为上帝挑选出来拯救世界的国家，美国认为自己的所作所为代表上帝的意愿，因而具有权威性、合法性和正义性。所以，在国际事务和国际争端中，美国责无旁贷地把自己视为仲裁者，而不是参与者。不仅如此，美国自诩是一个追求道义、没有私利的国家，因而在国际社会最有资格充当国际规则的制定者。

独立之初，美国奉行孤立主义的外交政策，借助两洋的屏障，避免卷入欧洲的权力角逐，是国际舞台上的冷眼旁观者。两次世界大战，战火烧身，美国不得不选择参战。尽管美国最终站在冲突双方的一边，但美国不认为它是参战国，而是以世界秩序的维护者自居。原因很简单，美国认为自己参战的最终目的不是使自己所在的这一边获胜，而是为了建立新的世界秩序。鉴于此，一战期间，威尔逊总统对英国把美国当成"协约国"的一员非常反感。他不愿承认美国是协约国的盟国，而是强调美国只是协约国的伙伴，美国的责任是调停和建立和平。二战时罗斯福总统也明确指出，美国参战的目的不是为了帮助欧洲旧大陆的某个受害国，而是为了建立包括欧洲在内的"自由世界"。

第三，美国认为自己因承担"天命"而对上帝负有责任，所以不能用世俗标准来评判美国的行为。

天命意识使美国不把自己当成世界体系中的普通一员，而是把自己置于其他国家之上。既然美国在世间的"天命"是履行与上帝签订的盟约，美国的所作所为是遵奉上帝旨意，那么，评价美国的行为是对还是错、是好还是不好的标准，就不能是世俗社会的一般标准。美国的行为归根到底要对上帝负责，上帝才是美国行为的最终评判者。这实际上就意味着，国际社会对一般国家对外行为的限制和要求不适用于美国。国际社会中其他国家不可以做的事情，美国是可以做的。

由此导致了一个看似令人费解的现象，即美国是国际规范的倡导者，国际法规、条约和制度的制定者，以及国际组织的创立者，但美国并不是国际规范和国际制度的严格遵守者。在美国看来，自己为了"高尚"的目标而使用一些不正当、不合法的手段是可以原谅的。于是，人们不难发现美国时常会

---

① 〔美〕比尔·克林顿：《希望与历史之间：迎接21世纪对美国的挑战》（金灿荣等译），海南出版社1997年版，第117页。

有一些违背自己确定的原则和规范的行为。2003年,美国在没有联合国安理会授权的情况下执意发动对伊拉克的战争,遭到国际社会的普遍反对,但小布什在国内却仍有超过60%的民众支持率。许多美国人认为,联合国安理会的其他成员国只顾本国的利益,不顾国际安全和国际道义,纵容萨达姆政权对联合国决议的公然挑衅,是不道德的、不负责任的表现。美国对伊拉克的行为才是替天行道,代表了人类的公平和正义。所以,尽管联合国是美国倡导建立的国际组织,安理会的"大国一致"原则也是美国的创意,但美国民众认为,没有得到联合国授权,并不意味着美国攻打伊拉克的行为必然是非法的。

自学指南

对外政策研究是国际关系学的一个重要内容。对外政策研究主要围绕以下三点展开:一是国家利益,它决定对外政策的目标,是国家制定对外政策的出发点和最终目标;二是体系、国内和个人三个层次上制约对外政策的因素,这些因素使得不同的国家在不同的条件下采取了不同的对外政策;三是对外政策的决策方式,它决定了对外政策的具体诞生过程。不管作为决策过程还是最后制定的具体政策,对外政策都反映了一国内部与外部世界的联系,所以它被称为联系国际与国内的"桥梁"。

由于国家利益和国际环境的不同,同一时期不同的国家有不同的对外政策,同一国家在不同的历史时期亦会采取不同的对外政策。按照国家所处体系文化的不同,可以将对外政策分为扩张、自保和互助三种类型。在国家之间为敌对关系的霍布斯文化下,国家为了生存而采取增强军事实力的自助行为会被其他国家视为扩张。在国家之间为竞争关系的洛克文化下,主权制度的建立使国家有了生存保障,除了体系中的大国外,其他国家一般都采取维持现状的自保政策。在国家之间为朋友关系的康德文化下,国家之间形成多元安全共同体,建立起了"我为人人,人人为我"的朋友关系,实行"一方有难,八方支援"的互助政策。

按照国家所处世界格局的不同,可以将其对外政策分为霸权、搭车和均势三类。当世界体系处于单极格局时,实力超强的国家运用其"霸权"优势建立由自己主导的地区和世界秩序,此乃霸权政策;当霸权国处于强盛时期时,体系中的中小国家采取依附强国的"搭车"政策以换取安全保护和其他好处;当世界体系处于多极格局时,实力相对均衡的国家采取"均势"政策来保持国家之间力量的平衡。

在任何时候,国家对外政策的制定和实行都受到世界体系、国家和决策个体三个层次因素的制约。这三个层次上的因素错综复杂地交织在一起。如果没有具体情境,我们就无法判断哪个因素更重要或更关键:国家的对外政策是这些因素共同作用的结果。此外,对外政策还受到决策方式的影响:对外决策模式可以分为常规决策模式和危机决策模式,也可以分为理性决策模式、组织过程模式和官僚政治模式。不同的国家针对不同的问题有不同的决策方式,所以,国家制定对外政策的过程并不是在所有方案中进行利益最大化选择,而只能在各种限制条件下进行有限选择。

以下教材中的相关内容和论著有助于读者对本章的内容进行更全面和系统的学习。

俞正樑等:《全球化时代的国际关系(第二版)》,复旦大学出版社 2009 年版,第 4 章"国家的对外政策"。

邢悦、詹奕嘉:《国际关系:理论、历史与现实》,复旦大学出版社 2008 年版,第 9 章"对外政策"。

〔美〕布鲁斯·拉西特、哈维·斯塔尔:《世界政治》(王玉珍等译),华夏出版社 2002 年版,第 8、9 章。

〔美〕威廉·内斯特编:《国际关系:21 世纪的政治与经济》(姚远等译),北京大学出版社 2005 年版,第 5 章"外交政策的制定与执行"。

〔法〕达里奥·巴蒂斯特拉:《国际关系理论(第 3 版修订增补本)》(吴勇、宋德星译),社会科学文献出版社 2010 年版,第 10 章"对外政策"。

〔美〕亨利·基辛格:《大外交》(顾淑馨、林添贵译),海南出版社 1998 年版。

〔美〕朱迪斯·戈尔斯坦、罗伯特·基欧汉主编:《观念与外交政策》(刘东国等译),北京大学出版社 2005 年版。

Margaret Hermann and Charles Hermann, "Who Makes Foreign Policy Decisions and How: An Empirical Inquiry", *International Studies Quarterly* 33 (1989), pp. 316—388.

Valerie M. Hudson with Christopher Vore, "Foreign Policy Analysis: Yesterday, Today and Tomorrow", *Mershon International Studies Review* (MISR), No. 39 (1995).

Laura Neak, Jeanne A. K. Hey and Patrick J. Haney, eds., *Foreign Policy Analysis: Continuity and Change in Its Second Generation*, Englewood Cliffs: Prentice Hall, 1995.

Graham T. Allison, "Conceptual Models and the Cuban Missile Crisis", *The American Political Science Review*, September 1969.

Robert D. Putnam, "Diplomacy and Domestic Politics: The Logic of 2 Level Games", *International Organization* 42:3 (Summer 1998).

Roger Hillsman, *The Politics of Policy Making in Defense and Foreign Affairs: Conceptual Models and Bureaucratic Politics*, Englewood Cliffs, NJ: Prentice Hall, 1990.

Irving Janis, *Crucial Decisions: Leadership in Policymaking and Crisis Management*, New York: Free Press, 1989.

Lloyd Jensen, *Explaining Foreign Policy*, Englewood Cliffs, NJ: Prentice Hall, 1982.

Bahgat Korany, *How Foreign Policy Decisions Are Made in the Third World*, Boulder, CO: Westview Press, 1986.

Jonathan Roberts, *Decision-Making During International Crisis*, New York: St. Marin's Press, 1988.

此外，由于美国在世界的独特地位和作用，国内外学者对美国对外政策的研究最多，下面一些研究美国对外政策的著作将有助于读者从多个侧面理解美国对外政策。

〔美〕贝科维茨等：《美国对外政策的政治背景》（张禾等译），商务印书馆1979年版。

〔美〕布鲁斯特·C. 丹尼：《从整体考察美国对外政策》（范守义、秦亚青译），世界知识出版社1988年版。

〔美〕布热津斯基：《大棋局——美国的首要地位及其地缘战略》（中国国际问题研究所译），上海人民出版社1998年版。

〔美〕杰里尔·罗塞蒂：《美国对外政策的政治学》（周启朋等译），世界知识出版社1997年版。

〔美〕罗杰·希尔斯曼等：《防务与外交决策中的政治：概念模式与官僚政治》（曹大鹏译），中国社会科学出版社1996年版。

〔美〕迈克尔·H. 亨特：《意识形态与美国外交政策》（褚律元译），世界知识出版社1999年版。

〔美〕约翰·路易斯·加迪斯：《遏制战略史：战后美国国家安全政策评析》，世界知识出版社2005年。

任晓、沈丁立主编：《保守主义理念与美国的外交政策》，上海三联书店2003年版。

沈丁立、任晓主编:《现实主义与美国外交政策》,上海三联书店2004年版。

任晓、沈丁立主编:《自由主义与美国外交政策》,上海三联书店2005年版。

邢悦:《文化如何影响对外政策:以美国为个案的分析》,北京大学出版社2011年版。

王立新:《意识形态与美国外交政策》,北京大学出版社2007年版。

周琪主编:《意识形态与美国外交》,上海人民出版社2006年版。

第十章

国际组织

　　这个组织(联合国)的建立是防止你们下地狱,而不是为了带你们上天堂。

　　　　　　　　　　　　　　　　　　　——小亨利·卡伯特·洛奇①

　　人类共同体将由各种有共同担当、试图通过合作以解决人类问题的不同组织组成。我们尚不清楚这一愿景能否实现,但在某种程度上说这种可能性是存在的,我们应该对国际组织尤其是非政府组织领导了这一进程而予以表扬。

　　　　　　　　　　　　　　　　　　　　　　　　——入江昭②

　　20世纪后半叶以来国际关系最显著的变化之一是,各式各样的国际制度、规范、法律和组织以前所未有的速度和广度增加,恰似一张遍及全球各个角落的"大网",约束各国和各种非国家行为体的行为,引导世界各个区域迈向共同的发展方向,增强多边主义的吸引力和有效性,并在此基础上孕育全球性伦理和价值,促进国家间关系为主体的传统国际政治朝着更有包容性的全球政治方向转变。

　　　　　　　　　　　　　　　　　　　　　　　　——王逸舟③

---

① 小亨利·卡伯特·洛奇(1902—1985),美国政治领袖和外交官,曾担任美国驻联合国代表,他的这句话在研究国际组织的论著中被反复引用。
② 〔美〕入江昭:《全球共同体——国际组织在当代世界形成中的作用》(刘青等译),社会科学文献出版社2009年版,第206页。
③ 王逸舟:《当代国际关系进步的五个方面》,《国际经济评论》2007年第5期,第29页。

1. 什么是国际组织？

一般而言，国际组织（International Organizations）是指来自两个或两个以上的主权国家的成员（含政府和非政府）为实现共同利益和目标，根据某种协定建立的有一定规章制度的常设性机构。

国际组织的目标和宗旨主要体现在以下四个方面：

（1）主要以和平手段来解决国家间、地区间甚至是国家内部的争端以维护国家间、地区间的秩序；

（2）把国家间甚至国家内部的冲突和战争降低到最低程度，或者对其（包括战争工具）予以控制；

（3）为了某个地区或全人类的社会和经济利益，为了人类的自身价值和尊严，进行促进世界范围内政府和民间在各领域的合作、交流、援助和发展之活动；

（4）为了国家的安全进行集体防御或以集体安全为目的。

2. 国际组织有哪些类型？

由于国际组织数量众多、名目庞杂、目的有别、组织形式各异，加之国际组织始终处于发展变化之中，因此对国际组织类型的划分存在着诸多标准。按照不同标准可将国际组织分成不同类型，以下将主要介绍五大分类。

根据国际组织的主体构成情况，国际组织可以分为政府间国际组织（inter-governmental organizations，IGOs）和国际非政府组织（international non-governmental organizations，INGOs）。政府间国际组织的成员是参与国的政府或其他代表国家的官方机构；国际非政府组织的界定在下文有详细介绍，在此不再赘言。

根据国际组织成员的来源是否受地域限制来划分，国际组织可分为全球性国际组织和区域性国际组织。全球性国际组织是指那些组织宗旨涉及世界性政治、经济与社会生活各个方面的，一般是由主权国家政府参加的国际组织。例如，联合国及其下属的专门机构，以及两次世界大战之间的国际联盟等。区域性国际组织是指那些组织宗旨涉及地区性的政治、经济与社会生活各个方面的，并且一般是由该地区主权国家政府参加的组织，其在成员构成、活动范围等方面都有特定的限制，往往由地理位置相邻、文化传统相近、经济结构和发展水平相似的国家组成，成员之间的某种共同点使其更易于达成共识和采取行动。例如，欧洲联盟、东南亚国家联盟、非洲联盟、阿拉伯国家联盟等。

根据国际组织各自的宗旨和职能不同，国际组织可以分为一般性国际组织和专门性国际组织。一般性国际组织的宗旨、活动领域和职权范围比较广泛，也被称为综合性国际组织。如联合国、欧盟、东盟、非盟等。专门性国际组织一般只具有专门的职能，根据其主导目标来划分，可分为政治性国际组织（如阿拉伯国家联盟、非洲统一组织）、军事性国际组织（如北大西洋公约组织、华沙条约组织）、经济类国际组织（如欧洲联盟、中非国家经济共同体、石油输出国组织等）、技术性国际组织（如欧洲太空总署、世界气象组织等）和慈善性国际组织（如红十字会、乐施会等）。

关于国际组织的分类，如表 10-1 所示。

表 10-1　国际组织的分类

	全球性		区域性	
	一般性	专门性	一般性	专门性
政府间国际组织	联合国	世界卫生组织	欧洲联盟	北大西洋公约组织
国际非政府组织	国际红十字会	世界自然基金会	巴勒斯坦解放组织	阿拉伯律师联盟

此外，根据组织形态划分，国际组织还可分为协定性组织（如联合国、世界贸易组织等）、论坛性组织、协定性组织的辅助机构和内部机构、国际多边条约的执行机构（如从属于《联合国海洋法公约》的国际海洋法法庭等）以及其他形式组织或机构五大类。

世界主要国际组织

3. 当今世界的国际组织具有哪些特征？

当今世界中的国际组织具有以下一些重要的特征。

第一，国际组织的数量急剧增加。第二次世界大战前的1939年，政府间国际组织只有80个；而到20世纪90年代，政府间国际组织已达到500多个。与此同时，国际非政府组织发展更为迅猛，其中绝大多数是50年代以后建立的。在第二次世界大战时，国际非政府组织只有170个左右；而到20世纪90年代，国际非政府组织已达到36 000多个。目前，世界上比较活跃且有影响力的各类国际组织约有40 000个，世界平均每年新增加的国际组织有1200多个。

第二，国际组织的规模庞大、成员广泛。19世纪的国际组织，其成员国基本上局限在欧美少数发达国家之间，这是由当时的国际现实决定的，因为绝大部分殖民地半殖民地国家在国际法意义上还无法作为一个主权国家在国际上独立发挥作用。但是，随着二战后民族解放运动和国际社会民主化浪潮的发展，越来越多的非西方国家开始作为独立的主权国家活跃在国际组织中，从而加入多边外交的行列中。当代国际组织如联合国几乎包括了世界上所有国家，而绝大多数专门性国际组织基本上都拥有100多个成员国。

第三，组织机构趋于完善。19世纪的国际行政联盟由常设机构国际事务局负责日常工作，成员国代表会议只是在若干年内讨论由条约规定的国际合作，并不负责实际工作，那时的国际组织在机构设置、功能的确定上还比较单一和有限；当代国际组织一般在常设秘书处之上设置代表大会、理事会（执行机关）这种实质性的权力机构，一般拥有很大的决策权和执行权，机构设置更为完善，议事程序更加清晰，行动也更加有效。

第四，众多的国际组织形成复杂的国际组织网络。例如，联合国与18个专门性的政府间机构建立了密切的、非隶属的关系，其中16个被称为联合国专门机构。联合国还给予1/6的非政府国际组织以协商地位。再比如欧盟，它与12％的国际非政府组织有着密切的关系。这样，许多国际组织在业务与信息方面已有机地联合在一起，形成以联合国为中心的国际组织网络，从而使国际组织外交成为除国家之间的外交以外，当代国际社会中最重要的外交形态之一。

4. 什么是国际非政府组织？它在国际社会中如何发挥作用？

根据1994年联合国的文件，非政府组织是指"一种非营利性实体，其成员为一个或多个国家的公民或公民协会，它们的行为由成员的集体意志决定，以满足一个或多个和该非政府组织合作的团体成员之需"。国际非政府组织是指，组织目的与活动范围具有国际性，或者机构设置与成员构成具有国际性，或者资金来源或其他主要资源具有国际性的非政府组织。

国际非政府组织具有如下十个属性：(1)组织性。这意味着规章制度的设立、明确的任务分配、有职权等级体系和交往体系以及目标准则。(2)民间性。即在制度上独立于政府，既不是政府体制的组成部分，又不受制于政府。(3)非营利性。这是指不以营利为目的，组织所筹得的资金与赢取的利润不能分配给所有者、管理者及志愿参与的一般人员。这是非政府组织与私营企业的根本界限。(4)自治性(或独立性)。这是指非政府组织不是政府的一部分，也不隶属于任何私营企业，所以既不受制于政府，也不受制于私营企业。(5)志愿性。这是指非政府组织的成员不是由法律要求组成的，而是以利他主义和奉献精神等价值为导向的。组织也接受一定程度的时间和资金的自愿捐献。(6)非宗教性。这是指非政府组织的活动不为吸收新教徒。(7)非政治性。这是指非政府组织处于政府体制之外，不属于政府的一部分，也不以取得政权或执政为目标。(8)公益性。这是指许多非政府组织具有公益性目标，或是建立在人道主义的慈善理念之上。(9)合法性(正当性)。在国际社会层面，国际法的相应规定是国际非政府组织合法性的重要来源。(10)国际性。这是国际非政府组织区别于仅限于一国之内的非政府组织的标志。

对于国际非政府组织性质的一般的、正面的认识是，它是一种自愿组织，志愿性是其最重要的特征之一，也是它区别于商业和政府部门的根本特征。将国际非政府组织视为社会中介机构，也是一种广泛的看法，这是由于它在国家、市场和社会之间，在国内问题与国际事务之间，在社区与广大社会之间，以及在一国与另一国之间，扮演一种中介性的角色。它本身无意于作为利益的获得者，而是在"为他人作嫁衣"。在一般的关于国际非政府组织的研究中，并不将国际恐怖主义组织、国际贩毒集团等纳入其中。

需要指出的是，国内学者在国际非政府组织是否包含宗教类组织的问题上尚有分歧。有些学者认为应当将基督教协进会(World Council of Churches)、世界佛教徒联谊会(World Fellowship of Buddhists)等国际非政府组织囊括其中,而有些学者则持相反意见。

总体上,国际非政府组织以四种方式影响政府、多边机构、国家及国际合作。

(1) 提出和设立议程。非政府组织通过提出许多政府一直忽视的议程,敦促各国政府对某个议题的重视,协助国际社会致力解决各种问题。例如,由于国际禁雷运动组织的努力,国际社会就缔结《禁止杀伤性地雷公约》达成共识,并最终签署了《国际禁雷协议》。

(2) 通过协商促进议题的解决。国际非政府组织在设计发挥作用的多边条约方面扮演了一种基础性的角色。国际非政府组织还能在谈判处于僵局时,通过民间活动建立起政府间的信任和打破谈判的僵局。

(3) 促进合法化。国际非政府组织的意见在促进或抑制公众的政治支持方面可能成为决定性的因素。国际非政府组织通过调动民意,举行合法的抗议活动,参与国内和国际政治决策过程。今天,世界银行几乎一半的借贷项目有非政府组织参与的成分,而在1973年至1988年间,平均只有6%的国际非政府组织在这些借贷资本的流向上偶尔起着决定性的作用。

(4) 实施解决方案。国际非政府组织在实际生活中承担着许多政府不能或不愿做的事情,在许多全球事务的管理方面起着重要的推动作用。比如,国际红十字会在实施人道主义救援方面往往起到了敌对国家间的沟通的作用。另外,国际非政府组织在将国际协议与规则转变为国内立法和实施方面起到了关键性的作用;在监督国内政府遵守和执行国际协议和国际规则方面,它们也是一支重要的政治力量。

5. 政府间国际组织是如何产生和发展起来的?

政府间国际组织是由两个以上的国家组成的一种国家联盟或国家联合体。该联盟是由其成员国政府通过符合国际法的协议而成立的,并且具有常设体系或一套机构,其宗旨是依靠成员国的合作来谋求符合共同利益的目标。如联合国、非洲联盟、欧洲联盟等。目前,重要的政府间国际组织有500多个。尽管从数量上来看,政府间国际组织仅占国际组织总量的一小部分,然而它们对成员国的内外政策产生直接的影响,所以在国际关系中的地位十分重要。

万国邮政联盟的徽标。万国邮政联盟简称"万国邮联"(Universal Postal Union, UPU),成立于1874年10月9日,总部设在瑞士的伯尔尼,被认为是最早的政府间国际组织之一。万国邮联的宗旨是:组织和改善国际邮政业务,促进发展国际邮政业务合作,并在力所能及的范围内进行各种邮政技术援助活动。

政府间国际组织的发展壮大是一个二战后才出现的新现象,几乎所有的政府间国际组织都创建于最近50年左右,然而它的起源可以从欧洲近代史中寻找到三个主要的源头。第一,部分源于一种普世主义的人类观念。创建人类共同体的道路需要通过普遍性的国际组织。第二,还发源于这样一种观念,即强国有一种特殊的责任来进行合作和维持和平。这个观点首先在欧洲协调上得以体现,之后的国联理事会是欧洲协调观念的继续,联合国安全理事会(UNSC)也具有类似效用。第三,纯粹的需要也推动了政府间国际组织的产生。由于国家间关系日渐相互交织,有必要创立专门机构来处理具体的经济和社会问题。

国际组织的产生与国际关系的演变密切相关,其发展经历了从民间交往到正式的政府间往来,从国际会议到国际组织,从专门性国际组织到普遍性国际组织的历程。具体来看,可分为三个阶段。第一阶段是国际组织的萌芽和初步发展(第一次世界大战之前)。多数学者认为国际组织产生于近代欧洲。民族国家最先诞生于欧洲,在此基础上开始形成现代意义上的国际关系体系。据统计,1870年以前世界上的国际组织只有11个,1871—1900年增长到80个,到一战爆发前夕已经达到200多个。第二阶段是国际联盟的建立与国际组织的进一步发展阶段(两次世界大战之间)。解决战争与和平问题是国际组织发展中的一个重要目的。一战后国际联盟的建立对现代国际组织的发展具有重要影响。第三阶段是联合国的成立,即国际组织成熟发展的新阶段(二战结束至今)。二战后,国际组织以空前的规模和速度发展起来,它们独特的作用越来越受到国际社会的重视,并不断得到加强,成为调整国家间关系、推动国际关系向前发展的重要形式。冷战后,在全球治理的呼声日益高涨的大背景之下,国际组织被赋予更高的期待和更大的责任。

6. 国际非政府组织是如何产生的？

国际非政府组织产生于19世纪中叶的欧洲。1839年成立的英国及外国反奴隶制协会(British and Foreign Anti-Slavery Society)和1855成立的基督教青年会世界联盟(World Alliance of Young Men's Christian Association)属于最早成立的一批国际非政府组织。作为跨国界的、非营利的自愿组织，从思想和社会实践的角度说，国际非政府组织的产生源自以下三方面的动力。

第一个是基督教传统。早在人类进入工业社会之前，基督教就教诲人们要行善，要有怜悯之心，基督教堂和修道院经常分发救助物资。同时，它们还是教育和艺术的中心，甚至还传播农业技术。现代国家诞生之后，教会仍旧是提供社会服务的重要力量。它们发动当地的资源救助农村的穷人和患病者，还带头为工业革命造就的新兴城市人口提供一些从未有过的援助。

基督教传教士们很早就希望在全球建立和传播他们的信仰。很多人批评说天主教会是西班牙等国殖民扩张的同伴，但是教会在传播信条的同时，也向当地社区传授欧洲的技术、文化和医学知识。许多传教士也设法使当地人免受统治者的过度剥削。天主教和新教争相在外国的土地上建立自己的教堂，也建起了学校和医院，推广西方的种植、林业和建筑技术。例如，中国的协和医院、协和医学院以及中山大学都是在19世纪传教士办的机构的基础上发展起来的。

今天的基督教，像其他主要宗教一样，仍旧是社会服务的一支主要催化剂，激发了许多个人捐款者、工作人员和机构开展国际救助和发展活动。一些国际非政府组织，如国际小母牛项目组织(Heifer Project International, HPI)、国际奥比斯(Project Orbis, ORBIS)、克里斯朵夫国际防盲协会(Christian Blind Mission, CBM)，都有基督教的背景和服务精神，虽然它们在某些特定的领域内针对某些社会目标的运作已和宗教活动无关。许多教会或者教会联盟也成立了国际非政府组织，从而在很大程度上取代了早年的传教士协会。这些新的基督教机构愿意帮助与它们信仰相同的海外社区，同时它们也不排斥服务不同信仰者。

第二个是人道主义传统。许多著名的国际非政府组织都是为了回应战争中的人道主义灾难而成立的。例如，1919年第一次世界大战催生了紧急救助儿童基金，1937年西班牙内战中诞生了"国际小母牛"，1942年二战期间成立了牛津救灾委员会,20 世纪 60 年代末尼日利亚的内战促成无国界医生组织(Médicins Sans Frontières,MSF)的成立,70 年代印支半岛的战争促使一些美国人成立拯救难民基金。1856 年,被法奥战争的血腥震惊的瑞士银行家亨利·杜南开始以人道主义为旗号发起国际红十字运动,并推动 16 个欧洲国家于 1864 年签署了《日内瓦公约》,承诺"允许医务工作者进入战场;允许医疗物品的供应;认可并尊重著名的白底红十字作为中立的象征"。在接下来的 150 年里,涌现出了更多类似的组织。与基督教慈善和博爱的传统相比,人道主义者们更倾向于强调"友爱"和"人权"。

世界自然基金会的徽标。世界自然基金会 1961 年成立于瑞士,创始人为英国著名生物学家、曾任联合国教科文组织第一任总干事的朱立安·赫胥黎。其基本目标是保护地球的生物资源,口号为"for a living planet",是"地球一小时"活动的发起组织。

大多数从事紧急救助和发展的人道主义国际非政府组织,特别是那些关注长期发展的机构,已经开始强调环境保护是人类发展的一个必要条件。为了应对日益凸显的全球环境危机,确保人类和地球的生存,环保组织的队伍日益壮大。1961 年成立的世界自然基金会希望成为"自然界的红十字会";1967 年成立的美国环保协会(Environmental Defense Fund,EDF)率先尝试使用法律手段终止杀虫剂在全美的使用。同时,许多关注某一环境问题的非政府组织也逐渐将人类发展视为环境保护的一个必要条件。

第三个是慈善传统。19 世纪,当工业资本主义在西方世界腾飞之时,一个新的企业家阶层开始积累财富,并很快超过拥有土地的贵族们。由于基督新教伦理宣扬财富只是证明你是"上帝的选民"的依据,而不是让你去享受和支配,人死后留下万贯家产是一件耻辱的事情。于是,一些暴富的工业资本家捐出部分个人财产创办了慈善性质的基金或基金会。此类行为主要发生在美国。现在依然财大气粗的卡内基基金会(Carnegie Corporation of New York)、福特基金会(Ford Foundation)和洛克菲勒基金会(Rockefeller Foundation)都诞生在那个时代。时至今日,美国共有约 65 000 家私人基金会,每年共计花费 300 亿美元。美国最有钱的人基本上都是美国捐赠最多的慈善家,如比尔·盖茨、巴菲特、索罗斯,他们将自己的巨额财富以基金会的形式用于社会公益事业。

7. 联合国有哪些主要机构?

联合国是世界上最大的政府间国际组织,表 10-2 列出了联合国主要机构的运作机制及其责任。

> 不会有国家孤独地面对和抗击威胁;我们这个组织(联合国)的建立就是要减少这种威胁。
>
> ——科菲·安南[①]

表 10-2 联合国的主要机构

机构	成员和表决制度	责任
安全理事会 (Security Council)	15 个成员国;5 个常任理事国,拥有否决权;10 个轮值国,任期两年,按地域原则分配名额	维护和平与安全;辨认入侵者;决定强制措施
联合国大会 (General Assembly)	193 个成员国;每国一票;通过六个功能委员会运作	就《联合国宪章》管辖范围内的任何问题举行辩论;接受国家加入;选举专门机构的成员国
秘书长领导的秘书处 (U. N. Secretariat)	秘书处有 8900 人;秘书长由联合国大会和安理会选举产生,任期五年,可连任	秘书处:收集信息,协调和实施行动;秘书长:首席行政执行官员和发言人
经济及社会理事会 (Economic and Social Council, ECOSOC)	54 个成员国,选举产生,任期三年	协调经济和社会福利项目;协调专门机构(世界粮农组织、世界卫生组织、联合国教科文组织)的行动

---

① 转引自〔美〕约翰·罗尔克编著:《世界舞台上的国际政治(第 9 版)》,第 267 页。

(续表)

机构	成员和表决制度	责任
托管理事会 (Trusteeship Council, TC)	最初由托管执行国和非执行国组成；现在由五大国组成	监管已经结束；有人建议其改变职能，成为土著人民、非政府组织或国家建设的论坛
国际法院 (International Court of Justice，ICJ)	15名法官	对由国家起诉的案件拥有非强制性司法管辖权

以上这些机构的权力和威望随着时间的推移发生了改变。安全理事会负责确保世界和地区的和平与安全，并决定是否采取强制措施，在20世纪40年代非常活跃。冷战期间，由于苏联经常使用否决权阻止联合国采取行动，安理会的作用受到极大的限制。随着冷战的结束，安理会的权力得到恢复。例如，1987年至1993年间，安理会每年正式会议的数量从49次增加到了171次，每年通过的决议数量从13个增加到了93个。2014年，安理会召开正式会议266次，通过决议89个。安理会作用的提升反映了冷战敌对的消失和常任理事国之间的协调一致。

联合国大会可以就宪章规定范围内的任何问题进行辩论，为了适应成员国的增加，联合国大会已经改变了它的运作方式。联合国大会的繁杂工作是由六个职能委员会来完成的，它们是裁军和国际安全委员会，经济和金融委员会，社会、人道主义和文化委员会，特别政治和非殖民化委员会，行政和预算委员会，法律委员会。随着联合国会员国从51个增加到192个，联合国大会的工作正变得越来越繁杂。不过，自冷战结束以来，联合国大会的工作已经日益被边缘化了，因为联合国权力的重心已经重新转移到了安理会和更为积极活跃的秘书处。

这些年秘书处的雇员差不多有9000人，除了职员的增加，秘书处的作用也大大扩展了。秘书长具有极少的正式权力，其权威依赖于说服能力和中立立场。秘书长，尤其在后冷战时代，可以借助这种权力潜在地打造一个积极的议程，就像安南所做的那样。然而，秘书长权力和权威的增加是有代价的。若这个职位的独立性遭到破坏，这个职位的自主性受到质疑，那么秘书长就会丧失合法性。例如，在20世纪60年代的刚果维持和平行动期间，当时的秘书长被认为是偏袒西方的。

历届联合国秘书长,按从左到右、从上到下的顺序,依次为:赖伊、哈马舍尔德、吴丹、瓦尔德海姆、德奎利亚尔、加利、安南、潘基文、古特雷斯(现任)。

在整个联合国,一些机构的重要性提高了,其他机构的重要性就会相对下降,最明显的是经济及社会理事会(以下简称经社理事会)和托管理事会,尽管原因非常不同。经社理事会最初是为通过一系列专门机构协调联合国系统内各种经济和社会活动而建立的。但是,这些活动的扩展和项目数量的增加已经使经社理事会的协调任务困难重重。经社理事会自身是围绕十个职能委员会来组织的,分别处理诸如人权、妇女状况、人口与发展、社会发展之类的广泛问题。此外,经社理事会负责协调联合国各个专门机构的工作,但其中很多专门机构处于经社理事会有效协调的影响范围之外。

相比而言,托管理事会已经无事可做。其使命曾是监管非殖民化问题,并逐步移交托管领土,这些托管领土是在从殖民地向独立国家过渡期间被置于联合国保护之下的。因此,托管理事会的成功恰恰意味着它的消亡。为了避免变更《联合国宪章》,托管理事会继续存在,但已不再召开年会。改革者建议,对该机构进行重构,以代表不同的利益,如非政府组织或土著人民的利益,或者改为国家建设理事会。

8. 政府间国际组织在国际社会有哪些作用?

政府间国际组织在国际社会的具体作用和功能主要体现在以下几个方面。

(1)宣传性功能。政府间国际组织为各国提供了一个宣传自己的主张、阐述自己的政策、表达自己的利益诉求、改善自己的国际形象的国际讲坛。在每年的联合国大会和一些重要的政府间国际组织年会上,各国代表所作的发言就是提出自己的主张、表达自己的利益要求,从中也可以看出各国或各个国家集团就某些重大的国际问题进行的激烈斗争。国际组织作为一个国际讲坛,也有助于各国在一些重大问题上彼此了解各自的政策与立场,起到更好的相互沟通的作用。这对消除国家间的误解与分歧、协调彼此间的政策与利益、改善国家间的相互关系、促进国家间合作具有一定的积极意义。

(2) 国际组织有助于突出某一国际议题以引起国际社会的广泛关注。由于政府间国际组织是一个重要的国际交往场所,在这里提出的议题往往要比在其他场合提出相同的议题更容易引起国际社会的关注,更能引起各国政府的注意。国际组织还可以确定突出哪些问题和确定哪些可以按类别组合起来,从而帮助政府确定其处理的事务的轻重缓急。国际组织对某种国际性问题的突出,有助于各国之间就这一问题和相关的问题及其解决方案相互交流信息,同时有助于这一问题得到一定程度的解决。

(3) 国际组织有助于促进有关国家在某些国际性问题上结成联盟。政府间国际组织作为一个把各国官员汇集在一起的国际交往的场所,使各国更加便利地了解其他国家在某些重大问题上的立场。这样,国际组织有助于把在某些国际性问题上本来潜在的或者隐蔽的国家间联盟转变为一个公开的联盟。比如,第三世界国家在某些重大的国际问题上团结一致,以一个整体的"声音"来阐述自己的主张。77国集团在每次联合国贸易与发展会议举行之前都要召开一次部长级会议,以便研究对策、协调立场,为贸易与发展会议做准备。

(4) 促进某些领域内相关机制(regime)的建立。机制是某一领域内所发生的各类事务的组织方式和运作形式,由原则、规范、条例和决策程序构成。这些原则、规范、条例和决策程序构成了有关国家在这一领域内的行为规范和国际上处理有关问题所遵循的原则以及处理相关问题时所遵循的模式。它们是通过多边或者双边条约建立起来的,在这一过程中国际组织是促成这些原则、规范和条例的重要场所,国际组织内部的组织形式有时也是决策程序中不可或缺的一部分。

(5) 推动国际规则与规范的制定。随着国际组织逐渐成为国际关系的主要行为体,国际组织在运作中所建立的规范常常被其他国际社会的成员所援引,而各国际组织对于特定问题所作的规定,因为可以约束其成员,所以具有"准立法"的性质,对于国际法的推动贡献不言而喻。而且国际组织决议后所采取的对外行动会比较具有正当性。

（6）推动国际法、国际规范的执行。国际社会缺少一个中央政府,但部分政府间国际组织的规定可以强制适用于其成员,使得国际社会的无政府性的负面影响减少了一些。有些国际组织运用既有的资源援助落后或发生动乱的国家及人民;有些大型国际组织甚至可以自行运用武力或其他仲裁、斡旋、调停方式,介入与其有关的区域争端,谋求争端的和平解决。

（7）推动国际成员的社会化。当政府间国际组织的会员达到一定数量时,会产生"磁吸"效应,让组织成员进一步扩大。为了配合国际组织的运作,参与的成员必须了解并逐步习惯国际组织本身既有的传统与习惯,就如同人在社会中的社会化过程一般(社会化指社会成员学习与其相关的各种社会角色的技巧和态度的过程,然后从既定的社会规范当中去表达自己的价值观或愿望)。

9. 何谓联合国维和行动?

联合国的维和行动(Peace-keeping Operation,PKO)是联合国确立的一种独特而有活力的手段,目的是帮助受冲突之患的国家创造实现持久和平的条件。第一个维持和平特派团成立于1948年,当时,安全理事会授权向中东部署联合国军事观察员,监督以色列与阿拉伯邻国之间的《停战协定》。自那以来,在世界各地部署的联合国维持和平行动共71次。

多年来,为了应对各种不同的冲突和不断变化的政治格局,联合国维和行动也经历了变革。在联合国维和行动诞生之初,美苏对抗常常使安全理事会陷于瘫痪,维持和平的目标主要局限于在实地维持停火和稳定局势,以便能够在政治层面做出努力,以和平手段解决冲突。那时的特派团由军事观察员和配备轻武器的部队组成,其作用主要是将敌对双方隔开,为停火和有限度的和平协定提供支持和帮助。

随着冷战的结束,联合国维和行动的战略背景发生了巨大变化,促使本组织改变和拓展实地行动,从仅仅包括军事任务的"传统"特派团向复杂的"多层面"行动转变,以确保执行全面和平协定,协助奠定可持续和平的基础。今天的维持和平人员担负着多种多样的复杂任务,从协助建立可持续的施政机构到人权监督、安保部门改革、战斗员解除武装、复员和重返社会,不一而足。

2015年5月在南苏丹执行维和任务的中国首支维和步兵营举行新营区启用仪式。截至2015年,中国军队已参加联合国24项维和行动,累计派出维和官兵30178人,先后有10名官兵为维护国际和平与安全献出了宝贵生命。目前,中国军队共有2720名官兵在联合国9个任务区为和平值守。

按照最初的构想,联合国维和行动是一种处理国家间冲突的手段,而今却越来越多地被用来处理国内冲突和内战。军事力量依然是大多数维和行动的主干,但今天的维和人员有着多种角色,包括警察、扫雷人员、法律专家、经济学家、行政人员、选举观察员、人权监督人员、民政与治理方面的专家、人道主义工作者、通信和宣传专家等。

此外,联合国维和行动具有以下几个特点。(1) 大部分发生在经济欠发达国家。(2) 联合国维和部队的组成人员基本上来自较小的国家以及不结盟国家。差不多每次联合国的维和行动都会包括来自加拿大和斐济的人员。(3) 冷战的结束使得大国在联合国维和行动中发挥更大的作用。进入21世纪以来,美国、英国、中国、法国、德国和俄罗斯的部队都参与了联合国维和行动。

拓展阅读

1. 现实主义、自由主义和建构主义理论对国际组织的作用的观点

现实主义

虽然现实主义认为国际组织不能改变国际政治的权势斗争的性质,但有一部分现实主义者认为,国际组织可以改变世界体系的权力结构。即便大国不会受到国际组织的太多制约,但一些中小国家可以利用国际组织来增加自己对付大国的力量。

第一,小国可以利用国际组织来增强自己的影响力。这种情况在国际组织初创时不大会出现(因为此时国际组织的创立者们往往能主导国际组织的

走向),但随着时间的推移,国际组织与大国的利益未必总会一致,这就为弱者增强其影响提供了机会。

第二,国际组织可以保障国家的生存和改变国家的基本实力,从而改变世界格局。例如,联合国的存在保护了大量刚刚独立的弱小国家,而这些国家数量的增加会直接改变世界体系的结构。中国在20世纪70年代之所以能够恢复在联合国的合法席位,与这些新独立的国家在联合国会员国中占有60%的比例不无关系。

自由主义

第一,国际组织可以改变国家实现其利益的方式。在一定的时期内,一个国家的利益是相对稳定的,但追求和保护这些利益的方式却是多种多样的,国际组织的成立可能改变国家实现利益的方式。例如,二战结束前,日德等国家会倾向于通过战争来获得领土、财富和国际地位,但二战后由于关贸总协定等一系列国际经济组织的成立,大多数国家(包括大国在内)都减少了用武力来追求经济利益和政治利益的做法,因为在大多数国家都认同和遵守国际规范并且对违反规范的国家能够实行有效惩治的情况下,国家可以用更低的成本来获得更大的收益。换句话说,国际组织营造了一个供主权国家和平竞赛的平台和环境,降低了国家使用武力的必要性,增加了国家以武力获取利益的风险和代价。

第二,国际组织限制了主权国家进行对外战争的权力,限制了主权国家在国内为所欲为的可能性(比如不能随意研发核武器和侵犯人权),限制了国家主权的绝对意义(比方说关税壁垒可以商榷)。因此,处于国际制度、国际规则和国际法约束下的主权国家之间的关系,日渐呈现出不断加强的"组织性"或称"有序性",无政府状态下的无序性将逐渐被有序性所代替。有学者认为,某个国际组织可能不过是权力政治的玩物或国家野心的装饰,但作为历史进程一部分的国际组织则代表了积极谋求使世界成为人类安全的栖息地的长远趋势。世界体系的有序性逐渐增加,就意味着国家的行为会遵循一定的国际规则,因此一国对他国的疑虑、猜忌和敌意也会逐渐减少,从而推动体系文化向洛克文化甚至康德文化转型。

建构主义

事实上,国际组织蓬勃发展百年来,始终在培养国家之间合作和妥协的习惯,倡导人类的共同价值和观念,促进国家和地区间的相互认同。打个比方,国际组织是国家必须去上的一个学校,它们在这个学校里学习"合作和妥协",慢慢改掉"斗争和冲突"的坏习惯,虽然现在绝大部分国家都还没有毕业,但这些学生的成绩显然都有所提高,它们都逐渐不再以"打架"的方式来解决争端,而采用"辩论"和"竞争"的办法来分出高低强弱,所以国际组织是功不可没的。

观念的力量是巨大的。国际组织内部当然存在着国与国之间的争论,有些国家也会将国际组织视为捍卫自身利益的工具和舞台,但这都不能否认国际组织构建观念和传播思想的作用。"和平""发展""可持续发展""人类安全"等如今大家耳熟能详的共同观念,几乎都是国际组织倡导和推广的结果。而一旦这些观念被国际社会广为接受,就会成为人们的自觉行动和国际社会的事实。从长远的角度来说,国际组织将以改变国家观念的方式来改变国家间关系,进而改变世界体系的文化。这种作用往往容易被忽视,但其影响力绝不逊于现实主义者和自由主义者眼中国际组织的功能。

2. 中国与国际组织的关系

中华人民共和国成立以来,中国对国际组织的看法和中国在国际组织里扮演的角色随着国内外形势的发展而不断发生变化。我国学者王逸舟将这些变化准确地表述为"从拒绝到承认、从扮演一般性角色到争取重要位置、从比较注重国内需求到更加兼顾国际形象"的曲折过程。

中国曾将国际组织视为资本主义国家操纵世界的工具,对西方国家占主导地位的国际组织存有强烈的不信任感。在朝鲜战场上,中国人民志愿军更是与以美国为首的联合国军兵戎相见。中国对联合国乃至大部分国际组织的拒绝态度反映了当时中国对外部世界的看法,也受当时东西方尖锐对立的国际关系的影响。直到中国恢复在联合国的合法席位,局面才开始改观。但由于缺乏在国际组织内开展多边外交的经验以及旧思维的惯性作用,中国虽参与了一些重要政府间国际组织的活动,却常常扮演着旁观者甚至批判者的角色,原则表态多,具体建议少。

改革开放后,中国大幅度地调整了自己的对外战略,从而为参与国际组织的活动开辟了更广阔的空间。中国终于放弃了"局外者"的身份,成为多数全球性国际制度的参与者。中国开始采取建设性的态度,表明了推进与国际社会接轨的愿望。中国已经放弃了挑战者的角色,但由于历史因素和现实情况的制约,中国参与国际制度的步伐还有些摇摆。据统计,从 1979 年到 1983 年,中国从联合国开发计划署、联合国人口基金等接受了 2.3 亿美元的援助。中国 1980 年成为国际货币基金组织和世界银行的理事国,此后逐步加入了世界知识产权组织、国际农业开发基金、亚洲开发银行等,为恢复关贸总协定的缔约国地位做出了积极努力。1989 年中国第一次派出了维和观察员,参与了联合国在纳米比亚的维和行动。

冷战结束后,全球化的发展已使国际组织成为解决全球性问题的必要途径,参与国际组织的活动已成为所有国家外交不可拒绝的现实选择。综合国力的不断增强,也为中国在国际组织中采取更为主动的行动提供了相当的物质条件。中国不再仅仅充当国际组织的被动的合作伙伴,而是以更加积极、开放的姿态,跻身于多边外交舞台,对国际规范的制定与修订发挥着具有建设性的影响力,努力塑造一个负责任的大国的国际形象。中国领导人近年来在不同场合反复强调,占世界人口1/5的中国人可以为世界的和平与发展做出更大贡献,中国理应在国际事务中发挥更多作用。中国完成了与世界贸易组织的漫长谈判,成功地成为该组织的成员。中国倡导并建立了"上海合作组织",通过多边机制,与周边国家进行安全合作。

上海合作组织的会徽。上海合作组织(简称上合组织)是哈萨克斯坦共和国、中华人民共和国、吉尔吉斯斯坦共和国、俄罗斯联邦、塔吉克斯坦共和国、乌兹别克斯坦共和国于2001年6月15日在中国上海宣布成立的永久性政府间国际组织。自成立以来,在促进并深化成员国之间睦邻互信与友好关系、巩固地区安全和稳定、促进联合发展等方面发挥了积极作用。

对国际组织参与度和认同度的高低是判断后发国家融入现有国际体系程度的一个重要指标。中国对国际组织的态度经历了从拒绝到承认、从消极旁观到积极参与、从象征性主张到实质性建设、从注重实际利益到努力寻求双赢的过程。中国积极参与国际组织"游戏规则"的制定,由"被动参与"向"主动建设"转化,正逐渐成为这一体制的"参与者、维护者和建设者"。

中国在参与国际组织的活动中,将自己的身份定位于负责任的建设性角色,这使得中国与国际组织的关系呈现出不同以往的新特点。

第一,互动性增强。例如,中国与联合国计划开发署的合作在一段时间里主要体现在开发署对中国提供发展援助方面,而今中国提供给开发署的资金和技术援助不断增多。双方在发展援助上的合作由"进多出少"向"进出均衡"转变。

第二,主动性提高。如果说过去我们在国际组织中曾满足于当一个耐心的倾听者(特别是讨论一些与我利害关系不明显的国际事务时尤其是这样),

那么现今在倾听的同时,中国也要发出自己的声音,要有所作为。在联合国千年峰会上,中国倡议并成功举行了历史上首次安理会五个常任理事国首脑会晤,这次会晤成为千年峰会上最令人瞩目的重要外交活动。

第三,建设性扩大。作为国际组织的一员,中国在享有国际组织所提供的公共产品的同时,也在为这些公共产品的形成贡献自己的一份力量,这是一个负责任的大国应尽的国际义务。

第四,影响力大大增加。如今在重要的国际组织中,中国不断地刷新中国人就任国际组织职位的履历表,越来越多的中国人走上了国际组织的重要岗位。中国参与国际组织各项事务的深度和广度都是前所未有的,中国的声音日益为各国所重视,中国的态度往往影响到有关决议的形成。

中国与国际组织关系的演变从一个侧面真实地反映了中国对外政策与国际地位的变化。中国曾扮演过国际社会的批判者和造反者的角色,在相当长的一段时间里,游离于国际大家庭之外,以"举世皆浊我独清"的姿态,傲视世界。而今随着国内外形势的变化,中国对自己的国际身份定位有了新的认知。中国愿意也有能力参与国际事务的讨论和国际规范的制定,中国的国际地位空前提高,中国与国际组织的关系渐入佳境。

自学指南

在世界体系形成后的大部分时间里,主权国家是世界体系的唯一行为体。国际组织成为世界体系中的独立行为体只是晚近的事情。今天世界体系中的大多数国际组织都是在20世纪尤其是二战后才出现的。国际组织发展成为世界舞台上的重要角色是世界体系发展中的一个重大变革。

二战后,全球范围内各类国际组织的蓬勃发展及其日益广泛和重要的影响力对世界体系产生了巨大作用。一方面,国际组织加强了世界体系的整体性和联动性,使世界日益成为一个不可分割的整体;另一方面,国际组织制定和创建的各项国际制度限制了主权国家的权力,并对主权国家的传统权威形成挑战。与此同时,在为应对日益紧迫的全球问题而进行的全球治理方面,国际组织更是发挥着不可替代的作用。

近年来国内外学者编著的国际关系类的教材中都有关于国际组织的内容,初学者可以通过阅读相关教材来加深对本章内容的学习和理解。此外,以下国内外学者编著的有关国际组织的著作对读者全面了解和深入学习本章内容会有所帮助。

梁西:《国际组织法》,武汉大学出版社1998年版。

叶宗奎、王杏芳主编:《国际组织概论》,中国人民大学出版社2001年版。

李滨:《世界政治经济中的国际组织》,国家行政出版社2001年版。

邓烈:《国际组织行政法庭》,武汉大学出版社2002年版。

蒲俜:《当代世界中的国际组织》,当代世界出版社2002年版。

王逸舟:《全球政治和中国外交》,世界知识出版社2003年版。

王逸舟主编:《磨合中的建构:中国与国际组织关系的多视角透视》,中国发展出版社2003年版。

王杰、张海滨、张志洲:《全球治理中的国际非政府组织》,北京大学出版社2004年版。

饶戈平等主编:《国际组织通览》,世界知识出版社2004年版。

饶戈平主编:《全球化进程中的国际组织》,北京大学出版社2005年版。

张贵洪主编:《国际组织与国际关系》,浙江人民出版社2004年版。

李先波等:《主权、人权、国际组织》,法律出版社2005年版。

霍淑红:《国际非政府组织(INGOs)的角色分析:全球化时代INGOs在国际机制发展中的作用》,中央编译出版社2011年版。

〔美〕入江昭:《全球共同体——国际组织在当代世界形成中的角色》(刘青、颜子龙、李静阁译),社会科学文献出版社2009年版。

〔美〕迈克尔·巴尼特、玛莎·芬尼莫尔:《为世界定规则:全球政治中的国际组织》(薄燕译),上海人民出版社2009年版。

〔美〕戴伦·霍金斯等:《国际组织中的授权与代理》(白云真译),上海人民出版社2015年版。

Leroy A. Bennett, *International Organizations: Principles and Issues*, 5th ed., Englewood Cliffs, NJ: Prentice Hall, 1991.

Inis Claude, *States and the Global System: Politics, Law and Organization*, New York: St. Martin's Press, 1988.

Ernst Haas, *When Knowledge Is Power: Three Models of Change in International Organization*, New York: Council on Foreign Relations, 1990.

Terry Nardin and David R. Matel, eds., *Tradition of International Ethics*, Cambridge, England: Cambridge University Press, 1992.

Paul Taylor and A. J. R. Grooms, eds., *International Institutions at Work*, New York: St. Martin's Press, 1988.

由于国际关系学中对国际组织的研究是与国际制度(international institution)的理论研究结合在一起的,自20世纪70年代以来,国际制度理论已成为国际关系学中一个重要的流派。下面介绍一些近些年来中国学者翻译、研究和评述国际制度的著作。

〔美〕罗伯特·基欧汉:《霸权之后:世界政治经济中的合作与纷争》(苏长和等译),上海人民出版社2001年版。

〔美〕大卫·鲍德温主编:《新现实主义与新自由主义》(肖欢容译),浙江人民出版社2002年版。

〔美〕罗伯特·基欧汉、约瑟夫·奈主编:《权力与相互依赖(第四版)》(门洪华译),北京大学出版社2012年版。

〔美〕鲁杰主编:《多边主义》(苏长和译),浙江人民出版社2003年版。

〔美〕斯蒂芬·克拉斯纳主编:《国际机制》,北京大学出版社2005年版(影印版)。

〔美〕罗伯特·艾克斯罗德:《对策中的制胜之道》(吴坚忠译),上海人民出版社1996年版。

刘杰:《秩序重构:经济全球化时代的国际机制》,高等教育出版社、上海社会科学院出版社1999年版。

门洪华:《和平的纬度:联合国集体安全机制研究》,上海人民出版社2002年版。

苏长和:《全球公共问题与国际合作:一种制度的分析》,上海人民出版社2000年版。

王杰主编:《国际机制论》,新华出版社2002年版。

薛晓源、陈家刚主编:《全球化与新制度主义》,社会科学文献出版社2004年版。

何俊志等编译:《新制度主义政治学译文精选》,天津人民出版社2007年版。

田野:《国际关系中的制度选择:一种交易成本的分析》,上海人民出版社2008年版。

李铁城主编:《世纪之交的联合国》,人民出版社2002年版。

王逸舟主编:《磨合中的建构——中国与国际组织关系的多视角透视》,中国发展出版社2003年版。

陈玉刚:《国家与超国家:欧洲一体化理论比较研究》,上海人民出版社2001年版。

吴志成、薛晓源主编:《欧洲研究前沿报告》,华东师范大学出版社2007年版。

第十一章

国际法

> 相当多的人在并未对国际法的特性和历史做出任何严肃的思考的前提下,就泛泛地臆断国际法现在是而且一直是虚构的。另外一些人则似乎认为,国际法具备一种有内在的力量的效力,只要我们决意让法学家工作,使之编纂出一套全面的国际法典,人们便可以在和平环境中共同生存,世界上的一切都会变得美好起来。很难评估无端挖苦与无知妄言哪个价值更低,但两者都犯了同样的错误:都设想国际法是一个可以凭直觉做出评价的学科,完全不必像评价其他学科那样,花气力调查有关的事实。
>
> ——布莱尔利①

> 从国际法发展的历史中可以总结出六条教训:首要的教训是,只有国际社会的各成员国存在着一种权力均衡时,国际法才能存在。倘若各大国不能互相制衡,任何国际法的规则均将失去效力,因为一个最强有力的国家自然会试图为所欲为并违犯法律。由于没有也绝不可能有一个能够超乎各主权国家之上的中央政权机构来执行国际法,就需要由一种权力均衡来阻止国际社会中任何成员拥有无限的权力。
>
> ——奥本海②

---

① J. L. Brierly, *The Outlook for International Law*, Oxford: Clarendon Press, 1944, pp.1,2.
② L. Oppenheim, *International Law*, 2nd ed., Vol.1, London: Longmans, Green, 1912, p.80.

1. 什么是国际法?

国际法(International Law),旧称"万国法"或"万国公法",是在国际关系中形成的,用于规范和调整主权国家及其他国际法主体之间关系并决定其权利和义务的,具有法律约束力的原则、规则和制度的总和。国际法主要有三个特征:国际性、普遍性和法律性。

国际法的国际性,即国际法所规范和调整的社会关系主要是主权国家之间的关系。换句话讲,国际法主要是国家之间在相互关系中遵守的行为规范,而不是个人之间或个人与国家之间的行为规范。有的学者把国际法形象地称为"the law of States, by States, and for States"。

国际法的普遍性,即国际法是对世界上所有主权国家和其他国际法主体都普遍适用的国际法原则、规则和制度。所有的国际法主体在相互交往的过程中,都毫不例外地受到这些原则、规则和制度的约束,而不论这些国家的政治制度、经济制度、法律制度和意识形态如何。

国际法的法律性,即国际法是具有法律约束力的原则、规则和制度的总和。所谓法律约束力,是指国际法的主体在相互关系中必须将国际法作为法律来遵守;如果违犯,就必须承担违法的后果。在这方面,国际法与国内法并没有区别。

表 11-1 国际法与国内法的区别

	国内法	国际法
法律关系主体	一国境内的自然人和法人	主要是国家;在某些特定条件下,国际组织和个人也是国际法主体
调整对象	自然人和法人之间的权利、义务关系	国家之间的政治、经济、军事、外交关系
立法方式	一国立法机构依据一定的程序制定;在大陆法系国家多表现为成文法,在英美法系国家则多表现为判例法形式	国家之间在平等的基础上以协议(既可以是成为公约、条约、协定,也可以是不成文的习惯法)的方式共同制定
法律强制力依据	国家意志,即国内占统治地位的政府意志	国家之间的意志协调,是多数国家的共同意志,而非某个国家的意志
强制方式	通过国家司法机关、执法机构的强制力来保障和实现	无专门执行机构,通过一个国家单独采取行动或若干国家的集体行动来实现

2. 试析国际法与国际关系的关系

国际法作为主要调整国家间相互关系的原则和制度的总和,与国际关系既有联系又有区别。国际法是在国际关系中形成和发展的,同时国际关系需要国际法来规范和调整。国际关系学侧重于对国家间政治、经济等关系及其活动的探讨,国际法学则重点分析国家交往的法律规范。

国际法在国际关系中的地位和作用

国际关系的基本形式是国家为主的行为体之间的竞争与冲突、协调与合作。国际社会处于无政府状态,不存在超越主权国家之上的国际权威。但是,国际社会和国际行为体的行为又表现出一定的有序性和相互制约性。这一方面也是由于拥有强力工具的主权国家之间的相互制衡,另一方面是由于国际社会存在一定的法律规范和行为准则,任何国际关系行为体的行为都不是绝对自由的、无限制的,都要受到来自其他行为体和整个国际社会所共同接受或认可的法律及行为规则的制约。

既然国际法是主权国家之间为协调彼此之间的相互关系而通过的国家间的协议,是建立在对国际交往所形成的国际习惯的普遍认同基础上的国际法律规范和行为准则,那么,国际法一经确立,甚至在其确立的过程中,就对国家间相互关系起着重要的影响,并成为国际关系研究的一个重要内容。

国际法对国际关系的影响和作用主要是通过三种方式实现的。

第一,国际法为国家间的相互关系提供了一系列基本的法律规范和原则。这些规范和原则是在长期的国际关系实践中总结和归纳出来的,并为国际社会的大多数成员所普遍接受或认可,作为指导主权国家和其他国际行为主体对外行为和对外关系的基本指导规范。例如,主权原则、互不侵犯原则、互不干涉内政原则、平等互利原则、和平共处原则等。在这里,国际法和国际关系准则是一回事。

第二,国际法为国际社会通过谈判、协商、调解、斡旋、调查等方式解决国际争端提供基本的法律依据。国家间争端各种各样,解决争端的方式也各不相同。有些争端是双边的、地区性的,有的则是全球性的;有些争端是政治性的,有些则是法律性的;有的争端依靠争端双方或各方的努力就可以解决,有的则需要整个国际社会的共同努力才能解决。国际法不仅为争端各方提供基本的行为规范,而且为争端的解决提供基本的规则、途径以及范例和样式。

第三,国际法为协调国家间相互关系提供基本的仲裁、审判等司法程序和机构。国际法不仅包括一系列国际习惯、规范和规则,而且包括一定的国际司法制度和机构,如国际法院和国际法庭,包括全球性的国际法院、国际刑事法庭、国际劳工组织的行政法庭等,以及地区性的欧洲联盟法院、欧洲人权法院、美洲人权法院等。此外,还有一些具有国际司法功能的委员会,如欧洲人权委员会、美洲人权委员会等。国际司法组织和机构依照国际法的基本原则,对国家间以及国际组织间的争端进行审理、裁定、判决或审判,并为有关国家的组织提供咨询。

国际关系对国际法的影响

国际法不可能凭空产生,也不可能孤立地存在。国际法产生于国际关系,并随着国际关系的发展而发展,在不同的国际关系条件下会产生不同内容的国际法。国际关系对国际法的发展演变有着深刻的影响和制约作用。

一方面,国际法是建构主义所称的"世界体系的文化"在现实中的反映和表现,公正合理的国际关系有助于国际法的发展,强权政治和霸权主义则会窒息国际法的生机。帝国主义和种族主义在19世纪的国际法中留下了深刻的烙印,主权原则实质上只适用于所谓的欧洲文明国家。在涉及欧美列强与殖民地国家间的关系时,特别是当欧美列强的根本利益受到严重威胁时,就根本没有国际法可言了,此外,当时的国际法中还存在着诸如划分势力范围和治外法权等规则。第二次世界大战之后,世界格局和国际规范发生了巨大改变,民族自决、人民自决和种族平等等政治理念在全世界广泛流行。在此历史背景下,主权平等原则不再限于西方国家,划分势力范围等国际法规则已基本绝迹。随着国际关系民主化的不断发展,国际法的适用范围正延伸至世界上所有的国家,其独立性和客观性正在不断提高。

另一方面,国家之间日益频繁的交往,国际关系愈加复杂的内容,对国际法的范围和内容产生了极其深刻的影响。今天的国际法领域涉及国家间交往的各个方面,不仅包括国际法的基本原则,如《联合国宪章》所规定的原则,以及维持正常国际关系的基本法律制度,如国际法上的国家和政府、国家领土、居民、国家基本权利和义务、国家责任,而且还包括了国际法的不同分支,如外交关系法、条约法、海洋法、航空法、外空法、国际人权法、国际组织法、国际环境法、国际经济法、国际刑法、武装冲突法等。这些国际法律正是适应了国际关系的纵深发展对国际法的需求而产生的。

总之,国际关系与国际法在很大程度上是相互促进和发展的:主权国家的出现意味着近代国际关系的开始,而对主权的认定和承认是国际法的主要内容和基础,因此可以说,没有近代国际关系就没有国际法;也可以反过来说,正是由于国家主权平等和条约必须遵守等国际法规则的确立,才开启了近代意义上的国际关系。

当然,必须认识到,国际法只是国际关系的一部分而不是国际关系的全部,即使国际法在国际关系中发挥着诸多积极作用,但它也不可能解决国际关系中存在的所有问题。国际关系的运行和发展,不仅需要依靠法律,还需要依靠实力或权力,同时也需要道义,而实力或权力是国际关系中不可或缺的重要因素。

3. 国际法有哪些类型?

作为调节国家之间关系的具有法律约束力的原则、规则和制度的总和,国际法一般可以从具体内容和约束力的范围两个角度进行分类。

根据内容,一般可以将国际法分为国际法的基本理论和基本原则、关于国家及其他国际法主体的有关规则以及部门性和专业性规则三部分。第一部分是用来说明和解释构成国际法基础的一些普遍适用的原则,如国际法中对国际法溯源和国际法效力根据的解释,以及国家主权平等等基本原则。第二部分是用来说明国家等国际法主体的特征、权利、义务以及处理相互之间关系的一些规则,如国际法中关于国家的构成、国家的责任、国家驻外机构的构成、外交特权与豁免等内容。第三部分是用来处理国家等国际法主体之间一些带有非常专业性问题的规则,如国际法中有关海洋的规则、有关空间的规则等内容。

根据约束力的范围,一般可以将国际法分为普遍国际法和特殊国际法两种。普遍国际法是指那些对世界上所有国家都具有约束力的国际法规则,绝大部分国家参加的国际多边公约即属于此类,如《联合国宪章》《世界人权宣言》《核不扩散条约》等。特殊国际法是指那些只约束两个或少数几个国家的国际法规则,大部分的双边国际条约或协定即属于此类。

此外,还有些学者将国际法分为国际公法和国际私法两部分,但从严格的意义上来讲,应该只有国际公法,国际公法即国际法。国际私法不应属于国际法,因为国际私法只是一个国家内部调整具有涉外因素的民事关系的法律规范,目的在于解决不同国家对于私人关系的不同法律规定所引起的法律冲突。不过,随着国家间民间交往的频繁和深入,国家之间也可能围绕某些民事关系中出现的问题而形成国际条约或协定,那么,这些条约或协定无疑就会成为国际法。

4. 试述国际法的渊源

国际法是指适用主权国家之间以及其他具有国际人格的实体之间的法律规则的总体。国际法的渊源是指具有法律效力的国际法原则、规则和制度最初出现的地方以及形成法律的途径。换句话讲,就是国际法的原则、规则和制度来自何方以及如何成为法律的。从理论上讲,凡是能够找到具有法律效力的国际法原则和规则的地方就是国际法渊源。根据1945年《联合国宪章》制定的《国际法院规约》第38条第一款列举了国际法的渊源:(1)国际条约;(2)国际惯例;(3)一般法律原则;(4)司法判例;(5)权威国际法学家的学说。

国际条约(international treaties)是指国家间、国家与国际组织间或国际组织相互间所缔约的"以国际法为准之国际书面协定",属于明示的协议。国际条约可以分为普遍国际条约和特殊国际条约。作为国际法的溯源,这里尤指所谓"造法性公约",即确立一般国际法规范的公约(conventions),如《维也纳外交关系公约》《联合国海洋法公约》。这类公约还可以有不同的名称,如国际协定(international agreements)、协约(pacts)、总文件(general acts)、宪章(charters)、规约(statutes)、宣言(declarations)、盟约(covenants)等。两国或多国为了解决某一或某些特殊问题而签订的条约,即特殊国际条约一般不包括在内。国际条约是当前国际法最重要的溯源。国际条约作为国际法溯源所依赖的原则基础是:约定必须遵守(pacta sunt sevanda)。缔约国必须遵守条约,履行其条约义务。

国际习惯(international customs)是国际法最古老和最原始的渊源。当一种行为被许多国家反复实践和运用,且各国都默认这种做法属于法律责任时,这种行为就成为一种国际法规范。公海自由航行、外交特权与豁免、领事特权与豁免等国际法规就属此类。一项国际习惯成为国际法有可能要经过几十年甚至一两百年的时间,但随着国家之间交往更加便捷频繁,一些国际习惯有可能在较短时间内形成。例如,大陆架制度在第二次世界大战结束之后才在国际上提出,但在此后十多年的时间里,由于许多国家在大陆架问题上采取类似的行动,这一制度得到普遍承认,它就成了国际习惯。《1958年日内瓦大陆架公约》以条约的形式确认了这个制度。在19世纪和20世纪初之前,国际习惯是国际法最重要的溯源。不过,时至今日,随着国际交往中的几乎所有重要问题都已或将以国际公约的形式加以规定,国际习惯的地位已不如从前。但由于某些国际条约的制定及生效比国际习惯要慢得多,国际习惯作为国际法形成的一种机制、方法和过程,仍是不可忽视的。

在普遍性的国际司法机关即常设国际法院出现之前,国际法学者在理论上大都主张国际法只有习惯和条约两个形式渊源。1920年的《国际常设法院规约》第38条第一款中,第一次把一般法律原则(general principles of law)确定为国际法的第三个独立渊源。《国际法院规约》在这个问题上照搬了《国际常设法院规约》的规定。然而,这两个规约对于一般法律原则的含义都没有给予明确的解释。这很大程度上是因为这一概念很难有明确的定义。一方面源于它很难获得广泛的接受;另一方面源于很难区分何为固定原则,何为习惯规则。不过,仍有不少原则已经被确认为国际法的一般原则。例如,国际关系中的外交礼仪,对彼此国民待遇的法律平等与公平,等等。通常,国内法的原则能适用于国际法上的问题。例如,在法定诉讼程序上,被告应受到公平合理的审判,等等。

司法判例是指法院判决应遵守以前类似案件的法院判决(precedent),避免后案推翻前案判决。国际法院的判决多遵守了这一传统。此原则的优点在于维持法院判决的一贯性;缺点则是较为保守,难以适应国际社会的变迁。司法判例是国际法的辅助渊源。

著名国际法学家格劳秀斯、真提利斯(Gentilis)等国际权威法学专家的论著,也是国际法的辅助渊源。

此外,随着国际组织在国际关系中的作用不断提高,重要的国际组织(如联合国)的决议也成为国际法的重要辅助渊源。

5. 试述国际法的基本原则

国际法涉及国际生活中广泛的政治、经济等方面的法律问题,各个领域都有许多具体的原则、规则和规章、制度。所谓国际法的基本原则,不是个别领域内的具体原则,而是那些被世界体系内大多数国家普遍认同和接受的、具有普遍意义的、适用于国际法一切效力范围的、构成国际法的基础的法律原则。一般认为,国际法的基本原则属于强行法的范畴,国家没有选择放弃这些原则的权力。

《联合国宪章》是当今世界上最普遍的国际组织——联合国的组织章程。虽然它从严格的法律意义上讲属于一项多边性的国际条约,但是由于它的最重要的条款,即宗旨和原则,集中地体现了公认的国际法基本原则,因此已不再是一个简单意义上的法律文件。宪章的宗旨与原则构成宪章的总纲,它们不是简单的意图声明,而是给联合国及其会员国规定了法律义务、行动方针以及必须遵守的行为准则。宪章所确立的一些基本原则已经作为公认的国际法基本原则被各国所接受。正因为如此,一些重要的国际文件均载有尊重《联合国宪章》宗旨与原则的明确规定。在联合国的实践中,各国往往笼统地援引宪章的宗旨与原则来捍卫自己的立场,证明自己行为的合法性,或谴责他国的非法行径,将其作为国家关系的基础和准则,而非一般的组织准则。同样,在具体解释和适用宪章的某项条款时,也常常要以宪章的宗旨与原则为基础。在与非会员国的关系中,宪章所确立的原则也同样构成彼此关系的基本准则。

联合国成员国在《联合国宪章》上签字

《联合国宪章》所确立的基本原则如下。

第一,主权平等原则。它是指各国享有平等的主权:作为国际法的主体,它们具有同等的权利和义务。主权平等包括下列因素:(1)所有国家法律上一律平等;(2)各国享有完全主权所固有的权利;(3)各国有义务尊重其他国家的人格;(4)一国的领土完整和政治独立不可侵犯;(5)各国有权自由选择和发展本国的政治、社会、经济和文化制度;(6)各国有义务充分遵守并诚实履行自己的国际义务,与其他国家和平相处。

第二,善意担负国际义务的原则。善意原则包含两层含义。首先,各国在解释自己所承担的国际义务时,应采取客观的、实事求是的态度。就条约关系而言,缔约方应当确认缔约各方在达成协议时所取得的谅解,确认缔约各方在谈判过程中相互妥协所达成的共识,而不能单方、片面地解释自己所承担的义务。其次,在适用法律规则时,各国应遵循惯例和理性对自己进行自我约束。正如有的学者所指出的,"善意原则寓于一切法律规则之中","它是国际法律秩序的基础"。

第三,和平解决国际争端的原则。该原则作为联合国宗旨的重要内容,规定会员国必须以和平的方式解决它们之间的争端。这一原则从正面阐述了解决争端的途径和方式,这种方式必须保证不得危害国际和平和安全以及正义。

第四,不使用武力原则。各成员国在其国际关系上不得使用威胁或武力,或以与联合国宗旨不符之任何其他方法,侵害任何会员国或国家之领土完整或政治独立。不使用武力原则是宪章原则的最核心部分。联合国组织的成功在很大程度上取决于各会员国遵守这项原则,取决于各有关机构为此而有效地履行自己的职责。

第五,不干涉内政的原则。宪章规定,不得授权联合国干涉在本质上属于任何国家国内管辖之事件;同时宪章又规定,联合国及其会员国为维持国际和平之安全制止侵略,对犯有侵略等罪行的国家进行干涉,则是合法的,不属于干涉内政行为。

此外,联合国的其他文件中也包含着内容极为广泛且日益丰富的国际规范基本原则,从而对国际法基本原则的发展产生了积极的推动作用。

总之,《联合国宪章》的宗旨和原则,确认、完善和发展了公认的国际法基本原则,成为当代国际关系的基础。

6. 试论国际法在国际关系中的普遍效力

综观国际实践,国际法作为调整国际关系的行为规则,其效力及于国际社会的所有成员(国家)。国际法在国际关系的广泛范围内,从基本制度上对国际法与国内法的关系做了原则性规定。一方面,条约必须遵守,国家不能以国内法改变国际法。国家必须信实地履行国际义务。另一方面,内政不容干涉,国际法不能干预国家依主权原则而制定的国内法。凡未承担国际义务的事项,均属国内管辖,由国内法调整,不在国际法效力范围之内。这两个方面是彼此联系且相互制约的。

在国际关系中,国家既然依国际法承担了国际义务,就有责任使其国内法与其国际义务保持一致,不得以任何国内法为理由而否认国际义务。1966年的《消除一切形式种族歧视国际公约》第2条明确体现了这一原则。该条规定:"缔约国应采取有效措施……对任何法律规章之足以造成持续……种族歧视者,予以修正、废止或宣告无效。"维也纳《条约法公约》第 27 条也明文规定了历来国际社会所普遍承认的原则:"……国家不得援引其国内法规定为理由而不履行条约"(但在违反有关缔约权限的国内法规定时,可使条约无效)。

如前所述,国际法与国内法都是国家意志的体现,从逻辑上推论,两者是不会也不应该发生抵触的。但是,在千差万别的国际实践中,抵触却很难完全避免。如果国际法与国内法已经发生抵触,而有关国内法院仍根据该国国内法做出裁判,致使国家违背其依国际法所应承担的义务,则必然会产生国际法上的"国家责任"。尽管在国内体制上,国家机关及其法院(除宪法或法律另有规定外)可以不顾国际条约规定而适用国内法,但在国际关系上,该国作为国际法主体,应对其所属法院的这一司法行为承担违反国际法的一切国际责任,因为该行为已经构成该国的国际不法行为。

与此同时,国际司法机关曾经利用多次机会表明,国家在国际关系中的权利和义务是由国际法规定的,国家不能利用国内法来改变国际法。例如,国际常设法院在 1932 年《上萨瓦和节克斯自由区案》中主张:国家不能依赖它自己的立法来限制其国际义务的范围。此外,在关于《在但泽的波兰国民之待遇问题》的咨询意见中,又一次明确阐述了这一重要原则:一国不能以其国内法来规避依据国际法或有效国际条约所承担的国际义务。1956 年(9 月 24 日)美意和解委员会在《特勒夫斯诉意大利共和国案》中所持的见解,也反映了这一公认的国际法原则。

> 通过国家行为所展现出来的现实是,国家确实把国际法当作一种法,更为重要的是,在大多数情况下,国家遵守国际法。
> ——克里斯托弗·乔伊纳[①]

■■■ 7. 和平解决国际争端的政治途径有哪些?

传统国际法把解决国际争端的方法主要分为强制的和非强制的两大类。

---

① Christopher Joyner, "The Reality and Relevance of International Law in the Twenty-First Century", in Charles W. Kegley, Jr. and Eugene R. Wittkopf, eds., *The Global Agenda: Issues and Perspectives*, Boston: McGraw-Hill, 2000, p. 243.

强制解决争端的方法是一个国家为使另一个国家同意其所要求的解决争端的办法而采取的带有某些强制性的手段,如反报、报复、平时封锁和干涉。传统国际法认为,非强制的方法就是和平方法,而强制方法中除了战争以外,其余方法也属于和平的方法。

> 如果堪萨斯和科罗拉多对阿肯色河水域的管理出现争端,它们不会出动本州的国民自卫队直接向对方开战。它们会向美国最高法院提起诉讼,并遵守法院的判决。我们看不到有理由不在国际上也这么做。
>
> ——哈里·杜鲁门[①]

和平解决国际争端的政治途径主要有三种。

(1) 谈判与协商,一般是两个或两个以上国家为有关问题获致谅解或求得解决而进行国际交涉的一种方式,也是解决国际争端最正常和最主要的基本方法。例如,1954 年解决印度支那问题的日内瓦会议和 1955 年的亚非会议就是使用协商的方法。

(2) 斡旋与调停。当事国不愿意直接谈判或者虽经谈判而未能解决争端时,第三国可以协助当事国解决,这就是国际法上的斡旋与调停方法。斡旋与调停的区别是:斡旋是第三国采取各种有助于促成当事国进行直接谈判的行动;调停则是第三国以调停者的资格直接参与当事国的谈判。例如,1905 年日俄战争由美国总统进行斡旋而缔结了《朴茨茅斯条约》。

(3) 和解,又称调解,是解决国际争端的一种程序。和解方法是将争端提交给一个由若干人组成的委员会;委员会的任务为阐明事实、提出报告,其中包括解决争端的建议,以设法使争端当事国各方达成协议。和解与调停不同,调停是第三国在当事国之间主持或参加谈判,努力促成双方接触或达成协议;而和解则是当事国将争端提交和解委员会,目的在于公正地查明争端事实,建议并提出适当的解决办法。例如,1913—1914 年间,美国政府为解决它同许多国家之间的纠纷,同其他国家签订了一系列所谓《布赖恩和平条约》。

---

① 转引自〔美〕康威·汉得森:《国际关系:世纪之交的冲突与合作》,第 351 页。

1993年9月13日,巴勒斯坦领导人阿拉法特(右)在美国白宫与以色列总理拉宾(左)在签订和平协议后握手致意,他们中间是当时的美国总统克林顿。1967年6月以色列击败了阿拉伯国家的进攻后,一直占领着约旦河西岸和加沙地带。居住于此以及其他地区的巴勒斯坦人一直在寻求建立自己的国家。结果双方陷入长期的游击战争。在20世纪90年代,温和的以色列和巴勒斯坦领导人在美国的斡旋下缔结了一系列协议谋求和平。但如今阿拉法特和拉宾都已不在人世,世人都在关注美国斡旋下的巴以和谈将走向何方。

8. 什么是国际争端解决中的"仲裁"?

仲裁,又称公断,是和平解决国际争端的一种法律方法。当国家间发生争端时,当事国把争端交付他们自己选任的仲裁人处理,相互约定接受其裁决,这种方法称为仲裁。仲裁以裁决方式处理争端,形式上类似司法,但仲裁纯粹是自愿性、临时性的,在性质上与司法不同。

仲裁是由仲裁法庭这一特殊的组织形式按照仲裁程序,依据法律原则来审理争端。当事国自愿把争端交付仲裁时,就达成相互服从仲裁的协议,从而使仲裁裁决对当事国具有约束力。这是仲裁方法区别于斡旋、调停、和解等政治方法的一个最主要特征。仲裁裁决当然没有法律制裁的性质,但是当事国出于道义上的责任和自愿承担的义务,在原则上(除非仲裁人有违反裁条约所规定的权限等恶意行为)对于裁决是必须执行的。事实上,过去仲裁裁决为争端当事国所否认而拒不执行的,其例极为罕见。

国际仲裁是一个古老的制度,早在古希腊和罗马等奴隶制国家就已出现,在封建制的欧洲也曾经采用。关于现行仲裁制度,1899年第一次海牙会议制订的《和平解决国际争端公约》首次做了比较详细的规定,主要涵盖以下几个方面:(1)仲裁条约或协定;(2)仲裁的目的与审理的范围;(3)仲裁法庭的组织;(4)仲裁法庭适用的法律和程序;(5)仲裁裁决;(6)简易程序的仲裁。

冷战后,国际仲裁制度呈现出重新活跃的趋势。1993年9月常设仲裁法院(Permanent Court of Arbitration,PCA)在海牙召开了有史以来首次全体仲裁员大会,决定同联合国加强法律联系;1994年10月,常设仲裁法院被接受为联合国的观察员;1999年,常设仲裁法院成员国大会通过决议,要求常设仲裁法院成为一个能够为国际社会提供更加多元化解决争端的机构。与此同时,常设仲裁法院受理的案例数量也有所增加。

总之,由于比国际法院有更大的灵活性,尤其对一些并非重大政治问题的法律争端更为适用,国际仲裁制度仍是当今世界和平解决国际争端的一个重要途径。

9. 20世纪以来,国际法的发展呈现出哪些特点?

20世纪以来,国际社会发生了一些结构性的变化,国际法由此也呈现出一些新的特点,主要表现在:(1)国际社会的组织化使国际法的约束力增强;(2)国际法的全球化;(3)国际法的领域不断扩大。下面就这些特点展开介绍。

第一,国际社会的组织化使国际法的约束力增强。冷战后,各种全球性与区域性国际组织的发展非常迅猛,尤其是国际经济组织和各种各样的专门性机构在数量上更是有了爆炸性增长。据统计,目前各种影响较大的国际组织已达4000多个,其中政府间的重要组织早已超过500个。国际组织的迅猛增长带来了国际社会组织

纽伦堡审判时的场景。1945年11月20日上午10点3分,欧洲国际军事法庭在纽伦堡法院的正义宫开庭,影响世界文明的纽伦堡审判拉开帷幕。

化的新趋势,而这一趋势使国际法的约束力增强。一方面,虽然国际法的主要规范仍为意志法,但国际社会已公认有若干强制规范的存在。第二次世界大战后,国际社会出现了强行法(jus cogens)理论。尤其是1969年的《维也纳条约法公约》第53条和第64条明确规定,条约与一般国际法强制规范抵触者无效。这无疑增强了国际法的约束力。另一方面,国际组织执行行动(Enforcement Action)的约束力也有明显加强。《联合国宪章》第七章以较大的篇幅对此做了详细规定。二战后纽伦堡和远东两个军事法庭所进行的两次国际审判,以及1949年《日内瓦公约》关于对严重违约者加以制裁的规定,都在一定程度和范围内体现了国际法在执行方面的效力。此外,国际社会还约定将"和平解决国际争端"作为一项基本原则加以规定。这反映当代国际法对传统的"自助原则"(self-help)作了严格的限制。

第二,国际法的全球化。依据传统的见解,国际法是所有文明国家间的行为规则,并普遍适用于国际社会。20世纪以来,国际法适用于整个国际社会正在变为现实。如今,国际社会的各个领域都有相关的国际法来进行规范和调整。近年来,无论是汇率、货币政策,还是军备控制、化学武器、地雷、气候变化、臭氧层、濒危物种、

南斯拉夫前总统米洛舍维奇在荷兰海牙的前南国际法庭受审。他被指控犯有战争罪、反人类罪和种族灭绝罪等多项罪行。

森林保护、少数民族权、国际贸易或地区一体化、政策的选择权等议题,都日益受到国际法的约束。此外,国际法向国内法渗透。许多国际法原则、规则都要求各国制定相应的国内法规范,切实履行国际法上的义务。例如,世贸组织确定了其有关规范优于成员方的国内法的这种宪法性原则。

第三,国际法领域的不断扩大,主要表现在两个方面。一是国际法的主体不断增加。源于欧洲的近代国际法曾把美、亚、非各洲均排除在当时适用国际法的国际社会之外,称非基督教国家为非"文明"国家。而现在,国际社会的普遍性已大大增强,国际法主体的数量也不断增加。目前联合国已拥有了190多个会员国。与此同时,除了主权国家之外,国际组织和争取独立的民族已分别被承认是一种单独的国际法主体,能够享有权利并承担义务。此外,关于民间团体和个人在国际法上的地位问题,也有不同程度的新发展,从

而被纳入了国际法的范围。二是国际法的客体愈益扩张。由于科学技术的进步,人类的生存空间和活动天地极大地拓宽。人类的足迹上到外层空间,下至海床洋底。国际法的适用范围也随之扩大。人类探索宇宙空间的活动,大陆架、专属经济区和海底资源的开发,极地的法律地位,原子能的和平利用,国际犯罪的预防及惩治,以及全球环境的保护等一系列新的领域,都进入了国际法的适用范围。国际法适用范围的扩大、调整对象的增多,必然引起国际法律规范总量的大幅度增加,导致新的法律部门和制度的不断出现,如国际组织法、国际人权法、国际环境法、国际原子能法、极地法等。

> 20世纪国际法方面的重大趋势是,对越来越多的过去一般被视为国内管辖之组成部分的问题进行愈益增进的国际管理。
>
> ——史蒂文·R. 拉特纳[①]

10. 国际法在国际社会中具有哪些作用?

现实的法律是通过原则、规则、制度及程序建立起来的一种特殊的社会规范。与其他社会规范如道德、宗教和伦理不同,法律作为特殊的社会规范是任何一个有组织的社会不可避免的产物。人类历史中的各种社会,无论社会形态和结构如何,无不以法律作为社会规范的工具。国内社会是这样,国际社会也是这样。基于这样一种认识,国际法作为国际关系的产物,从它产生那天起,就一直在国际关系中发挥着独特的作用,而且将继续发挥这种独特的作用。国际法的作用具体说来有以下几个方面。

(1) 国际法是国际社会生存和发展的法律纽带。国际社会的成员在历史、文化、传统、价值观念及自身的政治、经济和法律制度等方面有很大的差异。国际社会的结构也不同于国内社会的结构。然而,正是通过国际法,国际社会成员之间的交往才有可能有序地进行。国际社会本质上是一个法律共同体,国际法是国际社会生存和发展的法律纽带。

---

① Steven R. Ratner, "International Law: The Trials of Global Norms," *Foreign Policy*, Spring 1998, p. 65。

（2）国际法是国际关系中规范国家行为的法律准则。国际法为国家在国际关系中的行为规定了统一的标准，是国家在开展国际关系中必须遵守的"游戏规则"。

（3）国际法是维护国际交往秩序的法律保障。任何社会交往只有在有秩序的情况下才能得以正常进行。国际法规定了国家在国际社会和平相处和解决争端的规则，使无政府的国际社会在有序的轨道上发展演进。

（4）国际法是国际关系中评判一个国家行为是非曲直的最终标准。国家之间的纠纷在国际关系中不可避免，分清是非曲直往往是解决纠纷的前提，而国际法是国际关系中评价国家行为是非曲直的最终标准。

（5）国际法是国际关系中国家维护自身权益的重要工具。历史已经证明并将继续证明，国家只有遵守国际法，才能在国际交往中获取最大的利益。同时，在法律的框架内追求国家利益也是人类文明进步的表现和规律。国际法为国家维护国际交往中的各种权益提供了重要的保障。

> 如果一个人怀疑这种法律（国际法）的重要性，那么他只需要想象一下不存在这种法律的世界就可以了。……那里将没有国家的安全或政府的稳定，领土和领空将得不到尊重，船只只能在持续的危险中航行，财产——不论在既定领土之内还是之外——都将遭到肆意的掠夺，个人将得不到法律和外交的保护，协议将无法达成和遵守，外交关系将终结，国际贸易将息止，国际组织和安排将消失。
> ——路易斯·亨金[1]

拓展阅读

1. 国际法为什么能够约束国家？[2]

国际法依据什么而对国家具有拘束力？亦即，国际法为什么可以约束国家？或者，国家为什么要遵守国际法？

围绕这一问题，有着各种不同的理论，不过归纳起来看，这一不同主要存

---

[1] Louis Henkin, How Nations Behave: Law and Foreign Policy, 2nd ed., New York: Columbia University Press, 1979, p.22.

[2] 节选自梁云祥：《国际关系与国际法》，北京大学出版社2012年版，导论，第21—22页。

在于相互对立的两大学派,即自然法学派(Naturalists)和实在法学派(Positivists)之间。

所谓自然法学派,是产生于 16 世纪并流行于 17、18 世纪的一个法学流派,其早期的代表人物有西班牙的维多利亚和苏亚雷斯,后来还有德国人普芬道夫和沃尔夫以及瑞士的瓦特尔等人。按照自然法学派的基本理论,法律是人类社会的自然产物,即作为人类本性使然所形成的社会自然地就会存在一些基本的规则,例如杀人偿命、欠债还钱、欺骗与偷盗是罪恶等基本规则,这些规则就是所谓的自然法。一切法律的基本原则都来源于自然法,即那些具有普遍和永恒效力而且可以依靠人类纯粹理性发现的正义原则,而并非来源于人类经过深思熟虑而选择的任何决定。也就是说,法律是人类社会的一种自然存在,法律只可能被发现而不可能被创造,人类只不过是通过理性去发现这些法律原则或规则而已。在国际法效力根据的问题上,自然法学派的理论认为,国际法的效力根据不在于国家的意志或国际谈判所取得的协议,而在于从国家本性推论而来的固有规则,国际法之所以对国家具有拘束力,是因为国际法同其他所有法律一样都是以自然法为依据的,而由于自然法符合人类正义这一固有的道德,所以就会被国家所遵守。因此,自然法就是国际法的唯一效力根据。

然而,到了 18 世纪,自然法学派的理论受到越来越多的批评,于是在对自然法学理论进行批判的基础上又出现了一个新的法学流派——实在法学派,其代表人物在不同时代主要有荷兰人宾刻舒克、英国人边沁和奥斯汀以及奥本海等人。实在法学派的法学理论兴起之后,到 19 世纪就逐渐取代自然法学派的法学理论而长期占据了法学理论的主导地位。按照实在法学派的基本理论,所有的法律都是实在法,即由人们制定并以制裁或惩罚加以实施的强制性命令,而并非像自然法学派所认为的所谓正义原则或抽象的人类理性,法律与正义并不是一回事,因为法律可以依照立法者的意志加以改变。在国际法效力根据的问题上,实在法学派的理论认为,因为国际法是国家制定的以制裁或惩罚加以实施的强制性命令,所以国际法的效力根据在于作为立法者的国家的意志。然而,由于国际社会存在众多国家,因此国际法效力的根据就在于国家的共同意志。也就是说,国际法之所以拘束国家或被国家所遵守,并不在于国际法符合正义原则,而是因为国家共同制定了这些规则,其中体现了国家的共同意志,这些规则并不是依据推理程序所发现,而是通过国家的同意和它们之间所签订的条约等国际文件所表现出来的。

其实,在格劳秀斯那里,也曾经对国际法的效力根据做了解释,并形成了所谓格劳秀斯学派,但是其理论中既有自然法学派的观点,也有实在法学派的观点,因此格劳秀斯学派又被称为折中学派。按照这一学派的理论,所有法律既来源于自然法,也来源于国家同意或认定,因此国际法效力的根据也同样既在于自然法,也在于国家的同意或认定。也就是说,国际法应该包括自然法和制定法两部分,那些国际法的基础性原则来源于自然法,是人类的理性发现了这些原则,但是为了使抽象的自然法具体化,就必须要有制定法,根据这些基础性原则所制定的具体规则则来源于或需要得到各国的同意或认定。因此说,国际法的效力根据是双重的,即人类社会的正义理性和众多国家的同意认定都是国际法的效力根据。

2. 中国已经加入国际法体系中[①]

改革开放以前,由于多种原因(例如国内的法律虚无主义),中国不重视法律,也不重视法律人才尤其是国际法人才的培养,对在国际关系中运用国际法维护国家利益和使用法律方法解决国际争端的重要性认识不足,加之西方国家对中国的排斥,中国一直没有参与联合国的国际法院和常设仲裁法院等国际司法机关的活动。

改革开放以来的几十年间,适应国际潮流和国内进步,中国人对国际法律体系和国际司法机制的立场发生了深刻变化,包括国际法在内的法律事业在中国得到振兴。

1978 年,在邓小平"我们还要大力研究国际法"的要求鼓舞下,中国的国际法教学和研究逐步开展,中国政府有关部门逐渐转变了对国际司法机制的怀疑和观望态度,中国人开始参与到国际司法过程中。1984 年,中国外交部法律顾问倪征𡑉在第 39 届联大和安理会上当选为国际法院法官;之后,史久镛教授在 1994 年当选为国际法院法官,并在 2000 年被选为国际法院院长。包括王铁崖教授、端木正先生在内的多位中国法学家和法官担任了常设仲裁法院仲裁员,中国人还在联合国前南斯拉夫国际法庭、联合国国际海洋法法庭、世界贸易组织争端解决机构等重要国际司法组织中受聘担任法官或法律专家组成员;中国法官在这些国际司法机构所判的案件中坚持独立判案,努力发表自己的见解,贡献了智慧与学识,得到国际法学界的好评。

近些年来,中国在签署、批准或加入各种国际公约时,改变了过去那种对提交国际法院解决国际争端的条款一概保留的做法,用更加积极和建设性态度对待之。例如,中国批准了《联合国海洋法公约》,接受了公约规定的商业仲裁程序;中国自加入世贸组织后,努力学会以申诉方或第三方的角色应对和解决涉及 WTO 的各种贸易争端和摩擦;中国是最早签署 1992 年通过的

---

① 选编自王逸舟:《当代国际政治析论(增订版)》,上海人民出版社 2015 年版,绪论。

《生物多样性公约》的国家之一,并且相应制订了《中国生物多样性保护行动计划》和建立了国家环保总局牵头的履约工作协调组;中国全面参与了海牙国际私法公约的制定工作,并于1991年和1997年分别加入了《海牙送达公约》和《关于从国外调取民事或商事证据公约》。

尤其在国际安全和裁军领域,中国的步伐引人注目,表现出成长和自信的新形象:中国最早向其他核大国提出《互不首先使用核武器条约(草案)》,并积极谋求达成互不首先使用核武器和互不以核武器瞄准对方的安排;中国政府签署并批准了《拉美和加勒比禁止核武器条约》《南太平洋无核区条约》《非洲无核武器区条约》的有关议定书,并且支持在东盟、中亚和中东等地区建立无核区的努力;中国已加入《南极条约》《关于各国探索和利用包括月球和其他天体在内外层空间活动的原则条约》《禁止在海床洋底及其底土安置核武器和其他大规模杀伤性武器条约》,承担了有关条约义务;中国支持《全面禁止核武器条约》,是首批签署该条约的国家之一,并从1996年7月起停止了核试验;中国支持国际社会禁止生物武器和化学武器的努力,参与有关条约或议定书的谈判,履行有关规定;中国与俄罗斯等国多次向国际社会倡议防止外空武器化的具体建议,主张防止外空军备竞赛加剧;中国赞同《防止弹道导弹扩散海牙行为准则》的防扩散宗旨,虽然没有加入该准则,但一直与包括准则成员国在内的各方保持沟通;中国支持打击轻、小武器非法贸易的多边努力,积极参与联合国的有关工作,并于2002年12月签署《枪支议定书》;中国加入了修订后的《地雷议定书》,认真履行议定书的各项规定。

今天,中国参与国际组织和各种公约的数量及程度,不仅达到本国历史上空前的水平,而且在世界大国里居于比较靠前的位置,中国以负责任大国的态度,与外部世界建立起相互依存的关系。

必须清醒认识到,在一个日益开放和进步的全球化时代,在国际社会的道义准则和合法性标准越来被各国广泛了解和接受的形势下,对国家利益和各种权利的追求,以及实现它们的方式,并不是无约束、无止境的,必须遵从一般的国际理性和惯例,起码是不违背公认的国际法大典《联合国宪章》的基本精神,不与多数国家接受的共识发生直接的矛盾和对抗。实践证明,凡是遵从国际道义和国际规范的国家,哪怕暂时弱小或一时利益受损,最终也能赢得尊敬和相应的影响力;凡是违反国际道义和国际规范的国家,纵使实力超群或拿到眼前的某些好处,到头来也会受到惩罚和丧失某些重大利益。世界越是发展,人类越是进步,这种逻辑就越是彰显、有力。

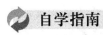 **自学指南**

国际法是管理国家之间、国家与国际组织之间以及国际组织之间关系的法律，它包括可允许行为和不允许行为的各种规范。国际法为维持国际秩序的稳定、和平解决国际争端提供了一种机制。同时，它还发挥着道义和伦理的功能，在大多数情况下国际法以公平和正义为目标，向人们展示哪些是受到国际社会欢迎的事情、哪些是不受欢迎的事情。

由于世界体系中尚未形成一个世界政府，也没有拥有强制力的国际司法机构，对于大多数现实主义者来说，国际法不过是一个冠冕堂皇的摆设，他们倾向于将武力视为维持国际秩序和解决国际争端的最便利、最有效的手段。但对于自由主义者而言，国际法不仅是必需的，而且是有效的。国际法是国际秩序的主要来源，没有国际法的世界是难以想象的。

不管国际关系理论在对国际法的作用的认识上有多大的分歧，不管权力在现实的国际关系中发挥多么至关重要的作用，一个无可争辩的事实是，在当今世界，几乎所有国家都表示要遵守国际法，并在几乎所有时候都切实遵守了国际法。当国家之间发生争端或冲突时，任何一方首先想到的就是运用国际法的相关内容为自己的行为寻找依据和进行辩护，尤其是在经济、文化和政治等领域。而任何国家违背国际法的行为，不管这个国家的国际地位多高、军事力量有多强大，都会受到国际舆论的谴责和反对。例如，2003年美国在没有获得联合国授权的情况下发动对伊拉克的战争，就一直受到国际社会的诟病，美国的国际形象也因此而遭受巨大损失。

二战以来的很长一段时间，由于现实主义国际关系理论在国际关系学界的统治地位，国际法的作用一直没有受到足够的重视，国际关系学教材中很少给予国际法一席之地。大多数教材只是在讲到国际组织、国际规范等内容时对国际法稍做介绍或简单提及。冷战后，随着国际形势的变化和国际关系理论的多元化，以及国际法本身的发展，上述状况已有所改变，比如约翰·罗尔克所著的《世界舞台上的国际政治》专门开辟了第11章"国际法与国际道义：新的方式"，详细介绍了国际法的发展、实践以及国际法律体系；康威·汉得森的《国际关系：世纪之交的冲突与合作》一书认为国际法是"国际社会的基本框架"，在第11章介绍了国际法的溯源、主体、范畴、有效性及与国际社会的关系；威廉·内斯特的《国际关系：21世纪的政治与经济》在第6章"国际法和国际道德"中也介绍了国际法的溯源、发展演变和在国际关系中的作用，特别讨论了关于人权的国际法的发展；卡伦·明斯特的《国际关系精要》在第7

章"政府间组织、非政府组织和国际法"也专门介绍了国际法的功能以及不同理论流派对国际法的看法。不过,令人遗憾的是,国内学者编著的国际关系教材中较少有专门论述国际法的,而且,对国际法在国际关系中的作用也未予以客观的判断和评价。值得庆幸的是,近年来,国际法在我国的法学研究领域受到重视并在教材编写和翻译方面取得了显著成果,涌现出一批优秀教材和译著。

白桂梅:《国际法(第三版)》,北京大学出版社2015年版。
程晓霞主编:《国际法(第5版)》,中国人民大学出版社2015年版。
梁淑英主编:《国际法(第二版)》,中国政法大学出版社2016年版。
梁西主编:《国际法(第三版)》,武汉大学出版社2011年版。
梁云祥:《国际关系与国际法》,北京大学出版社2012年版。
刘志云:《当代国际法的发展——一种从国际关系理论视角的分析》,法律出版社2010年版。
刘志云:《国家利益视角下的国际法与中国的和平崛起》,法律出版社2015年版。
邵津主编:《国际法(第五版)》,北京大学出版社2014年版。
王铁崖主编:《国际法》,法律出版社1995年版。
杨泽伟:《国际法(第三版)》,高等教育出版社2017年版。
张乃根:《国际法原理(第二版)》,复旦大学出版社2012年版。
周鲠生:《国际法大纲》,中国方正出版社2004年版。
周忠海主编:《国际法》,中国政法大学出版社2008年版。
〔英〕J. G. 梅里而斯:《国际争端解决(第5版)》(韩秀丽等译),法律出版社2013年版。
〔意〕安东尼奥·卡塞斯:《国际法》(蔡从燕等译),法律出版社2009年版。
〔美〕巴里·E.卡特等:《国际法》(冯洁涵译),法律出版社2015年版。
〔荷〕格劳秀斯:《战争与和平法》(何勤华等译),上海人民出版社2005年版。
〔美〕罗伊斯·亨金:《国际法:政治与价值》(张乃根等译),中国政法大学出版社2005年版。
〔英〕伊恩·布朗利:《国际公法原理》(许石拓译),法律出版社2007年版。

Antonio Casseses, *International Law in a Divided Word*, New York: Oxford University Press, 1989.

David Forsythe, *The Politics of International Law: U. S. Foreign Pol-*

icy Reconsidered, Boulder, CO: Rienner, 1990.

Werner Levi, *Contemporary International Law: A Concise Introduction*, Boulder, CO: Westview Press, 1990.

Daniel Patrick Moynihan, *On the Law of Nations*, Cambridge, MA: Harvard University Press, 1990.

第十二章

世界安全

> 和平不是战争的缺席,它是美德,是心灵的状态,是慈悲的性情,是信心,是正义。
>
> ——布鲁克·斯宾诺莎①

> 国家致力于获得免遭攻击的安全,被驱使着获取越来越多的权力以逃避他国权力的影响。这反过来使其他国家变得更不安全,并迫使它们为最糟的情况做准备。由于在这样一个各个单位彼此竞争的世界上,任何一个国家都永远不可能感到完全安全,因此权力竞争随之而来,安全与权力积聚的恶性循环便开始了。
>
> ——约翰·赫兹②

> 在一个仍以主权国家对权力的追求作为动力的世界中,和平只能通过两种方法来维持。一是社会力量的自我调节机制,它表现为世界舞台上的权力角逐,即权力均衡。另一方法是以国际法、国际道德和世界舆论的形式对权力角逐加以规范性的限制。
>
> ——汉斯·摩根索③

---

① 转引自康威·汉得森:《国际关系:世纪之交的冲突与合作》,第449页。
② John Herz, "Idealist Internationalism and the Security Dilemma", *World Politics* 2:2, January 1950, pp. 157—180.
③ 〔美〕汉斯·摩根索:《国家间政治:权力斗争与和平(简明版)》(徐昕、郝望、李保平译),北京大学出版社2012年版,第36页。

▪▪▪ 1. 什么是安全？什么是国际安全？

所谓"安全"(security)，按照《韦氏词典》(*Merriam-Webster References*)的解释，是一种远离危险和恐惧的状态(the quality or state of being secure as freedom from danger, freedom from fear or anxiety)。由此定义可以看出，安全不仅是指没有危险的自然状态，也包括人们内心没有恐惧的心理感受，所以，安全的含义应当包括主观与客观两个方面，即客观上不存在威胁，主观上不存在恐惧。

国际安全(International Security)是指国家之间没有战争、战争威胁和冲突以及人们没有对战争和威胁的恐惧和担忧的状态。国际关系中的国际安全研究主要包括两方面内容：一是理论研究，探讨战争与冲突的根源和原因，解释为什么人类或国家之间会有战争与冲突从而找到减少甚至消灭战争的途径和方法；二是战略研究，探讨国家如何应对安全威胁和战争并在战争中获胜，从而获得和平和安全。

▪▪▪ 2. 什么是传统安全？

根据威胁的类型和受到威胁的行为体的不同，可以将安全划分为传统安全和非传统安全两大类。

传统安全针对的是国家受到的军事威胁，即我们常说的国家安全，如外敌入侵和敌对威慑等。传统安全主要涉及军事力量的威胁、使用与控制问题（包括使用军事力量的条件），暴力对个人、国家和社会的影响，以及国家为防止、准备和参与战争应采取的战略与政策，等等。

传统安全研究以现实主义国际关系理论为基础，以维护国家军事安全为宗旨，重点探讨国家所面临的军事威胁以及国家如何利用军事手段维护国家安全。

尽管传统安全强调国家应主要依靠自身军事力量来消除别国的武力威胁与入侵，但它也不否认国家可借助建立均势、联盟或寻求霸权稳定来获得有利于自身安全的国际力量对比和外部环境。所以，均势、权力结构、战略关系和世界格局等也属于传统安全研究的范畴。

3. 什么是非传统安全？与传统安全相比有何特点？

所谓非传统安全，是指国家或人民受到的经济、社会和环境等方面的威胁，如贩毒、非法移民、传染病、恐怖主义和武器扩散等。20世纪以来，随着全球化的不断深入，人类所面临的威胁已经不仅仅是军事威胁，更多的是环境污染、跨国犯罪以及疾病流行等问题。这些问题也已经跨过了国界，超越了领土主权安全的范畴。

与传统安全相比，非传统安全具有许多新的特征。

第一，问题的多元性。一方面，安全威胁的来源呈现出多样性，既有可能源自国家，也有可能源自组织或是个人，还有可能是由自然因素所引发的；另一方面，安全领域的多样性，几乎囊括了除传统安全领域之外国际社会的其余领域，如经济、生态、社会等各个方面。有必要说明的是，非传统安全并非不关注军事问题，但相对于强调国家间冲突的传统安全来说，非传统安全更为关注国家的内战、种族清洗和国际恐怖主义、大规模杀伤性武器的扩散等问题。

第二，问题的突发性和扩散性。相比传统安全，非传统安全问题在潜伏期往往不易察觉，但一旦爆发，则立即会呈现出严重的态势，不及时加以控制，则很可能会引发其他领域的连锁反应。例如，传染病一旦大范围流行，便几乎呈现不可控之态势，并且在政治、经济等领域引发强烈的反应。

第三，问题的跨国性。非传统安全问题大多属于地区性或全球性问题，无论威胁的来源还是解决的措施都是跨国界的，如流行病的全球扩散、跨国犯罪的治理等。

第四，治理的综合性与长期性。上述非传统安全的特点决定了其解决手段的综合性、多元性，需要多种手段综合使用。同时，解决这一类问题非一夕之功，人类在探索解决问题的道路上依旧任重而道远。

非传统安全问题的以上四个特点决定了非传统安全研究的多层次性。与传统安全只强调国家这一单一价值主体相比，非传统安全研究将人的安全、国家安全、区域安全和全球安全结合起来，并力求在各个目标之间保持适当的平衡。非传统安全研究还强调国际合作的必要性和重要性。传统安全研究遵循的是国际政治的传统逻辑，认为国家之间的合作相当困难；而非传统安全研究是世界各国和整个人类所共有的问题，因此更加强调合作与共赢，认为如果没有作为整体的人类安全，就不会有国家或个人的安全。

从传统安全到非传统安全,是人类安全观念一次质的变化。非传统安全为国际关系提供了新的议题,也促使人们对国际安全有新的认识和思维视角。

4. 国际社会面临哪些非传统安全问题?

冷战结束后,世界大国之间爆发战争的可能性下降,威胁国际安全的因素除了传统的霸权主义和强权政治外,政治、经济、社会和环境等领域的问题日益突出,并且引起了越来越多国家的重视。概括来看,非传统安全问题主要集中于以下几个议题。

第一,经济安全。当今世界,随着经济全球化的发展,国家正越来越深入地参与到全球市场的竞争中。而经济全球化的不断深入也使国家的经济安全不断受到挑战,这种挑战主要表现在这样几个方面:(1)经济全球化对国家主权带来的挑战;(2)不平等竞争所导致的国家间贫富差距的扩大;(3)大量国际游资所制造的金融动荡以及随之而来的金融危机;(4)随着经济的发展,各国对能源的需求不断增长,但是能源的供应相对不足,导致能源危机并对国家的能源安全构成挑战。

第二,生态安全。工业文明的不断进步,以及长期以来人类对于环境保护的忽视,导致我们的生存环境正变得日益恶劣。乱砍滥伐、过度放牧、过度开垦、工业生产及生活产生的污染等,正使得生态环境遭到了巨大的破坏。人类生存环境的破坏,大量生态难民的出现,国家间对自然资源的争夺,小岛国家因气候变暖而面临消失的危险,等等,给人类社会提出了严重的非传统安全问题。

第三,社会安全。这个领域的非传统安全问题涉及面非常广泛。(1)由宗教和种族冲突、战乱及环境灾难所引发的难民潮。难民的存在与国际流动对发展中国家以及相关的发达国家带来了极大的困扰,同时也损害了周边国家的安全与稳定。(2)有组织的跨国犯罪。自20世纪90年代以来,有组织的跨国犯罪呈现出上升的趋势。毒品的全球泛滥、武器走私、贩卖人口等犯罪严重威胁着国家和国际社会的安全与稳定。其中,网络犯罪是出现较晚但危害极为严重的一种犯罪形式。黑客、病毒、信息垃圾等都在威胁着个人及国家的信息安全。(3)疾病的全球流行。例如,"非典"、禽流感、甲型H1N1流感疫情在世界的传播,给各国经济造成了巨大的损失,并且对国民生命安全构成了严重的威胁。

2009年5月18日，巴基斯坦一个难民营的孩子正在等待他的爸爸领粮食回来。2009年，随着巴基斯坦军方加大对该国西北地区塔利班武装的打击力度，成千上万的当地居民背井离乡，流离失所，致使巴基斯坦面临空前严重的难民潮危机。

第四，恐怖主义。恐怖主义是全人类的敌人，恐怖主义行为是对全人类安全的共同威胁。特别是"9·11"事件之后，国际恐怖主义已成为全球各国非传统安全议程上的首要问题。恐怖主义针对平民采用暴力行为，造成大量人员伤亡和经济损失，并长期引发社会恐慌，已成为国际社会的一大公害。

非传统安全是时代给全人类提出的新问题，各国需要及时采取有效的政策，并加强国际合作，力争在解决非传统安全问题的道路上少走弯路，减少国家和社会的损失。

5. 什么是国际恐怖主义？有哪些类型？

冷战结束以来，尤其是"9·11"事件之后，恐怖主义成为威胁世界安全的重要的全球性问题。无论是处于动荡之中的欠发达国家，还是政治、社会相对稳定的发达国家，都不同程度地受到恐怖主义浪潮的冲击。尽管国际社会和学术界至今还未能就恐怖主义的相关问题达成一致的意见，但是国际社会有关恐怖主义的界定正朝着共识越来越多、分歧越来越小的方向发展。综合政界和学界对恐怖主义的认识，归纳其中的一些基本要素，可将恐怖主义定义为：暴力实施者基于政治目的，对非战斗人员有组织地使用暴力或以暴力相威胁的行为，其目的是在公众中制造恐惧。根据这一定义，恐怖主义主要有以下四个特点。第一，恐怖性和暴力性。恐怖主义活动采取暴力手段旨在引起社会公众的恐惧，并通过大众传媒的报道起到扩大恐惧的结果。第二，政治性。恐怖主义活动的背后一般都存在着一定的政治目的，通常是为了迫使一个国家的政府或民族、种族、教派等做它们原本不想做的事情。这也是恐怖主义与刑事犯罪的重要区别。第三，组织性。恐怖主义活动不是孤立的、偶然的,而是有组织、有预谋的。第四,针对平民。恐怖主义的袭击目标一般是普通民众或者是处于非战斗状态下的军人,通过这种手段令民众向政府施压,达到其目的。

当今世界,恐怖主义活动日益猖獗,其类型也呈现出了多样性的特点。根据恐怖主义活动主体的性质,可以将其分为两大类:政府为主体的国家恐怖主义和非政府行为体的恐怖主义。

国家恐怖主义是由国家秘密行动人员或国家鼓励、资助的人员直接执行的恐怖行动。例如,1989年的洛克比空难事件。当时一架波音747上的258名乘客全部遇难,洛克比小镇上也有11人在该事件中丧生。后来调查发现,这起空难是由两名利比亚情报人员制造的,他们将装有炸弹的行李从马耳他送上了飞机。这起由国家主使的恐怖行为便是国家恐怖主义的典型事件。

洛克比空难现场飞机的残骸

目前,非政府行为体的恐怖主义是公认的、对国际社会影响最大的恐怖主义。这类恐怖主义的内部组成较为复杂,根据实施主体和政治目的,可以将其进一步细分为四种。

第一种是由民族分离主义导致的恐怖主义,又被称为民族恐怖主义或者民族主义型恐怖主义。这种恐怖主义主要是由民族极端主义者、自治主义者和分离主义者组成,且多出现在存在着民族分离倾向的地区。据不完全统计,目前世界上1/3的恐怖主义属于民族恐怖主义。泰米尔猛虎组织、库尔德工人党、北爱尔兰共和军以及西班牙的"埃塔"组织等都是带有明显分离主义色彩的恐怖主义组织。

第二种是宗教极端主义的恐怖主义。这是以宗教为意识形态的派别,其最特殊之处在于驱使人们从事恐怖主义行为的是精神因素而非物质因素。这也是当今世界上发生频率最高、危害最为严重的一种恐怖主义。特别是冷战结束以后,宗教恐怖主义活动迅速发展并在全球范围内蔓延。

第三种是新法西斯主义的恐怖主义。这种恐怖主义所奉行的是反动的种族主义,其突出表现为仇外、排外,其袭击对象主要是外籍工人、黑人以及其他有色人种。这种恐怖主义出现于20世纪60年代的西方发达国家,典型代表有德国的"新纳粹"、意大利的"新法西斯",还有美国的"三K党"、右翼民兵组织等。随着日益高涨的争取民权的运动的兴起,种族主义的恐怖主义也开始升温。自20世纪80年代以来,随着大量发展中国家的移民进入欧美发达国家,反对外来移民的恐怖主义也迅速发展起来。

第四种是"革命"恐怖主义。这一派别指的是20世纪七八十年代打着"革命"旗号活跃一时的恐怖主义派别。例如,日本的赤军、联邦德国的"红军派"、意大利的"红色旅"以及拉美以秘鲁"光辉道路"为代表的游击队等。这类组织在20世纪90年代就基本销声匿迹了,现在只有少数仍在活动。

■■■ 6. 什么是分离主义?对世界安全造成什么危害?

所谓分离主义,是指一国国内少数族群针对其所在的主权国家单方面提出分离要求的行为。具体而言,分离主义是一国中的某少数种群在已经有自己的集体认同和自己宣称的国土的前提下,希望从现存的主权国家中分离出一部分领土来建立一个新国家,但是其分离要求一般不为当事国的政府所接受。分离主义的正式表现形式一般是单方面宣布独立,其成功的标志是新政权为国际社会大多数国家正式承认并成为联合国正式成员。

要准确理解分离主义的定义,需要将这一概念与其他几个相关概念进行对比。首先,分离主义不是经和平协商与谈判的程序从而达成协议转移主权或成立独立国家的行为。例如,捷克斯洛伐克经过协商,决定将捷克和斯洛伐克联邦共和国分离,并经联邦议会通过解体法,规定自1993年1月1日起统一的捷克斯洛伐克不复存在。分离主义也不是非殖民化的民族独立行为(如二战后亚非拉国家的民族独立运动)。其次,分离运动虽然大多数表现为民族分离主义,但是它并不等同于民族分离主义。例如,"台独"是分离主义,

2007年12月10日,在科索沃首府普里什蒂纳,大约1000名阿尔巴尼亚族学生在街头挥舞阿尔巴尼亚和美国国旗,高呼"独立"口号。

但并不是民族分离主义,因为台湾人并不构成国际法认定的单一民族。

分离主义运动并不必然导致安全问题,因为许多分离主义族群采用和平的手段去争取独立,如魁北克的分离势力。但是,如果族群采取暴力手段争取独立,或是政府采取极端手段镇压有分离倾向的族群,就会导致以下严重的安全问题。

第一,暴力和恐怖主义活动。在斯里兰卡、格鲁吉亚、车臣等国家和地区,暴力手段成为分离主义势力常用的手段。例如,在印度,前总理英迪拉·甘地被锡克族的卫士开枪杀害,其子拉吉夫·甘地则被泰米尔猛虎组织派出的人体炸弹杀害。爱尔兰共和军、"埃塔"组织等也常常使用恐怖手段以期达到分离的目的。

第二,煽动极端民族主义,进行民族仇杀和清洗。一些分离运动竭力煽动民族狂热和民族沙文主义情绪,为民族清洗和仇杀进而实现民族分离开辟道路。例如,在科索沃战争之前,塞族人残酷镇压阿族人,而战后阿族人则野蛮地清洗塞族人进行报复。民族清洗和仇杀带来的后果是长久的且极具破坏性,它会加深民族仇恨,使原本可以通过谈判解决的问题长期拖延。

第三,利用宗教获得国际支持,使得国内的安全问题国际化。目前一些分离主义势力越来越多地打着宗教的旗帜作为鼓动或是争取国际支持的手段。现在最常见的就是打着伊斯兰教旗帜的分离主义,例如,车臣分离主义势力打着伊斯兰圣战的旗帜,而爱尔兰共和军则强调新旧教之间的对立。

7. 何谓"文明冲突论"?

"文明冲突论"是美国政治学者亨廷顿(Samuel Huntington)1993 年在其文章《文明的冲突?》("The Clash of Civilizations?")中最早提出的。在 1996 年出版《文明的冲突与世界秩序的重建》(*The Clash of Civilizations and The Remaking of World Order*)①一书中,他进一步阐述了关于不同文明导致冲突的观点:在 21 世纪,世界冲突的根源将不再是经济、政治利益的冲突或者是意识形态的分歧,而是主要来源于文明之间的差异与冲突。

亨廷顿在其著作中将文明(civilization)或者文化(culture)定义为包含种族、语言、宗教、政治、社会和经济制度等诸多因素的综合性概念,而宗教则是

---

① 〔美〕塞缪尔·亨廷顿:《文明的冲突与世界秩序的重建》(周琪等译),新华出版社 1998 年版。

世界主要文明的基本特征和表现形式。亨廷顿之所以认为文明将成为人类冲突的根源,是因为在他看来,在人类所有的分歧之中,文明的分歧是最根本的,无法消解。就像一个人可以是"半个法国人,半个阿拉伯人,甚至可以同时是两个国家的公民",但是,不会有人同时既是天主教徒,又是穆斯林。因此,文明的身份是一个人最基本同时又是排他性的身份。

在对文明的内涵与性质做出界定的基础上,亨廷顿将世界划分为七个或者八个文明区:西方文明、印度教文明、伊斯兰教文明、日本文明、东正教文明、中华文明、拉丁美洲文明和可能的非洲文明。未来世界的新秩序将是这八种主要文明相互影响的结果。亨廷顿认为,随着冷战的结束,人们对国家的认同和忠诚正在转向对文明的认同和忠诚,并且这种转换正在产生一种多极和多文明的世界秩序。而人类的冲突则主要集中在文明的交界地带,或者称之为文明的断裂带上。这种文明间冲突将成为世界和平的最大威胁,因此建立以文明为基础的国际秩序是防止世界战争最可靠的保障。

亨廷顿的理论引起了国际社会的广泛讨论,也引发了普遍的争议。有学者认为,亨廷顿的文明范式的核心论点经不起理论上的推敲和实践的检验。从理论上说,国际秩序的基本单位究竟是文明还是国家,文明冲突论对此界定不够明确。也有学者认为,国家之间的互动究竟是文明间的竞争,还是权力与利益的竞争,很难截然分开,亨廷顿的论点与现实也不完全吻合。文明冲突论对未来世界新秩序的描述也受到许多人的质疑。

> 人们不断提起"文明冲突"的话题,显然不能证明亨廷顿理论的浅薄和荒谬。至少,亨廷顿独树一帜,判断并预见到了冷战后世界上的主要冲突形式,指出了病症,找到了病灶。
>
> ——王缉思[①]

不管人们对文明冲突论有多大的争议,亨廷顿深厚的政治学功底、对全球政治的宏观把握和对国际关系的深入剖析,拓宽了人们的思维空间,激发了人们对文化研究的热情,推动了国际关系学界对文化的深入研究。

---

① 王缉思:《亨廷顿理论的启迪与谬误》,载王缉思:《国际政治的理性思考》,北京大学出版社2006年版,第80页。

8. 什么是集体安全？

集体安全，又称集体安全保障，是指众多国家对国家安全和国家和平的集体相互保障。在集体安全保障下，对集体安全体系中任何一个成员国的侵略均被视为对所有成员国的侵略。集体安全不仅保障大国的利益，更确保了中小国家的独立、主权和安全。集体安全对于维护世界体系的稳定、帮助世界体系走出安全困境有着重要的意义。

当今世界，国际社会已经出现了许多为实现集体安全而努力的国际组织，其中联合国是最重要的组织之一。联合国的集体安全建立在以下三个原则之上：(1) 除非自卫，否则各国放弃使用武力的权利；(2) 所有国家的和平是不可分割的，对一国的侵略就是对国际社会所有国家的侵略；(3) 所有国家联合起来制止侵略，恢复和平。为此，所有国家同意向联合国和政府间国际组织提供所有必需的人员和物质资源。

不过，集体安全并不总是有效的。比如，冷战期间，美苏在国家利益和意识形态方面存在根本性的分歧，五大常任理事国之间达成协议、采取一致行动几乎是不可能的。另外，有些国家缺乏国际责任感，在侵略行为发生后不愿意采取行动进行反击，也会使集体安全机制失效。此外，集体安全还可能因其某些基本假定（例如，侵略者是容易辨认的，侵略者总是错误的，所有国家都知道其侵略行为必将遭到国际社会的惩罚）在具体情况下存在不确定性而无法发挥作用。

> 鉴于历史经验和国际政治的实际本质，我们必须假设利益冲突将继续存在于国际舞台。任何国家或国家联盟，不论它们多么强大和多么忠于国际法，都不能以集体安全的方法反对任何时候的任何侵略而不考虑谁是侵略者、谁是侵略对象。
>
> ——汉斯·摩根索[1]

---

[1] 〔美〕汉斯·摩根索：《国家间政治：权力斗争与和平（简明版）》，第393页。

9. 军备控制的方法有哪些？二战后，全球范围的军备控制取得了哪些成就？

所谓军备控制，是指对各国军事力量及其装备的发展、试验、部署和使用的限制和管制。军备控制将国家间的分歧与冲突视为战争的根源，并试图通过减轻军事存在以促进国家间关系的稳定，降低爆发战争的可能性。这就是军备控制背后的逻辑。

军备控制一般通过国际协定来完成，主要方法有四种：限制武器的数量，限制武器的种类，限制武器的研究、开发和部署，限制武器的转让。

限制武器的数量，即对武器施加高于、等于或低于现有水平的数量限制。这也是最为普通的军备控制的方法。例如，两个阶段的《削减战略武器条约》和2002年签署的《莫斯科条约》都极大地削减了美俄两国的核武器数量。

限制或取消一定种类的武器，是军控的第二种方法。例如，《中程核力量条约》削减了美苏的中程核导弹，新的《禁止杀伤人员地雷公约》禁止生产、研制、使用、储存和转让杀伤人员地雷。

军控的第三种方法即限制武器的研究、开发和部署，试图确保武器系统永远不会进入到发展和测试阶段，或是武器即使进入这一阶段，也不会得到部署。这种方法可以在一些军备扩张之前就阻止其发生。例如，目前不拥有核武器并且签署了《核不扩散条约》的国家就承诺不发展核武器。

禁止或限制武器或武器技术的跨国流动是军控的第四种方法。例如，根据《核不扩散条约》，拥有核武器及其制造技术的国家承诺不把核武器及其制造技术转让给非核国家。而根据1991年12月第46届联大通过的决议，常规武器的普遍性和非歧视性等级制度已经建立，从而可以有效掌握国际武器转让的数据，提高军控的效率。

二战结束之后，国际社会包括美苏之间便开始了军备控制的谈判，加之大量国际组织的大力推动，世界军控取得了巨大的成就。联合国已建立起一套较为完整的包括审议、执行、研究和核查机构在内的裁军和军备控制工作机制，有效地推动了军备控制的进程。特别是在大规模杀伤性武器的裁减、控制和禁止问题上已取得了实质性的成果，包括《削减战略武器条约》《全面禁止核试验条约》《禁止化学武器公约》等一系列军控条约。另外，在推动无核区建设、常规武器削减等方面也取得了一些进展。下面仅列举几例。

(1)《部分限制核试验条约》(Partial Test Ban Treaty，PTBT)，全称《禁

止在大气层、外层空间和水下进行核武器试验条约》。美国、苏联和英国于1963年签署了该条约，其主要内容是禁止在大气层中及水下进行核试验，但条约并没有禁止地下核试验。目前有100多个国家批准了该条约。

（2）《不扩散核武器条约》（Treaty on the Non-Proliferation of Nuclear Weapons，NPT），又称《防止核扩散条约》或《核不扩散条约》，制定目的是禁止核扩散，具体来说就是，禁止非核国拥有核武器，禁止有核国向非核国转让核武器。主要内容为：参与条约的无核国家主动放弃了发展核武器的权利；有核国家帮助无核国家和平利用核能；有核国家自签订条约之日起开始裁军谈判直至完全销毁核武器。该条约于1968年7月1日分别在华盛顿、莫斯科、伦敦开放签字，当时有59个国家签约加入。该条约1970年3月正式生效。1995年，该条约被无限期延长。目前该条约共有189个缔约国。

（3）《反弹道导弹条约》，全称《限制反弹道导弹系统条约》（Treaty on the Limitation of Anti-Ballistic Missile Systems，ABM）。这是苏联和美国于1972年签署的一项双边条约，主要内容是美苏双方不能部署全国性的防御体系（以保证相互确保摧毁），只能部署两个有限的反导体系：一个用于保护首都，一个用于保护陆基洲际导弹发射场。这一条约有效地抑制了进攻型战略核武器的发展。但进入21世纪后，由于美国不顾条约的有关规定，加速研究、发展和准备部署国家导弹防御系统，谋求进一步占据地面和空间的绝对战略优势，并选择退出条约，《反弹道导弹条约》于2002年6月失效。

（4）中导条约（INF），全称是《美苏两国消除中程和中短程导弹条约》。其主要内容是销毁美国和苏联的所有陆基中程导弹和中短程导弹（射程在500—5500公里内），而且以后也不得试验、生产和拥有这些武器。同时，与这些导弹配套的各种设备和设施也都要销毁。为保证条约的实施，允许双方进行现场核查。该条约于1987年达成，是20世纪80年代美苏缓和时期签订的重要军备控制协定之一。

（5）《欧洲常规武装力量条约》（CFE），也称为《欧洲常规裁军条约》，是在冷战末期由北约和华约两大军事集团共同制定的一项旨在削减双方在欧洲地区常规武装力量的条约。条约由北约组织和华约组织的22国首脑于1990年11月19日在巴黎签署。

（6）《全面禁止核试验条约》（Comprehensive Nuclear-Test-Ban Treaty，CNTBT），其主要内容是：缔约国将做出有步骤、渐进的努力，在全球范围内裁减核武器，以求最终实现消除核武器。所有缔约国承诺不进行任何核武器试验爆炸或任何其他核爆炸，并承诺不导致、鼓励或以任何方式参与任何核武器试验爆炸。1996年9月24日，条约开放供所有国家签署。目前，共有包括中国在内的 180 多个国家已签署这项条约,其中 150 多个国家已批准这一条约。不过,由于裁军谈判会议成员国中的印度等国未签署、美国和中国等国未批准这项条约,条约尚未生效。尽管条约目前并没有生效,但五个核国家都继续遵守它们暂停核试验的承诺,条约所要求的监测系统也已基本完备。

二战以来军备控制取得的显著成就,尤其是在冷战后取得的重大突破,是国际社会各种力量共同作用的结果。但与人们的期望相比,军备控制仍然任重道远。

> 军备控制决策并不总是自上而下的,很多时候,不同层次的参与者对军控决策都有影响。国家间军备政策的互动,也不简单地只是政府间的谈判。在国际交往日益丰富的今天,不同层次和形式的军控交流都在影响着国家之间的军控行为。
> ——李彬[①]

10. 什么是全球综合安全?

在全球化时代,安全问题从总体上发生了显著的变化。世界体系正逐渐从一种长期性的军事安全压力下解放出来,安全重点从传统的军事领域开始转移到其他领域。在主要大国之间,由于相互依存度的不断提高,加之核武器等军事威慑的存在,军事威胁的逻辑正在消失,大国之间越来越不可能由于彼此的敌意而相互使用武力。在其他国家之间,虽然军事安全关系的逻辑仍然存在并有可能仍占据着重要地位,但是非传统安全议题的重要性也在不断提高。因此总体来说,安全议题正在从军事领域转向其他领域。全球综合安全就是在这种大背景之下对传统的安全概念的外延扩展而得出的概念。

全球综合安全涉及军事、政治、经济、社会和环境五个领域,其中军事安全主要涉及国家间的武力胁迫,政治安全涉及国家的合法性和稳定性关系,经济安全涉及全球经济平稳和永续发展,社会安全涉及可接受的发展条件以及可持续的发展能力,环境安全涉及人类的生存状态和长远利益。这五个领

[①] 李彬:《军备控制理论与分析》,国防工业出版社 2006 年版,第 238 页。

域共同构成了人类社会综合安全的整体,这体现了整体主义的综合安全观。全球综合安全是上述五个领域的安全的有机综合,其基本原则是全球民主、信任与合作,公平、公正与共赢,多元、理解与共存,参与、治理和永续。

全球综合安全具有如下几个特点:(1)全球综合安全是共同安全,是一种相互依存的安全,因此国家必须放弃对单边主义安全优先权的追求,放弃对全球安全体系的垄断性掌控;(2)全球综合安全是全面安全,覆盖了传统安全与非传统安全;(3)全球综合安全是合作安全,强调多边对话与协调,排斥国家间的军事对抗;(4)全球综合安全是人类安全,这一概念是从整个人类的视角来考虑安全问题,包括了人类的生存、繁衍、人权保护和可持续发展等内容。

全球综合安全的发展呼唤新的安全观以及新的全球治理体系,而这正是时代向我们提出的全新命题。在安全领域,世界各国需要加强合作,开展多层次的安全合作,促进共同安全,实现全球共赢。

 拓展阅读

1. 核武器的出现是否会减少战争?

核武器是人类迄今制造出的威力最大的武器,这也是人类第一次掌握了足以毁灭自身的力量。但是,正因为使用核武器所可能造成的灾难性后果,从核武器制造出来,人类社会就对它的使用施加了诸多限制。而且至今,核武器也仅有两次被运用于实战。二战结束后,以美苏为首的东西方两大阵营开始了长达五十年的冷战。虽然美苏两国都拥有令人望而生畏的巨大核武库,但是冷战期间即使最剑拔弩张的时期,两国之间也一直没有爆发核战争。不仅如此,美苏甚至没有爆发直接的常规冲突。因此有学者认为,正是核武器的出现,有效减少了战争爆发的数量。

不可否认,核武器在维持主要大国之间的战略稳定、维护地区和平以及世界和平方面都发挥了重要作用。因为一旦发生核战争,最后的结果很有可能就是人类毁灭自己,在这种情况下发动核战争就成为非理性行为,所以各主要核大国都在有意识地限制战争的规模,以防止战争规模升级为核战争。

但是,毕竟核武器在减少战争数量方面的作用是建立在有可能爆发核战争的基础之上的,因此由核武器所维持的相互确保摧毁的战略平衡只存在于有核国家之间。可世界体系中并不是所有的国家都拥有核武器,这也就意味着,并不是所有国家都具有置敌国于死地的能力,无核国家之间对于爆发战争的恐惧相对而言并不强烈。对这些国家来说,核武器在遏制战争方面的作用就要小很多。在仍处于无政府状态下的世界体系中,国际社会仍然缺少合法暴力的垄断者,因此在解决国际争端时,战争手段虽然不再是国家的首选,但仍是一个备选手段。

而且从实际上看,我们也很难衡量二战后核武器对于减少战争所起到的作用。一方面,虽然冷战过程中美苏之间并未直接爆发武装冲突,但其各自支持的代理人之间、第三世界国家之间仍频繁地发生战争;另一方面,尽管二战后常规战争爆发的数量较之以前确实有所下降,但不可否认的是,联合国等国际组织、经济全球化在其中发挥了重要的作用。因此,我们很难评价核武器对于减少战争发挥了多大的作用。

2. 国际干预在什么情况下是正当的?

冷战后,世界上发生大规模战争的可能性大大降低,但地区和国内冲突仍然持续不断。据统计,从冷战结束到21世纪初(1991—2003年),世界上所发生的116次冲突中,有89次纯粹是国家内部的冲突,还有20次是有外国干预的内部冲突。有超过80个国家行为体、2个地区组织以及200多个非政府组织卷入到冲突之中。

在这些国内冲突中,很多属于"族群战争"(ethnic or communal wars),战争中的各方主要依据诸如语言、宗教或者相似的文化特性来界定自己的身份。同时,大部分国内战争发生在冲突调解机制失败之后,或者政府根本无法管控冲突。这些"失败"的国家要么缺少一个强硬的政府,要么其政府受到经济状况恶化、合法性丧失或者外来干涉的损害。因此,尽管冷战两极格局的结束导致外国军队撤出阿富汗、柬埔寨、安哥拉以及索马里,但国内冲突并未因此消失。

一些分析家认为,当存在着失败国家或者种族屠杀危险的时候,国际社会不能对此袖手旁观,而应该采取人道主义干预。其实,国际干预并非国家关系中的新现象。对此,国际关系中的现实主义者、自由主义者和国家主义者对于国际干预有着不同的看法。

在现实主义者看来,国际政治中最基本的价值(values)是秩序与和平,而维持秩序与和平的最重要的方式就是均势。因此,现实主义者认为,只要是有助于维持均势的干涉行为,都应该是正当的。冷战时期,两个超级大国正是采取这样的干涉行为来维护各自的势力范围(美国在西半球的势力范围,苏联在东欧的势力范围)的。美国曾对有可能或已经出现共产党政权的中美洲国家进行过各种公开的或秘密的军事干涉;苏联在1968年曾以大兵入境的方式对波兰和匈牙利的改革进行干涉,以捍卫其势力范围内的共产主义事业。现实主义者或许认为这些干涉行为是正当的,因为它维护了二战后国际秩序,防止了美苏之间有可能发生的战争,尤其是核战争。

与现实主义一样,自由主义者也不反对进行国际干预。不过,其背后的原因与现实主义迥然不同。在自由主义者看来,个人是组成社会的最基本也是最重要的因素,个人的价值高于国家。不干涉主权原则应该隶属于人权和个人自由原则。因此,如果干预是为了伸张正义和维护人权,那么它就是正当的。换句话说,应该允许为了善意的目的而进行干预。当然,如何界定"善意",自主主义者之间也有分歧。冷战后,在自由主义的极力支持下,国际社会对以下事件进行了人道主义干预:在索马里防止饥荒的蔓延(1992年)、在海地恢复民选总统的权力(1994年)、在波斯尼亚制止一场内战(1995年)、在科索沃制止南联盟政府对阿族人进行的"种族清洗"(1999年)。

而在国家主义者眼里,国家和人民的自主权是国际政治中最基本的价值。他们认为,不干涉主权原则是国际社会最重要的制度,也是国际法的基本准则,一旦受到破坏,将威胁世界体系的稳定和国家的安全。他们认为,只有捍卫国家领土主权和抵御外来侵略的战争才是正当的,对别国的军事干涉行为基本上是不正当的。而在现实世界中如何判断"外来侵略"或者"谁是侵略者"并不是一件容易的事,国家主义者在这个问题上也时常争论不休。

冷战后,国际安全形势发生的巨大变化使人们对国家主权的理解也发生了变化。过去,主权通常是一国防止外部干涉的屏障,而今天,主权的这种作用已不再被强调。相反,国际社会逐渐要求一国政府首先要在其国内保护其国民的基本权利,然后别国才能遵循不干涉该国主权的原则。就连国家主义者也不再强烈坚持不干涉主权原则。政治学家和国家主义者迈克尔·沃尔泽(Michael Walzer)在其《正义与非正义战争》(*Just and Unjust Wars: A Moral Argument with Historical Illustrations*, Basic Books, 2006)一书中提出了"不干涉原则的四个例外",认为在没有发生公然的侵略行为的前提下,有四种情形下的战争或者干预行为是正当的。他的观点并未得到学界的完全认可,在实践中也存在很多问题,不过,他的观点对我们思考"在什么情况下进行国际干预才是正当的"还是很有启发的。

第一,当国家面临迫在眉睫的威胁时,采取先发制人的干预行为是正当的。假如一个国家的领土完整和政治主权面临着明显而严重的威胁,如果不马上采取行为的话,它以后就再也没有机会采取行动了,这个时候该国首先采取行动,对威胁其安全的国家进行干预是正当的。沃尔泽认为,1967年以色列军队穿过边界,首先对埃及发动进攻就属于此类,因为它阻止了埃及即将发动的对以色列的进攻。不过,作者强调,先发制人不同于预防性战争,后者是在国家没有面临迫切的攻击威胁,而领导人确信早打不如晚打的时候爆发的,比如2003年美国对伊拉克的战争。

第二,针对上一次干预行为的反干预行为是正当的。这个原则可以追溯到约翰·斯图尔特·穆勒和19世纪自由主义者的一个观点,即人民有权决定自己的命运。如果上一次发生的干预行为使得当地人民无法决定自己的命运,那么,一次反干预行动就是正当的,因为它恢复了人民决定自己命运的权利。沃尔泽认为,1979年中国对越南的干预行为符合这个原则,因为中国政府此举是为了反击越南入侵柬埔寨的行为。

第三,为了挽救面临大屠杀威胁的人们而采取的干预行为是正当的。如果面临杀身之祸的人们不能获得解救,那么,旨在尊重当地人民独立或权利的不干涉原则就失去了任何意义。联合国在2005年通过一个决议,主张国际社会承担起保护民众免于可以避免的灾难的义务,指出"当一个群体由于内战、叛乱、镇压或者国家失败而遭受严重伤害,以及所在国不愿意或者无力加以制止、避免此种伤害的时候,不干涉原则就让位于国际保护的责任"。2011年,"保护的责任"在对利比亚内战进行的国际干预中首次得到实施。不过,国际社会关于人道主义干预仍有很多争议。

第四,如果一个分离主义运动具有广泛的代表性,那么,支持它的干预行为就是正当的。换句话说,如果某个国家中的一群人明确表示要建立一个独立的国家,那么,帮助他们从原来的国家中分离出来就是正当的。这个原则有很大的争议性。分离主义运动在什么时候才值得帮助呢?是否分离主义运动获得胜利就意味着外界值得向它提供帮助呢?如果是这样的话,它意味着强权即公理,如此一来,它作为一个道义原则就是有缺陷的。其实,自由主义者也不完全认同这样的观点。有学者提出,一个群体要建立一个合法的国家,就必须具备拯救自己和为自己的自由而战的能力,这样的话就能同国际政治中的不干涉原则相一致。

自学指南

安全是千百年来人们一直追求的梦想,安全问题也一直是国际关系研究的核心问题。国际关系学中的三大理论都对如何防止世界战争、实现世界和平提出了自己的见解。

现实主义者认为,世界体系的无政府性将对包括国际安全在内的国家间关系起决定性的影响。在无政府状态下,任何一国为了自身安全而增强军力的行为都会引发其他国家的不安,从而促使其他国家也同样增强国力以求自保,由此"安全困境"是国际关系的必然结果,世界不可能实现永久和平。不过,现实主义者并不否认世界体系可以有暂时的安全与和平,其中,均势或者大国的威慑力被认为是实现国家间暂时的和平共处的两种主要方式。

自由主义者对世界安全有着较为乐观的态度,认为只要通过人类的努力,和平与安全是可以实现的。自由主义者提供了三个实现世界和平与安全的视角:政治自由主义、经济自由主义和制度自由主义。国际关系学者也将这三种视角简称为民主和平论、贸易和平论和制度和平论。

建构主义理论关并没有为人类能否实现永久和平提供答案,而只是解释了人类在什么条件下会陷入"安全困境",在什么条件下会和谐共处。建构主义认为,体系的文化决定体系的性质,当世界上所有国家形成以"朋友关系"为集体认同的多元安全共同体时,国家之间就不会将暴力作为解决争端的手段,世界就可以进入永久和平。

不管以上各种理论所提供的方法在实践中的效果如何,它们都体现了国际关系学者们对世界和平和人类安全的渴望和追求。

进入21世纪以来,国际社会面临的已经不再是国家遭受军事侵略和被灭亡这样的传统安全问题,而是诸如国际恐怖主义、全球气候变化、世界金融危机、流行病的全球扩散和跨国犯罪等非传统安全问题。其实,非传统安全问题并不是在21世纪才产生的,而是在传统安全变得不如以往那样重要时才凸显的。传统安全如同可以置人于死地的急性病,而非传统安全则像是影响人们生活质量的慢性病。当急性病得到控制后,人们就开始关心如何防治慢性病了。

关于本章的内容,读者可以通过阅读以下教材或教材中的相关内容来获得一个比较全面的认识。

邢悦、詹奕嘉:《国际关系:理论、历史与现实》,复旦大学出版社2008年版,第12章"世界安全"。

阎学通、何颖:《国际关系分析》,北京大学出版社2013年版,第六章"国际安全和世界和平"。

俞正樑:《国际关系与全球政治》,复旦大学出版社2007年版,第七章"全球综合安全"。

〔美〕布鲁斯·拉西特、哈维·斯塔尔:《世界政治》(王玉珍等译),华夏出版社2002年版,第12章"军备竞赛中的冲突与合作",第13章"威慑与军备控制"。

〔美〕约翰·罗尔克编著:《世界舞台上的国际政治(第9版)》(宋伟等译),北京大学出版社2005年版,第13章"国际安全:新的道路"。

〔美〕威廉·内斯特编著:《国际关系:21世纪的政治与经济》(姚远等译),北京大学出版社2005年版,第10章"核军备竞赛及其控制",第11章"变化中的战争性质"。

〔法〕达里奥·巴蒂斯特拉:《国际关系理论(第3版修订增补本)》(吴勇、宋德星译),社会科学文献出版社2010年版,第14章"安全"。

〔美〕詹姆斯·多尔蒂、小罗伯特·普法尔茨格拉夫:《争论中的国际关系理论(第五版)(中译本第二版)》(阎学通、陈寒溪等译),世界知识出版社2013年版,第八章"威慑理论:军控与战略稳定"。

阎学通、徐进编:《国际安全理论经典导读》,北京大学出版社2009年版。

李彬:《军备控制理论与分析》,国防工业出版社2006年版。

李少军主编:《当代全球问题》,浙江人民出版社2006年版。

王帆、卢静主编:《国际安全概论(第二版)》,中国人民大学出版社2016年版。

除了上述教材外,读者还可以通过阅读下列中外学者的作品,了解国际关系安全领域相关议题的研究成果。这些研究成果或者论及传统安全问题,或者关注非传统安全问题,相信读者在阅读过下列作品后,会对国际安全问题有一个比较全面、深刻的理解。

〔美〕汉斯·摩根索:《国家间政治:权力斗争与和平(第七版)》(徐昕、郝望、李保平译),北京大学出版社2006年版,第八、九、十编。

〔英〕戴维·赫尔德:《民主与全球秩序》(胡伟译),上海人民出版社2003年版。

〔美〕小约瑟夫·奈:《理解国际冲突:理论与历史(第五版)》(张小明译),上海人民出版社2005年版。

〔美〕塞缪尔·亨廷顿:《文明的冲突与世界秩序的重建》(周琪等译),新华出版社1998年版。

朱锋:《弹道导弹防御计划与国际安全》,上海人民出版社2001年版。

朱明权:《国际安全与军备控制》,上海人民出版社2011年版。

王逸舟:《恐怖主义溯源》,社会科学文献出版社2002年版。

张家栋:《全球划时代的恐怖主义及其治理》,上海三联书店2007年版。

Bruce Russett, *Grasping the Democratic Peace*: *Principles for a Post-Cold War World*, Princeton University Press, 1993.

Steven W. Hook, ed. , *Democratic Peace in Theory and Practice*, Ohio Kent State University Press, 2010.

Robert Gilpin, *War and Change in World Politics*, Cambridge, England: Cambridge University Press, 1981.

Robert J. Art and Kenneth Waltz, eds., *The Use of Force: International Politics and Foreign Policy*, Lanham, MD: University Press of America, 1983.

Melvin Small and J. David Singer, eds., *International War*, Homewood, IL: Dorsey Press, 1985.

第十三章

世界经济全球化

全球化在政治领域促使权威、政治和利益扩展到领土边界之外,在经济领域促使生产、贸易和投资向原产地以外扩展,在社会和文化领域则将观念、规范和习俗扩大到它们的原生环境之外。

——詹姆斯·罗西瑙[①]

由于技术、交通和通讯方面的变化,当今世界上的任何产品可以在任何地方生产并且可以销售到任何地方去。国别经济逐渐消失。全球性的工商企业和国家政府之间出现了实质的分离,前者怀有世界眼光,后者则集中于"他们的"选民的福利。国家在分裂,区域性贸易集团在发展,全球性经济变得联系更加紧密。

——莱斯特·瑟罗[②]

许多信奉全球化的人相信,世界越来越由市场统治。看看国家间的状况,我们便可以得出一个不同的结论。新旧国际政治之间的主要区别不在于国家间的相互依赖增强了,而在于它们之间的不平等日益扩大了。伴随着两极体系的终结,国家间的能力分布已变得极度失衡。国际政治中的不平等并未提升经济力量和贬抑政治力量,而是加强了一个国家的政治作用。政治的作用会一如既往地强于经济。

——肯尼思·沃尔兹[③]

---

① 詹姆斯·罗西瑙:《全球化的复杂性与矛盾》,载王列、杨雪冬编译:《全球化与世界》,中央编译出版社1998年版,第212页。
② 〔美〕莱斯特·瑟罗:《资本主义的未来》(周晓忠译),中国社会科学出版社1998年版,第9页。
③ Kenneth N. Waltz, "Globalization and Governance," *Political Science & Politics*, Vol. 32, No. 4 (December 1999), p. 700.

1. 什么是相互依存理论？它是在什么背景下提出的？

相互依存理论(interdependent theory)形成于20世纪60年代后期，兴盛于70年代。相互依存理论产生的背景主要有：第一，欧洲共同体的形成和发展，以及因此而带动的区域一体化浪潮在全球各地兴起；第二，布雷顿森林体系的崩溃使美国经济霸主的地位发生动摇，西欧、日本在经济上的崛起使世界经济呈现出多极化的发展趋势；第三，新技术革命势头迅猛，推动了相互依存趋势的发展；第四，跨国公司和国际组织发展迅速，以非国家角色的积极姿态登上国际舞台。美国学者理查德·库珀1968年出版的《相互依存经济学——大西洋社会的经济政策》被认为是相互依存论的开端。这一时期，有关相互依存的著作和文章可谓汗牛充栋。

综合相关学者的论述，相互依存论的基本内容可归纳为以下十个方面。(1)强调国际关系的脆弱性和敏感性。虽然美苏是世界上最强的国家，但是在军事上它们却是最脆弱的，在核时代条件下互为"人质"。(2)国家所面临的许多问题趋于全球化，即类似能源、人口、环境、粮食、裁军、发展等问题已成为全球性问题，单靠个别国家的努力已无法解决。(3)高阶政治(指国家利益、国家安全、军事等)逐步向低阶政治(指经济发展、人口与粮食问题、社会福利等)过渡，军事安全问题不再始终居于国际关系议事日程的首位；同时，问题的国内与国外界限越来越难以划清，许多过去被视为纯属国内的事务，现在也进入了国际关系议事日程。(4)各国再也不能闭关锁国，越来越多的国家实行对外开放政策，缓和与开放占据国际关系的主导地位。(5)随着缓和形势的发展，国际合作的趋势逐步超过国际冲突的趋势。(6)武力在解决国际争端上的作用日益减弱，在相互依赖占优势的某些地区和问题上，一国政府再也不能随意地对其他国家使用军事力量。(7)国家间的谈判逐步取代冷战，均势逐步取代遏制。(8)研究对象从第一世界和第二世界国家转向第一世界和第三世界国家以及跨国组织。(9)主张在国际体系中以平等关系取代等级制。(10)相互依存的趋势将对国家主权和民族利益起溶解作用，推动全人类利益的形成，最终将成为通向未来没有国界的世界国家的"中途站"。

表13-1列出了现实主义权力政治理论与相互依存论的区别。

表 13-1　权力政治理论与相互依存论的区别

	权力政治理论	相互依存论
问题	高阶政治：安全、均势、势力范围	低阶政治：自然资源、能源、粮食和人口、环境
行为者	国家（主要是大国）	国家、国际组织、跨国公司
国家关系	冲突的国家利益	相互依存、共同利益和国际合作
法则	冲突："你得到的就是我失去的"（均势）	合作："一荣俱荣，一损俱损"（建立共同体）
管理	双边	多边
权力的作用	强制	报偿
武力的作用	高	低
组织方式	等级制（两级或多级）	更接近于平等主义
国际关系前景	基本不变	根本变化

2. 什么是相互依存的敏感性和脆弱性？

敏感性（sensitivity）和脆弱性（vulnerability）是相互依存理论的代表人物罗伯特·基欧汉和约瑟夫·奈在《权力与相互依赖》一书中提出的概念，目的是厘清权力与相互依存的复杂关系，解释权力是如何产生不对称相互依存的。

所谓敏感性，是指一个国际经济事件对一国内部的影响速度。速度快说明这个国家的敏感性强。所谓脆弱性，是指一国在国际经济冲突发生后所付出代价的大小。付出代价大说明国家的脆弱性大。例如 1973 年的石油危机中，阿拉伯的原油输出国大幅提高油价，美国和日本在危机中表现出不同的敏感性和脆弱性，见表 13-2。

表 13-2　美国和日本在 1973 年石油危机中的表现

国家	美国	日本
敏感性	较弱	很强
脆弱性	小	大
表现	国内反应平淡	物价上涨，出现抢购狂潮；外交上妥协，宣布不再奉行亲以色列的政策，派特使去中东示好
原因	当时的进口石油占国内需求份额较小	70%的石油需求来自中东；受本国资源条件所限，无法通过经济手段减轻冲击

敏感性和脆弱性被用来描述国家间的相互依赖程度和水平。二者决定了不同国际行为体之间相互依赖、相互制约的程度，同时也影响着行为体之间相互依赖关系是否对称。如果各行为体的敏感性和脆弱性相当，那么它们之间的相互依存是对称的，否则是不对称的，或者说是一方依赖另一方的。

3. 什么是全球化？

全球化(globalization)是当代国际关系中最为突出的现象之一，也是人们表述当代国际关系最为时髦的一个用语。但关于全球化的定义，理论界并没有统一的答案。一般来说，它是指人类社会生活跨越国家和地区的界限，在全球范围内展现的不断增强的、全方位的交往、联系、流动和相互影响的客观进程和趋势，全球化将导致人类社会关系、社会组织、生活方式从国家性向全球性的根本性的变革。

人们一般从以下几个维度来认识和界定全球化：

第一，从信息和通信技术角度定义，认为全球化是人类可以利用先进的通信技术，克服自然地理因素的限制进行信息的自由传递的过程；

第二，从经济角度着眼，全球化被视为生产要素的跨国界流动而形成的国家间相互依存的关系，特别是世界性市场的形成，资本超越了民族国家的界限，在全球自由流动，资源在全球范围内进行配置；

第三，从全球问题的角度出发，全球化被视为人类在环境恶化、核威胁等共同问题下，达成共识和形成了利益与共的现实；

第四，从体制角度，全球化被视为资本主义的全球化或全球资本主义的扩张。

第五，从制度角度，把全球化看作是现代性(modernity)的各项制度向全球的扩展，包括工业化、城市化、福利化、民主化、法治化和教育普及化等。

第六，从文化和文明的角度，把全球化视为人类各种文化、文明发展要达到的共同目标。

综上所述，全球化是一个多维度过程，包括资本全球化、政治全球化、军事全球化、贸易全球化、金融全球化、文化全球化以及环境全球化等。全球化在理论上创造着一个单一的世界，而现实中，它是统一和多样、合作和冲突并存的过程。

4. 全球化给国际关系带来哪些变化？

全球化给国际关系带来了深刻的影响,主要体现在以下几个方面。

第一,全球化使世界日益连成一个有机的整体,国家之间的相互依存不断加深,行为体之间的互动不断增强,世界体系的整体性和联动性大大加强。某个国家或地区发生的一个事件有可能波及世界其他国家和地区,给世界体系造成剧烈震荡,世界体系愈发体现出"牵一发而动全身"的特性。

第二,全球化使国际事务和国内事务界限模糊。在全球化的世界中,没有不受国际力量影响的国内事务,也没有不受国内政治经济牵制的国际事务。国内问题国际化和国际问题国内化的趋势不断加强。任何一国在执行政策的过程中都不可能完全自己做主。通过国际机制来协调国际关系、治理人类社会日益成为人们的共识。

第三,全球化改变了国家间的竞争与合作方式,以经济和科技实力为基础的综合国力的较量成为当代国际竞争的实质,财富日益向拥有知识和科技优势的国家和地区聚集,与此同时,区域合作成为国家应对全球化挑战和风险的一种方式。

第四,随着全球化的持续发展,世界经济发展不平衡的现象更为突出,发达国家与发展中国家之间以及发展中国家内部的贫富差距扩大,同时发展中国家的社会矛盾加剧。如何应对全球化带来的社会经济挑战,成为国际社会特别是广大发展中国家亟须解决的问题。

第五,全球化带来了许多跨国性的全球问题。二战后国际关系中的突出新现象,如环境污染、气候变暖、跨国犯罪、全球安全等,都是全球性问题,超越了传统主权国家的边界。不可分割性是全球问题的一个重要特征,这些问题的增加将对传统的国际关系结构产生巨大的冲击。

第六,全球化凸显了人类共同利益。全球化使人们从"国家中心"的旧有观念中逐渐走出,站在全人类、全世界的新角度看待诸如环境恶化、军备扩散、贫困等全球性公共问题,这种全球主义意识的高涨在一定程度上侵蚀着民族国家意识。而与此同时,国家中心主义意识也没有"坐以待毙",因此也出现了抵制全球化的理念和声音。全球化使人类共同利益、国家利益和民族利益交织在一起,共同影响着国际关系的发展和人们的生活。

5. 什么是经济全球化？它与国际化、一体化是什么关系？

经济全球化(economic globalization)是全球化最突出的表现形式。所谓经济全球化，是指商品和生产要素(资本、劳务和技术等)以空前的速度和规模在全球范围内流动，世界各国的经济日益形成一个紧密联系的整体。经济全球化既是各国经济相互渗透越来越深、相互依存度越来越高的过程，同时又是与之相适应的世界经济运行机制和规范逐步建立的过程。

国际化(internationalization)、全球化(globalization)、一体化(integration)是同一个发展过程和发展趋势的不同侧面和不同环节。经济国际化指以相对独立的国民经济融入国际经济的过程，它反映的是一个相对封闭和有限开放的国民经济走向高度开放的途径和结果；全球化是世界大部分国家和地区的经济形成一个紧密联系的经济体系的过程，是一个更大规模和更紧密合作的世界经济的发展过程；一体化指在世界各国的经济交往中由国别差异带来的制度障碍逐渐被消除的过程。

各国经济的国际化导致了世界经济全球化，而全球化发展中新的全球性制度的形成则导致了世界经济的一体化。全球化是一体化的必要条件，一体化是更高水平的全球化。全球化与一体化的区别还在于，一体化表达的是各国经济在内在机制上的结合，而全球化表达的是世界经济在空间范围上的扩大。全球化是一体化的外在形式，一体化是全球化的内在机制。全球化是一体化的前提条件，一体化是全球化的发展趋势。

6. 经济全球化发展的动力和条件是什么？

经济全球化是多种主客观因素综合作用的结果。经济全球化背后存在某些人为的推动因素，但从根本上说，它是人类历史发展到一定阶段的必然产物。世界市场的扩张性是经济全球化的根本动力；技术变迁尤其是通讯和交通技术的进步，为经济全球化提供了必要条件；产业生命周期则推动着经济全球化的不断深化和扩展。

首先，扩张和整合是世界市场的本性。世界市场追求的目标始终是超越各种形式的边界，摆脱各种束缚，按照经济理性配置资源。因为在资本主义时代,经营者的前途取决于市场规模和竞争优势。为了把更多的人变成自己的顾客,为了赚取更多的利润,经营者必然要寻求进入更大的市场空间,要寻求提高竞争能力的生产要素,比如更低廉的原料、更便宜和更熟练的劳动力等。所以,资本经营者的行为必然不会局限于国家的疆界之内。市场经济时代的到来也就意味着经济全球化的开始。马克思和恩格斯在他们的不朽著作中敏锐地指出,资本主义发展的历史就是全世界不断被纳入一个资本主义市场体系中去的历史。

> 资产阶级,由于开拓了世界市场,使一切国家的生产和消费都成为世界性的了……过去那种地方的和民族的自给自足和闭关自守状态,被各民族的各方面的互相往来和各方面的互相依赖所代替了。物质的生产是如此,精神的生产也是如此。
>
> ——《共产党宣言》①

其次,从宏观经济角度看,交通和信息技术的进步为生产要素的跨国流动提供了便利,使市场的全球扩张成为可能。

18世纪中叶的第一次产业革命不仅提高了劳动生产率、带来了新产品、扩大了生产规模,而且新技术带来的交通和通讯领域的革命使大规模的、定期的国际贸易成为可能。例如,蒸汽机在陆海运输中的应用,使欧美各国开始铺设铁路,快捷的蒸汽火车运输网络逐步形成。轮船取代帆船成为海上运输的主要手段,不仅降低了运费,缩短了贸易时间,而且扩大了运货量,提高了运输的安全性。国际运输成本的大大降低,使国际贸易所涉及的商品不再限于奢侈品,不再仅满足社会上层的需求。因为只要存在比较优势的产品,就能创造出贸易收益,所以包括农产品在内的日用品成为贸易的主体。贸易对国民经济开始产生普遍影响。

时至今日,信息技术的迅猛发展极大地降低了国际经济活动的成本。以前异地大额付款都必须直接携带现金甚至是贵重金属,后来可以通过邮寄支票的方式实现,而现在使用电子汇款则可以在瞬间完成转账过程。今天跨国公司可以通过网络电视将散布在世界各地的公司老总聚合在一起"面对面"的开会。由电话、传真和电子计算机构成的全球通信网覆盖了地球的每个角

---

① 《马克思恩格斯选集》第1卷,人民出版社1972年版,第255页。

落,从而将硕大的地球变成了"地球村"。

最后,从微观经济角度看,技术变化决定着产品生命周期,新技术革命导致的产业更新换代是经济全球化的重大推动力。按照美国经济学家熊彼特(Joseph Alois Schumpeter)的观点,产品生命周期会演变为主导产业的生命周期。自 18 世纪后期工业革命以来,人类的生产活动开始呈现产业生命周期的阶段性,每一个阶段都有若干主导产业。[①] 主导产业的诞生、升级、换代和消亡都对经济全球化产生了至关重要的影响。

18 世纪中叶到 19 世纪 70 年代,是以蒸汽为动力的第一次产业革命阶段。第一次产业革命使人类开始脱离传统农业社会,迈进工业化、技术化和城市化的工业社会。产业革命促成了生产力大发展,使工业产量迅猛提高,从而将出口贸易提到了举足轻重的地位,扩大海外市场成为资本主义国家的当务之急,于是殖民扩张使世界上越来越多的地区沦为它们的原料产地和海外市场,经济全球化获得了初步发展。

从 19 世纪 70 年代到 20 世纪 70 年代末,是以电力为动力的第二次产业革命阶段。以汽油、柴油为燃料的内燃机的发明,使交通工具实现了机械化,大大加快了国际商贸的速度。另外,第二次产业革命使先进工业国由以轻工业为主导向以重工业为主导转变。新兴的工业部门由于生产技术和产品结构复杂,或由于需要大型生产设备并进行大批量生产,大大加快了向海外输出资本的力度。世界在经济这一纽带的联结下成为一个密不可分的整体。

从 20 世纪 80 年代起至今,是以电脑和信息为主导的第三次产业革命阶段。在第三次科技革命的推动下,世界各国的相互联系和依赖日益紧密。一方面,通讯和交通技术的进一步突破使得信息传播和资源流通的速度更加迅速;另一方面,随着主导产业的转移和变化,经济全球化的地理范围也不断扩大,全球市场以产业转移的方式将越来越多的地区拉进全球市场中来,全球化以前所未有的速度迅猛发展。

■■■ 7. 经济全球化对国家主权构成什么样的挑战?

经济全球化在使大多数国家享受到利益和好处的同时,也在一定程度上对国家主权构成了挑战。

---

① 〔美〕约瑟夫·熊彼特:《经济发展理论》(何畏、易家详等译),商务印书馆 1990 年版,第 295—300 页。

首先,经济全球化使得传统意义上国家主权范围内的事务受到越来越多外来因素,特别是跨国公司和国际组织的影响、监督和干预。例如,国际金融市场的发展使国际资本大量流动,没有一个国家能够对本国的外资、金融和货币政策拥有完全的自主权,而实力雄厚的跨国公司在世界各地执行其"全球战略",东道国推行自主产业政策和区域合作政策的能力也大打折扣。同时,国家加入国际经济组织在得到利益的同时也会付出代价。例如,加入世贸组织,国家在获得巨大的贸易好处的同时,必须公开本国的贸易政策、经济发展状况等。

其次,经济全球化对国家与公民的关系提出了挑战。在全球化时代,区域化合作中形成的共同体有可能削弱人们的国家认同。比如在一体化和相互依存程度较高的欧盟,成员国在经济、政治、文化、法律等领域高度融合,人们在社会沟通、民间交往、文化整合、共同治理的基础上,逐渐形成了新的身份认同。在国际社会,欧盟成员国的许多人不再称"我是德国人"或"我是法国人",而是以"我是欧洲人"自居。跨国公司是侵蚀公民对国家忠诚的另一支力量。跨国公司从理论上是归属于不同国家的,但其本性是最大限度地追求垄断利润,所以,当公司利润与国家身份发生冲突时,公司员工往往倾向于选择忠于前者。公司忠诚代替国家忠诚的现象在某些发达国家司空见惯。可见,全球化对自近代民族国家形成以来,民族国家在世界体系中的稳固地位、主权至上、爱国主义等观念以及公民的身份认同形成了前所未有的挑战。

最后,经济全球化从总体上增强了世界市场的影响力从而制约了国家政府的行动,国家需要转变部分政府职能以适应全球化的发展。在经济全球化下,国家必须平衡好市场与政府的关系:一方面要减少对经济生活的干预,给市场充分的自由活动空间;另一方面还要采取有效政策,应对经济全球化带来的问题和挑战。有些国家在这方面的实践已经取得了成果。例如,美国和欧洲通过在研究、教育、预算政策、税收、投资和产业方面增加投入,支持企业增强国际竞争力;北欧福利国家政府通过改良提供社会福利保障的方式,加强对弱势群体的保护,从而减轻了经济全球化带来的两极分化程度等。

■■■ 8. 为什么会有反全球化运动?

虽然全球化给人们的生活带来了便利、迅捷,促进了全球经济增长和人们跨国界的交往,但同样也给世界带来了前所未有的问题和挑战,反全球化就是伴随着全球化的发展而出现的。反全球化的力量组成非常复杂:既有在全球化中被边缘化的发展中国家,也有受到全球化冲击的发达国家;既有发达国家中利益受损的底层民众,也有全球环境保护运动和组织;既有极端的民族主义者,也有理性的社会精英和知识界人士。他们反对全球化的原因,归纳起来主要有以下三点。

随着经济全球化的深入发展,反全球化运动也开始出现。1999年世贸组织西雅图会议期间,发生了震惊世界的反全球化示威和抗议活动。

第一,全球化导致全球不公正、不平等加剧。首先,全球化拉大了发达国家和发展中国家之间的差距,发达国家与发展中国家人均GDP的差距从20世纪80年代的43倍扩大到目前的60多倍。其次,全球化使各国内部的贫富差距更加悬殊,2011年美国发生"占领华尔街运动"的原因之一就是,最富有的5%的美国人拥有全国72%的财富。最后,全球化使不少发达国家迫于竞争压力,削减社会福利,降低工人的工资,普通民众的利益受损,加剧了社会的不稳定。

第二,全球化导致全球生态环境恶化。全球化的过程是以跨国公司为载体的资本在全球流动的过程,同时也是全球环境进一步恶化的过程。跨国公司信奉竞争万能、效率至上的原则,片面追求经济效率和短期收益,势必导致急功近利的行为,忽视环境保护,从而使人类的生存环境受到极大的破坏。有鉴于此,全球环保人士明确反对新自由主义所主导的经济全球化。

第三,全球化导致全球资本主义化、美国化。由于当前的全球化由西方发达国家所主导,并且以新自由主义为指导,传统的马克思主义者、社会主义者就将这种全球化定性为资本主义的全球化,或者资本主义在新时代的全球扩张,予以尖锐的揭露、批判和反对。全球民族主义者,特别是极端民族主义分子,则从反对美国称霸世界的角度抵制全球化,在他们看来,当前的全球化是美国主导和控制的全球化,以美国的利益、价值和模式为标准,其结果就是世界的美国化,而这是决不能接受的。

很少有人、团体或政府反对全球化本身,他们反对的是全球化的悬殊差异。第一,全球化的好处和机会仍然高度集中于少数国家,在这些国家内的分布也不平衡。第二,最近几十年出现了一种不平衡现象:成功地制定了促进全球市场扩张的有力规则,并予以良好实施,而对同样正确的社会目标,无论是劳工标准还是环境、人权或者减少贫穷的支持却落在后面。更广义地说,全球化对许多人已经意味着更容易受到不熟悉和无法预测的力量的伤害,这些力量有时以迅雷不及掩耳的速度造成经济不稳和社会失调,人们日益焦虑的是文化完整性和国家主权可能处于危险之中。甚至在最强大的国家,人们不知道谁是主宰,为自己的工作担忧并担心他们的呼声被全球化的声浪淹没。

——科菲·安南[1]

反全球化运动揭露了当代全球化进程中许多不公正、不合理的现象,呼吁人们重视全球化带来的风险和挑战,从这个意义上来说是值得肯定的。但需要特别指出的是,反全球化人士反对全球化并不等于不要全球化,而是反对全球化产生的弊端和不足。我们不可能回避或者抗拒全球化这一历史趋势,关键在于如何在全球化中趋利避害。

9. 什么是区域化?国家为何要参与区域化?

区域化(regional integration)宽泛地说是指区域内部的国家和地区在政治、经济、社会等方面互动加强的过程。从严格意义上讲,这个进程必须有相应的组织存在,且该组织的制度化呈现不断提高的趋势。

区域化可以通过这样一些指标去衡量:一是物质层面,包括区域内的生产分工、经贸往来、相互投资、边界开放、旅游和电邮等所反映出来的社会沟通等;二是制度层面,比如区域内有关国家间所建立的各种制度组织的多少,以及这些制度组织的层次、活动范围和频率、制度的自主程度等;三是观念层

---

[1] 科菲·安南:《我们:联合国人民——联合国在21世纪的作用》(又称《千年报告》),联合国(中文版),2000年4月3日。

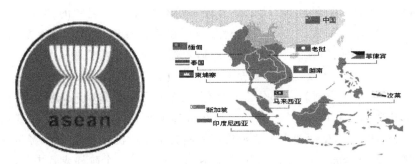

东南亚国家联盟徽标及其十个成员国。东盟总面积约446万平方公里,人口约5.6亿,秘书处设在印度尼西亚首都雅加达,是亚洲地区区域化的成功案例。

面,这可以通过区域意识、区域认同、区域觉悟等概念反映出来。

国家参与区域化的原因多种多样,具体而言主要有以下几点。

(1) 其他地区国家的竞争压力。当本区域国家共同遭遇来自其他国家或区域的竞争压力时,它们会倾向于联合对抗;一个区域进行的制度性合作会形成示范效应,别的区域内国家会跟风效仿。

(2) 缓解全球化压力。全球化特别是经济全球化带来的许多问题是难以靠一国之力应对的,实践证明,即便是再强的国家也愿意寻求区域合作的集体力量来应对全球化带来的风险。

(3) 追求一体化带来的"规模"效益。区域一体化的发展有利于实现区域内生产要素的自由流动,提高生产能力,扩大国内市场,增强技术竞争力。

(4) 增强与邻国的政治和安全互信。区域化使区域内国家具有越来越多的"共同身份",区域认同感的增强会增加政治互信,彼此之间的安全威胁也会下降。

(5) 为国内改革创造条件。一国进行社会改革难免会遭到国内不同利益集团和阶层的反对,参加区域一体化的国家可以将国际制度和准则作为依据,为其改革政策提供合法性基础。

10. 全球化与区域化是什么关系?

全球化与区域化既相辅相成又相互竞争。

首先,区域化对全球化的影响既有积极的一面,也有消极的一面。消极的一面主要体现为:经济区域化具有排他性,区域内外的国家存在着差别待遇。这虽然有利于经济区域内的贸易自由化以及成员国经济的加速发展,但对区域之外的国家而言,区域化则可能是带有浓厚集团色彩的贸易保护主义,它使统一的、联系日益密切的世界经济在某种程度上被人为地割裂了。因此,经济区域化趋势在一定程度上阻碍着经济全球化的进程。积极的一面主要体现为:经济区域化本身就是经济全球化的产物,任何一个区域经济都是世界经济不可分割的一部分。虽然任何经济区域都不可避免地具有排他性,但从整体上来看,世界经济中的相互依赖关系并没有因为经济区域化的发展而有所削弱,反而加强了这种相互依赖关系。从长远来看,区域经济化不可能阻止经济全球化的发展,相反,它是经济全球化的一个阶梯或者中间环节。因此,经济全球化与经济区域化是相辅相成的。经济区域化是经济全球化的重要前提、步骤和组成部分,而经济全球化是经济区域化的发展归宿和最后结果。

其次,全球化对区域化的发展也是既有限制作用,也有促进作用。限制作用表现在:随着相互依存程度的不断深化,全球性公共问题不但会溢出国家的治理范围,而且最终也会溢出区域组织的治理范围,环境恶化、金融危机、贸易战争等全球性问题对区域化的发展形成压力;全球化将不断加深国与国之间、区域与区域之间的联系,这将使区域内和区域外的界限越来越模糊,从而对区域化进行某种程度的"溶蚀"。促进作用表现在:全球化给国际社会带来了问题和风险,比起单兵作战,许多国家更愿意以区域为单位应对全球化的挑战,"同舟共济"面对全球化这并不平静的浪潮;全球性国际组织成员多,机构庞大,谈判和审议程序复杂,成员国之间形成共同利益的难度大,因而许多国家认为区域组织在处理国际问题上更有效率;全球化势必将加剧国际竞争,无论是国家还是跨国公司,合理的区域安排和正确的区域战略都将是提高其国际竞争力的基石。

总而言之,二者相互推进和相互对立的方面是共存的。

> 经济全球化和区域经济合作虽然在表现形式上一个是集中化、单一化,另一个是分散化、多元化,但本质上是相一致的。正是全球化浪潮的出现才使各个区域性经济合作日渐活跃,也只有经过区域经济合作的稳步推进才使全球化不断深化。全球化是区域经济合作的发展趋势,区域经济合作则是全球化的现实展开。
>
> ——樊勇明[①]

---

① 樊勇明:《西方国际政治经济学(第二版)》,上海人民出版社2006年版,第251页。

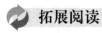

拓展阅读

1. 世界三大经济组织及其在世界经济中的地位

世界贸易组织

世界贸易组织(World Trade Organization，WTO)是当前世界上最大的协调世界贸易活动的国际组织。其前身是1948年临时生效的关税及贸易总协定(GATT)。为了适应经济全球化浪潮下国际服务贸易、知识产权贸易比重不断上升的世界经济形势,也为了克服GATT的体制缺陷(对协议国约束力较弱,争端解决机制缺乏统一性和强制力等),1995年1月1日,世界贸易组织成立并取代GATT,总部设在瑞士日内瓦。

WTO的徽标

WTO遵循了GATT框架下形成的协商一致的决策方法,在此基础上增大了对各成员国的约束力度,建立了完整统一的法律制度和框架,扩大了管辖范围,建立了统一的争端解决机制。目前,它在国际贸易中的职能包括:制定市场运行规则和法律依据,这些规则对所有成员都有约束力;对各成员国的贸易政策定期进行审议,对其贸易体制和政策进行监督,这些体制和政策不仅是与进出口贸易直接相关的关税和非关税政策,而且涉及各成员的宏观调控政策、产业与税收、财政与货币以及经济立法和与贸易有关的国内措施等;规范争端解决程序,充当各国贸易摩擦和争端的仲裁者和执行者的角色。

WTO的最高决策机构是部长级会议(Ministerial Conference)。总理事会(General Council)是常设执行机构,同时也是成员国贸易政策的审议机构和争端解决机构。总理事会下设货物贸易分理事会(Council for Trade in Goods)、与贸易有关的知识产权分理事会(Council for Trade-Related Aspects of Intellectual Property Rights)、服务贸易分理事会(Council for Trade in Services)以及贸易磋商委员会(Trade Negotiations Committee)和其他专门委员会。由WTO总干事领导的秘书处,负责协调各分支机构之间的工作。

GATT和WTO在以往的贸易实务和惯例的基础上,针对国际贸易惯例、规则和决策程序,建立了一系列国际贸易原则,这些原则也成为当前全球贸易体制(Global Trade Regime)的基本原则。

(1) 贸易自由化(Trade Liberalization)原则。这也是全球贸易体制最核心的原则。该原则要求各国削减关税和非关税壁垒(nontariff barriers, NTBs)。对关税税率的约束和对非关税壁垒(包括进口配额、进出口许可证、出口补贴等)的限制,极大地推动了国际贸易的发展。

(2) 非歧视(Nondiscrimination)原则。它包括两个方面：一是最惠国待遇(most-favoured-nation, MFN)原则，它要求一国在对外经济关系中给予另一国的优惠待遇不得低于它给予任何第三国的待遇；二是国民待遇(national treatment)原则，指外国产品进入一国国内后，其享受的待遇不得低于本国同类产品所享受的待遇。

(3) 互惠或对等(Reciprocity)原则。这是指一国在与另一国的贸易往来中获得收益，应当给对方大体相等的利益作为回报。

(4) 特殊保护(Safeguards and Contingent Trade Measures)原则。在坚持自由贸易的同时，全球贸易体制为各国政府调控和干预本国经济留下了余地。当进口贸易可能伤害本国经济时，该国政府有权采取行动限制进口。许多发展中国家以此原则为依据，保护本国的幼稚产业(infant industry)免受经济全球化浪潮的冲击。一国有权采取行动对不公平的贸易行为采取必要的措施进行报复，但报复行为必须经过世界贸易组织的授权，禁止一国单方面的报复行动。众所周知的反倾销行动(anti-dumping duties, ADD)即以此原则为依据。

(5) 共同发展(Development)原则。随着发展中国家在全球贸易体制中影响力的增大，共同发展的原则正在形成之中。该原则要求给予发展中国家更为优惠的待遇。2001年WTO多哈回合谈判又被外界称为"发展回合谈判"，南北关系将成为经济全球化时代下世界贸易体制不得不面对的问题。

国际货币基金组织

国际货币基金组织(International Monetary Fund, IMF)总部设在华盛顿，是布雷顿森林协定的产物。它于1945年12月27日成立，到1947年11月15日成为联合国的一个专门机构，但在经营上具有独立性。其建立的初衷是维护布雷顿森林体系下的固定汇率制。IMF通过向成员国提供短期贷款，帮助成员国政府解决财政收支不平衡问题。虽然布雷顿森林体系已经瓦解，但IMF却保留了下来，并发展成为经济全球化时代全球货币机制的重要组成部分，现有成员国超过180个。

IMF的徽标

国际货币基金组织的主要职能是：为开展有关国际货币问题的磋商与协作提供机制，从而促进国际货币领域的合作；促进国际贸易的扩大和平衡发展，从而有助于各成员国提高和保持高水平的就业和实际收入以及开发生产性资源，并以此作为经济政策的首要目标；促进汇率稳定，保持成员国之间有秩序的汇兑安排,避免竞争性通货贬值;协助在成员国之间建立经常性交易的多边支付体系,取消阻碍国际贸易发展的外汇限制;在具有充分保障的前提下,保证成员国可以暂时使用基金组织的资金,以增强成员国的信心,使其有机会在无须采取有损本国和国际经济繁荣的经济措施的基础上,纠正国际收支平衡。

与许多国际组织"一国一票"制不同,成员国在IMF的投票权与其经济实力密切相关,那些经济实力强的国家是国际货币基金的主要出资方,在IMF中也具有更大的投票权。长期以来,IMF中投票权最多的国家依次为:美国、日本、德国、法国、英国。2016年,IMF份额改革后,中国的排名由第六位跃居第三位,仅次于美国和日本。

世界银行

世界银行(World Bank,WB)是世界银行集团的俗称,它包括国际复兴开发银行(1945年成立)、国际开发协会(1960年成立)、国际金融公司(1956年成立)、多边投资担保机构(1988年成立)和解决投资争端国际中心(1966年成立)。这五个机构分别侧重于不同的发展领域,但都运用其各自的比较优势,协力实现共同的最终目标,即减轻贫困。1944年布雷顿森林会议签订《布雷顿森林协议》决定成立国际复兴开发银行(即当时的"世界银行"),1946年6月25日,世界银行正式开始营业,总部位于华盛顿。

世界银行的主要业务是向发展中国家提供用于本国经济建设和社会福利的长期贷款,其贷款被用在非常广泛的领域,从对医疗和教育系统的改革到诸如堤坝、公路和国家公园等环境和基础设施的建设。除财政帮助外,世界银行还在其他经济发展方面提供顾问和技术协助,以帮助发展中国家实现它们的反贫穷政策。

世界银行的徽标

近年来,世界银行开始放弃它一直追求的经济发展目标而更加集中于减轻贫穷。它也开始更加重视支持小型地区性的企业,它意识到干净的水、教育和可持续发展对经济发展是非常关键的,并开始在这些项目中投巨资。作为对批评的回应,世界银行采纳了许多环境和社会保护政策来保证其项目在受贷国内不造成对当地人或人群的损害。

除此之外,世界银行还是世界经济运行数据归纳与分析的权威机构,旗下网罗了大批发展经济学家作为经济顾问,在研究世界经济发展的资金投入上也是其他国际组织不可比拟的。

2. 为什么反全球化是荒谬的?[①]

以下几个观点是大多数反全球化人士之所有反对全球化的主要依据和理由,我们来看看这些观点能否站得住脚。

全球化意味着大公司的胜利?

如果你听听反全球化人士的言论,你就会发现我们生活在一个"迪士尼化"和"可口可乐殖民化"的世界上。在这个世界里,大公司一方面践踏弱小的商业对手,另一方面将各国政府变成了无助的小跟班。他们在这两点都错了。事实上,大公司的产出比例已经下降,而非增长。全球化彻底地改变了优势对比,使形势从有利于优势现有者转变成有利于优势挑战者。现有者曾经能在资本的高成本、新技术获取困难以及与国家政府的紧密关系等这些高耸的壁垒后保护自己,而全球化减降低了这些要素的重要性。较低的壁垒使得资本更易筹集,技术更易购买,市场更易进入,与国家政府的关系愈加不那么重要。你不再非得成为一个跨国公司才能拥有跨国公司那样的影响力。

那种认为公司现在比政府重要的观点同样有误导性。大多数西方国家政府远非越变越小,它们依然是个庞然大物。那些常被引用的、关于许多公司比国家还要大的"统计数据"——通用汽车公司与丹麦实力相同——是在拿销售数字与国内生产总值做比较。由于国内生产总值衡量的是增加值,因此正确的比较应是与公司的利润相比。

全球化正在破坏环境?

这一想法是反全球化思想的重要依据:抓住一个所有明事理的人都会同意的、不言自明的真理,即所有类别的企业都可能破坏环境;接着,以高度情绪化的语言重复这一经验,同时忽略掉其他一切缓解因素;然后,当大部分环境遭到地方政府、地方性公司甚至是地方性选民破坏时,将其统统归咎于全球性公司、全球性监管者,并实际上是归咎于全球化本身。

几乎所有生产某种物质产品的企业都可能会造成污染,而直到前不久,企业家们才勉强承认这一事实。不过,如今企业特别是跨国企业的行为已有很大改观,企业家并非变得较为软弱,只是他们已经看透了两件事:第一,脏乱不堪的工厂使他们失去顾客;第二,遵守环境规章成本并非贵得离谱,对跨国公司来说尤为如此。

有观点认为,贸易促进了商业活动,而商业活动会损害环境。短期而言,

[①] 编译自 John Micklethwait and Adrian Wooldridge, "The Globalization Backlash", *Foreign Policy*, September/October 2001, pp. 16—28。

情况确实如此。然而，随着国家变得日益富裕，它们也倾向于净化自己的行为。环境可持续性指数报告显示，在一国绿化与财富之间存在着密切相关性。一般而言，尽管环保主义是一件好事，但是它必须与其他善举保持平衡。从发展中国家的立场来看，这种善举包括经济增长。富裕世界的绿色斗士们傲慢地认为，非洲人不应为换取财富而忍受较为肮脏的空气和水。

环境问题归根结底是由"公地的悲剧"造成的。没有人拥有海洋，因而也没有人觉得要对它负责。如果一个挪威渔民不去海洋捕捞，那么，他的英国竞争者也会这么做。退一步讲，即便没有了全球化，一个互相缺少联系的世界就会对环境有帮助吗？事实是，即使贸易壁垒增高，全球气候变暖问题仍不会得到解决。环境破坏远不是由不受约束的资本主义所造成的，而常常正好是与此相反。全球化有时直接对环境有益，因为它推动了诸如污染控制技术的贸易公司和国有公司私有化之类的进程，这些国有公司在重组之后所造成的污染越来越少。

全球化意味着美国化？

的确，全球化会使竞技场朝着有利于负责、透明和尊重个人权利之类的自由主义优点的方向倾斜，而这些优点往往被认为是美国式的。可是，这就意味着美国化吗？想要利用仇外情绪去巩固自身地位的外国独裁者无疑会认为是这样。然而，美国并不是自由主义优点的垄断者。经典自由主义者首先是由一群英国思想家——约翰·洛克（John Locke）、大卫·休谟（David Hume）和亚当·斯密（Adam Smith）发展出来的。当我们提及自由市场经济这一理想时，我们仍使用一个法语词汇"laissez-faire"（自由放任）。世界上第一家联合股票公司诞生于英国而非美国。事实上，美国的民主可以说是源自像弗吉尼亚公司那样的英国公司。尽管只是一个官僚机构，但欧盟现在完全与美国一样坚定地珍视民主代议制和个人权利之类的自由主义价值观。

全球化也不一定意味着流行文化的美国化。诚然，全世界几乎都能看到美国电影，麦当劳的巨无霸汉堡（Big Mac）是我们所拥有的最接近于世界化的食品，但是文化贸易是个双向过程。当前美国电视上最成功的节目是从欧洲引进的各种"真人秀"节目。美国20家最顶尖出的版社一半是外国人拥有，电影制作公司也是如此。总的来说，消费者对本土产品有明显的偏好。由于技术使得规模经济的重要性不断降低，这些本土产品越来越容易满足消费者的口味。

为什么全球化不是意味着某个特定国家的胜利，还有一个更为重要的原因是：全球化的本质在于它增加了选择，包括按照你自己的想法去生活的选择。你可以自由享用全球化带来的各种便利和产品，但无须放弃你自己的生活方式。

全球化意味着一种劳动标准降到最低的竞争？

这一观点基于四大误解：第一种误解是以为雇主们首要关心的是劳动力价格。事实上，真正令其感兴趣的是劳动力价值。毫无疑问，这些公司会将常规性工作转移到世界上每小时工资较低的地方。然而，一般而言，雇主想要的不是廉价的工人，而是富有生产效率的工人。

假如"竞次"（race to the bottom）的观点是正确的，你就应该看到外国直接投资大量涌入那些工资水平最低和劳动标准最差的国家。再没有观点比这更背离事实了！美国大约80％的对外直接投资流向了其他发达国家，而美国在墨西哥和中国的投资只相对于其国内投资的一小部分。

第二种误解是以为全球化正在削弱公司与其本土之间的联系。实际上，公司以各种各样的方式依赖于最初创造了它们的环境，这些方式有些是明显的，有些是微妙的。美国微软公司不可能迁到一个小岛上去，因为它不仅依赖于一定数量的受过教育的工人，而且还依赖于它与美国诸多大学的密切关系。

第三种误解是以为全球化公司对诸如工会权利和劳动标准之类的"工人保护"政策怀有敌意。这个观点包含有部分事实，的确，公司很少对工会（或事实上也很少对政府）态度和善，因为后者希望以不可变通的规章去束缚公司的行动自由。然而，大体上说，跨国公司很少敌视如工作环境安全、在职培训和晋升机会等因素。历次调查显示，与当地竞争者相比，跨国公司为其员工提供了更高的工资和更好的生活条件。

第四种误解也是最大的一种误解是，认为全球化是一种"零和博弈"：如果富有者因为全球化而变得更富有，那么穷者必定会更穷。然而，支持全球化的观点认为，全球化使得资源得到更有效利用，从而能够改善每个人的命运。当然，全球化并非总是能够达到这一目标，而且它在带来效率的同时也带来了阵痛。可是，一般而言，全球化提高了多数人的生活水平。事实上，世界上最贫困的人不是处于全球化之中的人，而是被全球化边缘的人。对他们而言，全球化不是太多，而是太少。

全球化使权力集中于世贸组织之类的非民主结构？

世贸组织和国际货币基金组织这样的机构绝非形同虚设。但是，它们也远远不像批评者（以及它们的部分同类机构）所想象的那样强大有力。世贸组织本质上是一个仲裁机构，它对发生冲突的政府所提交的问题进行处理。国际货币基金组织是一个危机管理机构。诚然，它能够将严格的结构改革要求强加给它的救济对象，并且常常在这么做时表现出惊人的傲慢和麻木。然而,只有那些已经陷入严重困境的政府才会求助于国际货币基金组织。

无论我们用何种可想象的标准来衡量,在国际秩序中,国家政府都是个远比全球性机构重要得多的博弈者。亚洲金融危机期间,正是美国财政部而非国际货币基金组织决定是否要救助有关国家。尽管联合国的作用越来越大,但是否要派遣维和部队也是由联合国成员国的政府决定的。而且,现在国际机构面临着一个新的制约,那就是国际非政府组织。参观一下任何一个多边国际机构,你会发现,它被监督它的国际非政府组织包围了。在日内瓦的联合国各大机构周围聚集了1700个国际非政府组织。

实际上,你可能会意识到,全球性机构中真正的民主赤字并非见于国际货币基金组织和世贸组织,而是在于抗议它们的国际非政府组织之中。国际非政府组织宣称是全球市民社会(无论那是什么)的代表。然而,无人选举它们,它们也不对民主政府负责。它们不代表任何人,只代表它们自己的成员和活动骨干。即便在某些最喧闹的场合,这也只是意味着区区几百人而已。

自学指南

国际关系学不仅着眼于国家之间的政治关系,世界政治与经济的关系以及国家之间的经济关系也是国际关系学研究的一个重要内容。20世纪70年代以来,随着世界体系中的主权国家在经济上日益形成一个相互依存的整体,国际关系学的一个分支(或次学科)——国际政治经济学应运而生,并在较短时间内迅速发展。国际政治经济学主要研究世界体系中的主权国家与世界市场的关系,探讨世界市场形成的动力、主权国家在世界市场形成和发展中的作用、主权国家为获得经济利益而展开的竞争与合作、全球化背景下主权国家受到的挑战、世界经济全球化的发展趋势等问题。目前,经济全球化、区域一体化、世界经济集团等这些二战后国际关系发展中出现的新现象是国际政治经济学研究的重点。

由于对国家与市场在国际关系和世界体系中的地位存在不同认识,国际政治经济学主要分为自由主义(或全球主义)、现实主义(或民族主义、国家主义)和激进主义(或马克思主义)三大流派。自由主义承袭了西方主流经济学的思想和国际关系中的理想主义、自由主义传统,强调市场在国际关系和世界体系形成和发展中的决定性作用,认为国家的命运与它参加世界经济活动、应对世界市场的能力联系在一起。现实主义以国际关系中的现实主义理论为基础,强调国家在国际关系中的核心地位,认为国际关系的本质就是国家利用实力竞争财富,不管是实行保护主义还是强调自由主义,都是国家攫取财富的手段,经济全球化形成的相互依存关系不会削弱国家在国际关系中的地位。激进主义建立在马克思主义哲学和政治经济学理论之上,把全球经济看作是一个体系,认为国际经济关系在本质上等同于国内的阶级关系,对于无产阶级而言,要么在全世界范围内推翻资产阶级的统治,要么如依附论所说的,隔断国家与世界经济的联系。这三大流派为我们分析国际政治经济问题提供了理论视角。

所有的国际关系学教材中都会有国际经济合作的内容,以下几部教材系统论述了国际政治经济学的基础知识,并在一定程度上反映出国际学术前沿动态,国际关系学的初学者可以通过阅读这些教材对国际政治经济学有一个系统而全面的了解。

王正毅:《国际政治经济学通论》,北京大学出版社2010年版。

张宇燕、李增刚:《国际关系的新政治经济学》,中国社会科学出版社2010年版。

朱文莉:《国际政治经济学(第二版)》,北京大学出版社2009年版。

樊勇明:《西方国际政治经济学(第二版)》,上海人民出版社2006年版。

宋新宁、田野:《国际政治经济学概论(第二版)》,中国人民大学出版社2015年版。

全球化是国际政治经济学研究的重要课题,国内外学者这方面的研究成果颇多,下面几部著作有助于读者了解全球化的全貌和研究现状。

俞可平主编:《全球化:西方化还是中国化?》,社会科学文献出版社2002年版。

庞中英主编:《全球化、反全球化与中国——理解全球化的复杂性与多样性》,上海人民出版社2002年版。

于沛主编:《全球化与全球史》,社会科学文献出版社2007年版。

〔德〕汉斯·马丁等:《全球化陷阱:对民主和福利的进攻》(张世鹏等译),中央编译出版社1998年版。

〔英〕戴维·赫尔德等:《全球大变革:全球化时代的政治、经济与文化》(杨雪冬等译),社会科学文献出版社2001年版。

〔英〕戴维·赫尔德、安东尼·麦克格鲁主编:《全球化理论:研究路径与理论论证》(王生才译),社会科学文献出版社2009年版。

〔英〕戴维·赫尔德、〔英〕安东尼·麦克格鲁:《全球化与反全球化》(陈志刚译),社会科学文献出版社2004年版。

〔英〕罗宾·科恩、保罗·肯尼迪:《全球社会学》(文军等译),社会科学文献出版社2001年版。

〔英〕波拉尼:《大转型:我们时代的政治经济根源》(冯钢、刘阳译),浙江人民出版社2007年版。

〔美〕罗兰·罗伯逊等:《全球化百科全书》,译林出版社2011年版。

〔美〕入江昭:《全球共同体:国际组织在当代世界形成中的角色》(刘青等译),社会科学文献出版社2009年版。

以下所列的国际政治经济学的经典著作代表了该领域三大学派的主要观点,有助于读者对国际政治经济学进行深入的学习和研究。

〔英〕苏珊·斯特兰奇:《国际政治经济学导论——国家与市场》(杨宇光等译),经济科学出版社1990年版。

〔美〕罗伯特·基欧汉:《霸权之后:世界政治经济中的合作与纷争》(苏长和等译),上海人民出版社2001年版。

〔美〕罗伯特·基欧汉、约瑟夫·奈:《权力与相互依赖(第四版)》(门洪华译),北京大学出版社2012年版。

〔美〕罗伯特·吉尔平:《国际关系政治经济学》(杨宇光等译),经济科学出版社1989年版。

〔美〕罗伯特·吉尔平:《全球政治经济学:解读国际经济秩序》(杨宇光等译),上海人民出版社2003年版。

〔美〕伊曼纽尔·沃勒斯坦:《现代世界体系》,第1卷、第2卷,高等教育出版社1998年版;第3卷,高等教育出版社2000年版。

〔巴西〕特奥托尼奥·多斯桑托斯:《帝国主义与依附》(毛金里等译),社会科学文献出版社1999年版。

〔德〕安德烈·冈德·弗兰克:《依附性积累与不发达》(高铦等译),译林出版社1999年版。

第十四章

全球治理

> 我们不要过分陶醉于我们对自然界的胜利。对于每一次这样的胜利自然界都报复了我们。
>
> ——恩格斯①

> 保护和改善人类环境是关系到全世界各国人民的幸福和经济发展的重要问题,也是全世界各国人民的迫切希望和各国政府的责任。
>
> 人类有权在一种能够过尊严和福利的生活的环境中,享有自由、平等和充足的生活条件的基本权利,并且负有保护和改善这一代和将来的世世代代的环境的庄严责任。
>
> ——《人类环境宣言》②

> 显然,联合国体系、世界贸易组织以及各国政府的活动是全球统治的核心因素,但是,它们绝不是唯一的因素。如果社会运动、非政府组织、区域性的政治组织被排除在全球治理的含义之外的话,那么,全球治理的形式和动力将得不到恰当的理解。
>
> ——安东尼·麦克格鲁③

---

① 恩格斯:《自然辩证法》(中共中央马克思恩格斯列宁斯大林著作编译局译),人民出版社1971年版,第158页。
② 《人类环境宣言》,http:www.china.com.cn/Chinese/huanjing/320178.htm。
③ 〔英〕戴维·赫尔德等:《全球大变革:全球化时代的政治、经济与文化》(杨雪冬等译),社会科学文献出版社2001年版,第70页。

1. 什么是全球问题？全球问题具有哪些特征？

全球问题（global issues），又称作全球化问题，是指当代国际社会所面临的一系列超越国家和地区界限、关系到整个人类生存与发展的严峻问题。

具体而言，全球问题具有以下特征。

（1）全球性。从空间范围来看，全球问题的发生和发展都不受国家边界的限制，是经济发达国家和不发达国家都共同存在的问题。

（2）持续性。从时间维度来看，全球问题是经过长期积累形成的问题，人类需要很长的时间才能感受到它，还需要更长的时间才能解决它。生态环境问题就是典型的例子。

（3）严重性和紧迫性。人类面临的问题林林总总，但全球问题一定是其中的"重量级"问题。如果问题的严重程度没有威胁到全人类利益，如果形势没有危急到一旦应对不力后果将不堪设想，是不够格称之为全球问题的。

（4）联动性。一个方面的问题会导致其他问题的产生。下面的例子可以说明这一点：对经济效益的狂热追求→温室气体排放量增加→全球变暖→冰川消融，海平面上升→小岛国被淹没→移民问题及其他不稳定因素产生。

（5）协调一致性。从解决途径来看，全球问题不是一个国家能够解决的问题，解决全球问题有赖于国际合作和全人类的共同努力。

2. 为什么全球问题在当今世界越来越突出？

全球问题的产生和发展与全球化进程密切相关。当代全球问题的突出，很大程度上是全球化加速发展的结果。全球化发展到今日，已经或多或少地在政治、军事、经济、社会和文化等领域将人类社会连成了一个互动的整体。在此背景下，人类社会中出现的许多重大问题也不可避免地具有全球性，因而全球问题也变得越来越难以忽略。

在政治领域，各个国际社会行为体已经形成了密切的互动联系。国际社会中的任何问题，无论是整体性的还是局部性的，都可能受到全球关注，甚至受到来自其他行为体的影响和干预。在当代，政治全球化的产物——联合国就越来越明显地体现出这种全球性联系。无论是国际冲突问题还是国内人权危机，只要提交联合国讨论，便具有全球属性，成为举世关注的问题。同时,也有许多没有提交联合国的问题,因其广泛的影响力而获得世界各国的关注。

在安全领域,虽然世界大战的危险减弱,但局部战争却明显增加,地区冲突不断,恐怖主义已经成为世界和平与安全的大敌,同时,大规模杀伤性武器的扩散使人类社会面临的暴力威胁也具有普遍性。某些核大国没有采取实质性步骤推动核裁军进程,甚至仍在现存的庞大核武库的基础上继续增强核战能力,而人们最担心的是恐怖主义升级为使用大规模杀伤性武器的"超级恐怖主义"。

在经济领域,经济全球化的加速发展给世界带来各种全球性经济安全问题。金融危机以其突发性、破坏性大以及传播性强等特点,给相关国家带来巨大的经济损失;南北经济鸿沟的拉大也将使贫困问题和饥饿问题更加严峻。

在社会领域,难民问题、跨国犯罪问题和传染病等同样具有全球性,亦开始在全球蔓延。在当代,冲突与战争具有广泛蔓延的特点,与之相关的难民救援问题也具有全球性。要解决这些全球社会问题,各国必须以协同合作的态度来共同面对。

在文化领域,全球化浪潮下不同文化之间的交流和传播日益加深。这一方面促进了人类文明的整体繁荣,另一方面也引起了不同文化之间的冲突。被认为代表着全球化主流文化方向的西方文化在席卷全球的过程中,激起了本土化力量的对抗;而宗教极端主义已经在全球范围内造成了人们的担忧和恐慌。

从生态上来看,由于全球化的加速离不开科学技术的进步,最新一轮的科学技术革命在促使生产力向前迈进了一大步的同时,也大大提高了人类向自然界发起挑战的能力。当今的人类活动已经使自然环境的恶化形成了一种难以逆转的趋势,各种全球性的生态灾难接踵而至。

从深层次讲,全球问题的根源是人类没有很好地处理两大关系:一是人与自然的关系,人类为了满足日益增长的需求而追求生产和经济的无限发展,造成人与自然的严重对立,资源枯竭、环境污染、生态失衡就是这种对立的直接表现;二是人与人的关系,人类自产生起就分化为不同的利益主体,不同的利益主体在追求自身的物质和精神需求的过程中造成了彼此关系的紧张和对立,工业化和全球化加剧了这种紧张关系,工业发达国家的富裕和发展中国家的贫困形成鲜明的对照。全球问题中的资源生态问题、民族冲突问题、恐怖主义、犯罪等活动,无不与这种不和谐相关。

3. 什么是人口问题？为什么近百年来人口出现爆炸性增长？

人口问题可以概括为以下几个方面。

首先是指世界人口总数的爆炸性增长。进入工业时代以后，世界各地的人口出现大幅增长。世界人口在 1927 年时仅有 20 亿，1960 年达到 30 亿，1974 年达到 40 亿，1987 年达到 50 亿，而 1999 年已经超过 60 亿。按照联合国人口基金会的预测，到 2050 年世界人口将达到近 95 亿。

世界人口分布状况

其次是指人口增长的不均衡。在总人口爆炸性增长的总体趋势下，世界人口增长在地区分布上也呈现出不均衡性。现在全球人口每年增长 7500 万，其中 94% 来自发展中国家。对此，人口学家已形成共识：越贫困的国家，人口增长速度越快，其结果便是带来越来越严峻的贫困问题。按照联合国人口基金会的估计，到 2050 年，世界上最贫困国家的人口将增加两倍，从目前的 6.68 亿增至 18.6 亿。

再次是老龄化问题。随着人类平均寿命的大幅增长，60 岁以上的老年人口占总人口的比重不断增大。据估计到 2040 年，全球每五个人中就有一个是 60 岁以上的老年人，而他们中的 70% 生活在发展中国家和地区。老龄化问题在当今世界呈现出两个趋势：一是老龄人口的分布从北方向南方转移。这将使得维持了一个多世纪的老龄化区域格局被打破，今后的人口老龄化问题将主要发生在发展中国家。二是老龄化向高龄化发展。预计到 2025 年，世界上每天都将有 38 万余人庆祝自己的 80 岁生日。

最后是人口国际迁移带来的问题。一是难民问题。难民是人口国际迁移中最为特殊也最值得关注的群体，世界难民署最新发布的《全球趋势》报告显示，全球在世界范围内，因战争、武装冲突和迫害而流离失所的人数已达 6000 多万人,并且还在持续增加。二是移民问题。由于生育率下降、人口老龄化、劳动力短缺所导致的国家和地区之间的"技工竞争""人才争夺"将成为国际迁移的新趋势。此外,多元文化下出现的国际移民所带来的经济、社会和政治问题也将更加复杂。2016年震惊欧洲的巴黎恐怖袭击案件中,已被证实的八名袭击者中有三人是法国少数族裔移民的子女。如何增强移民群体对所在国的认同感从而降低移民子女与主流群体的冲突已成为一个不容忽视的严峻课题。

世界人口在近百年来出现"爆炸"式增长的原因主要有以下几个方面。

第一,现代技术的发展使得人口死亡率大幅下降,生存质量大幅提高。近代生育和医疗技术方面的进步,一方面使新生儿死亡率下降,成活率提高;另一方面使人类战胜了许多原来难以克服的疑难杂症,从而延长了普通人的生存寿命,最典型的例子当属天花。

第二,较为稳定的世界格局使战争发生的概率大大降低,人们生活相对和平。第二次世界大战结束后,世界上再没有爆发大规模战争,大多数国家都在这样的和平期内出现了人口增长高峰,如美国战后出现的"婴儿潮"。

第三,增加人口数量成为缓解贫困压力和实现发展的需要。迄今为止,许多发展中国家的产业仍以农业和劳动力密集型加工制造业为主。这样的产业需要大量的廉价劳动力,为了脱贫致富,很多国家不但不控制人口增速,反而必须尽可能地鼓励增加人口数量。这也成为许多发展中国家人口持续性高增长的重要原因。

4. 世界能源状况如何?引发了怎样的能源问题?

在过去的两百多年里,人类已经使用了地球矿物能源总储量的一半左右,这相当于3亿年太阳辐射所产生的能量。在当代,人类消费的石油、天然气和煤炭约占能源消费总量的90%以上,石油消耗更是超过了一半。不仅如此,人类的能源消费需求仍将不断增加。据美国能源部预测:到2025年,世界石油需求量将以每年1.9%的速度增长,煤炭需求量将以每年1.5%的速度增长,而天然气需求则将在20年间增长2/3。

与能源需求趋势形成鲜明对比的是不容乐观的世界能源储量形势。研究数据显示,目前全球的石油总储量可供继续开采41年,天然气总储量可开采63年,煤总储量可开采231年(2004年数据)。更为严峻的是,有限的开采量在地球上的区域分布极不平衡。

总的来看,化石能源的有限性直接导致了人类能源危机的出现。但是,能源问题不仅是单纯意义上的能源量的绝对短缺,还存在复杂的"全球问题综合征",具体来看有如下几个方面:(1)矿物能源开采的自然条件普遍恶化,能源的勘探、开采和运输开支大幅增加;(2)能源开发利用方式粗放,能耗巨大,利用率低;(3)伴随着能源需求量的增加,环境污染越来越严重;(4)能源消费大国发生激烈竞争,能源生产国不稳定的国内局势加剧了能源市场的不稳定性,国际关系中出现能源外交;(5)在开发新能源的过程中不断出现新的问题,如2016年的日本福岛核泄漏事件。

5. 当前人类面临哪些环境问题?这些问题有何特点?

总体而言,当前人类主要面临着八大环境问题。

(1)生物多样性遭到严重破坏。生物多样性包括生态系统多样性、生物物种多样性和种内基因多样性三个方面。人类活动对生态系统的破坏使大量物种灭绝,而更多的野生动植物目前正处在灭绝的边缘。过去几百年人类造成的物种灭绝速度比地球演化史上的平均速度增快了1000倍。联合国将每年的5月22日定为世界生物多样性日。

(2)臭氧层耗损。作为地球生命保护伞的臭氧层,正在由于大气污染而变得日益稀薄。据科学家预测:到2075年,地球上空的臭氧量将比1985年减少40%。臭氧的减少将会使太阳紫外线对地面的影响增大,增加人类罹患皮肤癌的概率;还会抑制农作物的光合作用,导致减产,并有可能直接导致某些物种的灭绝。联合国将每年的9月16日定为国际保护臭氧层日。

温室效应令冰川融化,威胁着北极熊的生存。

(3)温室效应与全球变暖。从1860年以来,地球表面平均气温上升0.4—0.8℃,主要原因是燃烧矿物燃料向大气排放了过多的二氧化碳等温室气体。全球气候变暖将导致冰川融化,海平面上升,灾难性气候频繁出现。

(4)酸雨危害加剧。酸雨的产生主要是由于人类在燃烧矿物燃料的过程中,向大气层排放了过多的二氧化硫和氮氧化物等有害物质。酸雨会导致湖泊酸化和水生物种死亡,会导致土壤酸化影响植物生长,还会对历史文物古迹和人类健康造成不可忽视的负面影响。

（5）森林锐减和水土流失。近年来,有"地球之肺"之称的森林面积大幅萎缩,这会给生物多样性、水土保持、林产业等人类生产生活的多个方面都带来巨大损失。森林锐减带来的生态危机已构成对人类的严重威胁。

（6）土地荒漠化。根据联合国的统计,荒漠化每年造成的农业损失达420亿美元,威胁着10多亿人口的生存,是世界公认的"地球癌症"。土地荒漠化加剧一方面引发沙尘暴等恶劣天气,另一方面也会影响社会和经济发展,威胁社会稳定。土地荒漠化与人类不合理的土地利用方式有关,人口快速增长、过度垦荒、肆意放牧和乱砍滥伐等,都会导致荒漠化速度加快。联合国将每年的6月17日定为世界防治荒漠化和干旱日。

（7）大气、水质和土壤污染。水资源的污染已经造成了世界上10多亿人无法得到安全的饮用水。这些污染造成人类可利用的自然资源进一步被损耗,使人类面临未来严重的生存与发展危机。联合国将每年的3月22日定为世界水日。

（8）有毒有害物质的不当处置和跨境转移。

这些环境问题的主要特点如下所述。

第一,环境问题的形成在多数情况下是个长期积累的过程。目前人们面临的问题在很大程度上是上百年来人类行为累积的结果;而现在人类活动对环境的破坏,其负面影响则有可能在几代以后才能显现出来。

第二,环境问题,特别是原生自然环境的退化,往往是不可逆转的。其中的典型例子是一个物种的灭绝。

第三,环境问题是从根本上讲是无国界的全球性问题。任何一个国家的自然环境都是整个地球生态圈的组成部分,其中任何一个环节的破坏都会对整个生态系统的平衡造成影响。区域性的环境问题经常会在全球范围内造成严重的后果。

6. 环境破坏会给人类带来哪些后果和灾难？

生态环境问题是全球问题中最突出的问题,已经给人类带来极其严重的后果,主要表现为以下几个方面。

第一,生态环境遭到破坏最直接的后果是当前人类生存质量的降低。温室气体排放会引发全球气候的剧烈变化,导致厄尔尼诺现象、拉尼娜现象等气候异常现象的发生;臭氧层变得稀薄将威胁农作物的正常生长;被污染的环境还极易引发传染病的大规模传播,大范围地威胁人类的健康乃至生命。局部地区的生态"罚单"最终将使全世界的人们一起被"扣分"。

第二,环境恶化从长远看会危及人类的后代和未来。如果地球上的水、空气和土壤都遭到大规模的污染与破坏,那么人类的生存空间就会愈发缩小。人口"爆炸"式增长意味着每个人的生存和发展机会都在减少,而我们的后代得到纯净水和新鲜空气的机会将少之又少,可持续发展更将成为空谈。

第三,环境恶化可能导致国家之间的关系紧张,甚至会引发国家之间的矛盾和冲突。环境问题导致环境资源短缺,这将引起相关国家彼此争夺水、渔业、土地等有限资源。这些冲突继而有可能升级为政治、经济和文化等各方面的冲突。例如,以色列与周围阿拉伯国家起初因水资源的争夺发生摩擦,但现在已升级为涉及多方面的大规模冲突。

第四,环境恶化还会引起非传统安全问题,危及某些国家和地区人类的生存,甚至给一些国家和地区带来灭顶之灾。比如太平洋岛国图瓦卢就已经和新西兰签署了移民协议,一旦因为海平面上升造成图瓦卢的岛屿被淹没,这个国家的11600名国民就可以移居新西兰。对于其他的国家而言,即使环境灾难不会这么严重,也会形成大批"环境难民"。红十字会的研究结果显示,因环境原因而流离失所的人已经超过了战争造成的难民。

空中鸟瞰图瓦卢。图瓦卢位于南太平洋,由九个环形珊瑚岛群组成,陆地面积仅26平方公里,海拔最高点只有4.5米。随着全球变暖,50年后图瓦卢就会被海水淹没,因此也将成为第一个因为全球变暖而举国迁移的国家,像这样的小岛在南太平洋上还有很多。威尼斯、马尔代夫也同样处于生死的边缘。

总的来看,环境问题对人类的威胁已经到了十分危急的程度,各国通过国际合作共同应对环境危机已显得刻不容缓。

7. 什么是生态文明？怎样的发展才是"可持续发展"？

生态文明是人类在改造自然以造福自身的过程中，为实现人与自然的和谐相处所做出的全部努力及取得的全部成果。生态文明既包括人类保护自然环境和生态安全的观念、制度和政策，也包括维护生态平衡和可持续发展的科学技术、组织机构和具体实践。

几百万年来，人类文明形态经由原始文明、农业文明进入工业文明。工业文明时代，人类凭借科技的发展获得了空前的干预自然的能力。在不到人类历史万分之一的时间里，工业文明创造了比过去所有时代总和还要多的物质和精神财富。工业文明使人类主体性空前加强的同时过度贬低了自然的价值。工业文明作为一种以人为中心、轻视人与自然关系的文明形态，不可避免地引发了生态失衡问题。而生态文明则被认为是后工业文明时期解决工业文明困境的一种文明形态。

1992年联合国里约热内卢会议通过了《21世纪议程》，这推动了世界对生态文明理念的探索。生态文明代表着人类社会发展的一种崭新追求，意味着社会将在许多方面上发生结构性转变，它主要在以下四个方面区别于工业文明：(1)在生产方式上追求社会与环境的协调发展，而非单纯追求经济发展；(2)在生活方式上倡导节俭的生活方式，反对过度消费；(3)在社会价值上以实现人与自然关系的平衡为目标，赋予自然以道德上的价值；(4)在社会结构上强调社会正义和多样性，努力倡导更高层次的民主。

可持续发展(sustainable development)这个概念最早产生于20世纪80年代中期的欧洲发达国家。1989年5月，联合国环境规划署第15届理事会通过的《关于可持续发展的声明》中记载了国际社会达成的共识：可持续发展是指既满足当前需要又不削弱子孙后代满足其需要之能力的发展。

可持续发展意味着公平的发展，这包含以下三层意思：(1)当代人与后代人发展机会的公平，即我们不能为了自己活得更奢侈而降低了子孙后代生存的可能性。(2)他人与自己发展机会的公平。"我活也让别人活"，同时特别强调发达国家与发展中国家之间的公平，这意味着一种向发展中国家倾斜的、支援性的环境发展战略。(3)自然界和人类发展机会的公平，强调人与自然的和谐统一。

> 我们这一代人在当代的任务是把我们的自然财富和美景,像以前的人们留给我们的那样,完整地留给后来的人们。
>
> ——约翰·肯尼迪①

可持续发展理念是人类理性对待自身欲望的有益尝试,从长远看是合理处理环境资源有限性的有益尝试。可持续发展目标的提出,不仅是人类在发展观上质的提升,还是对社会发展内涵的扩展。为了实现可持续发展,各国必须消除贫困,实现经济的适度增长。可持续发展战略在现阶段的具体做法包括控制人口数量、合理开发和利用资源、保护环境、维护生态平衡及建立公正合理的分配原则,从而实现人口、资源、环境、经济与社会等多方面的协调发展。

8. 什么是全球治理?它是在什么背景下兴起的?

全球治理(global governance)是指各国政府、国际组织等多元行为体为最大限度地增进人类共同利益,通过平等对话、民主协商与合作,致力于健全和发展一整套维护全人类和平与安全、妥善应对全球变革、解决全球问题的全球规制和制度的治理模式。

全球治理的内容主要包括五个方面。

一是全球治理的价值,即在全球范围内所要达到的理想目标,它应当是超越国家、种族、宗教、意识形态、经济发展水平之上的全人类的共同价值。

二是全球治理的规制,即维护国际社会正常秩序,实现人类共同价值的规则体系,包括用以调节国际关系和规范国际秩序的所有跨国性的原则、规范、标准、政策、协议、程序等。

三是全球治理的主体,即制定和实施全球规制的组织机构,主要有三类:(1)各国政府及政府部门;(2)正式的国际组织,如联合国、世界银行、世界贸易组织、国际货币基金组织等;(3)非正式的全球公民社会组织。

---

① 约翰·肯尼迪:《在国家野生生物联盟大楼落成仪式上的讲话》,1961年3月3日。转引自〔美〕丹尼尔·B.贝克:《权力语录》,第69页。

四是全球治理的客体,指已经影响或者将要影响全人类的、很难依靠单个国家得以解决的跨国性问题,主要包括全球安全、生态环境、国际经济、跨国犯罪、基本人权等。

五是全球治理的效果,它涉及对全球治理绩效的评估,集中体现为国际规制的有效性,具体包括国际规制的透明度、完善性、适应性、政府能力、权力分配、相互依存和知识基础等。

有学者把全球治理的上述五个方面转化成五个问题:为什么治理?如何治理?谁治理?治理什么?治理得怎样?

> 人类中心时代的开始,也就是人类行为对地球生物物理系统产生广泛影响的时代的开始,不仅增加了对治理的需求,而且促进了新的、不同类型的治理的产生。……治理需求的增加既是质量上的,也是数量上的。治理的供给不会只是扩大现有的手段和方法的使用范围那么简单,我们还必须找到解决那些我们以前从来没碰到过的、突然改变、无序变化和紧急发生的问题的方法。
>
> ——奥兰·扬①

全球治理的兴起不是一个偶然事件,而是在众多因素的综合作用下出现的,具体而言,主要包括以下因素。

(1)传统的治理模式难以应对全球化的挑战。一方面,全球化为政治稳定、国际合作、区域一体化、国际组织的发展提供了机会,使国际社会面临结构上的变化;另一方面,全球化带来了诸多全球问题,如人口问题、能源危机、环境问题、贫困饥饿问题、毒品问题、跨国犯罪问题、传染病问题等。为此,包括民族国家在内的国际行为体,都必须寻找全新的合作方式来应对全球化和全球问题的挑战。

(2)国家间相互依存的发展。一方面,这种发展使得国家间权力的让渡不可避免,为全球治理提供了可能性;另一方面,相互依存也使得一国国内的危机可能迅速波及其他国家,产生全球性的不利影响,这又产生了对全球治理模式的需求。

---

① 〔美〕奥兰·扬:《世界事务中的治理》(陈玉刚、薄燕译),上海人民出版社2007年版,中文版前言。

(3) 非国家行为体的壮大。全球政治舞台成为由各种行为体组成的多元政治体系，所有活动在国际舞台上的"演员"都或多或少地拥有政治权威和行动能力。这种格局为全球治理发挥作用提供了条件。

(4) 信息化革命的出现。这一方面为全球治理提供了物质和技术基础，另一方面也拉大了国际社会中国与国、人与人之间的差距，使全球治理的协调和管理作用显得更为必要。

9. 全球治理有哪些特点？如何才能取得成效？

全球治理能够成为当前国际社会流行的议题，包含着与其他的治理模式不同的内容。

(1) 全球治理打破了政府对公共事务管理的垄断，许多非政府行为体通过多种方式参与对公共事务的管理，从而在一定程度上分享了政府的公共权力和政治权威。地球之友、绿色和平组织等国际组织在环境、人权等领域享有巨大的声望和影响力。在1997年《禁止地雷条约》的签订过程中，1000多个非政府组织发起的国际禁雷运动功不可没。随着人类联系的日益紧密，人类活动范围的不断扩大，政府对公共事务的管理表现出了局限性，因而非政府行为体的崛起成为一种必然趋势。

(2) 全球治理对国家在人类社会生活中的主宰地位提出挑战。国际非政府组织、跨国社会团体、跨国公司等都是区别于国家的社会力量，公共权力正在从国家向这些不同的社会力量转移。

(3) 全球治理突破了领土政治，非领土政治开始逐步凸显。领土政治意味着政治统治的有效性和合法性仅适用于国家领土范围之内。国际政治虽涉及并试图处理超越领土的政治关系，但领土政治依然发挥着基础性作用。非国家行为体的出现和跨国活动的剧增，表明领土政治正在向非领土政治转向，权威有效的空间并不一定与根据领土划分的空间完全一致，而是更具灵活性。政治版图的界限并不能限制全球治理的效力。

(4) 全球治理体现了一种全新的权力关系和管理规则。首先，权力主体是平等的。政府可能在治理中起主导作用，但与其他行为体相比并无特权。在不同的领域，各行为体会表现出各自的优势。其次，管理方式是协商合作。不同行为体之间建立友善的伙伴关系，没有充分的沟通、谈判和协商，就不可能实现全球治理。再次，参与管理和服从管理均根据自愿原则。各国公民参与管理的热情和自觉性，是全球治理的必要条件。最后，管理的网络化。这是全球化时代社会结构的网络性对公共事务管理的客观要求。

综上所述,与传统国际合作相比,全球治理是一种特殊的权威,这种权威的确立是多种国际行为体协调、对话与合作的结果。全球治理会在一定程度上削弱国家和政府在某些领域内的权威。

全球治理若要成功地解决全球问题,首要的任务是观念的更新及制度的创新。

第一,逐步确立以人为本、全人类利益优先的原则。全球问题的性质要求人类必须形成共有的价值认同和凝聚力,以超越国界的全球视角去应对严峻的挑战。每一个治理主体都有责任建设和维护全球范围内的共同价值,建立起共赢的价值体系。

第二,倡导和谐统一的思维方式。无论是人与人、国与国还是人与自然,都必须从旧有的相互竞争、相互对抗的思维模式中跳出,转向公平、合作与协调。全球问题的解决归根到底还将有赖于人类自身的完善、发展与和谐。

第三,确立全面的科技观。科学技术发展至今,其"双刃剑"效应日益凸显——科学技术既为人类带来了福祉,也成为全球问题的根源之一。在肯定现代科技对社会发展的巨大推动作用的同时,我们要防止科技的异化,倡导符合全人类共同利益和长远利益的科技观,使科技成为全球治理的有效工具。

第四,进一步完善国际机制,这也是全球治理取得成效的关键。具体来说,包括全球市场机制、政府间合作机制和全球其他行为体之间的合作机制等。

> 在联合国迎来又一个10年之际,让我们更加紧密地团结起来,携手构建合作共赢新伙伴,同心打造人类命运共同体。让铸剑为犁、永不再战的理念深植人心,让发展、繁荣、公平、正义的理念践行人间!
>
> ——习近平①

除了观念的更新和制度的创新,全球治理还要具有更强的可操作性。在具体的实践中,国家、跨国公司、网络、非政府行为体等治理主体要结成紧密的伙伴关系,全面发挥各自不同的力量。这方面的成功事例在当今国际社会已屡见不鲜:世界妇女大会通过一系列行动改善妇女权益,受到许多国家的

---

① 2015年9月28日中国国家主席习近平在第70届联合国大会上的讲话,人民网,http://politics.people.com.cn/n/2015/0929/c1024-27644905.html。

欢迎；人权组织和难民援助组织为政府决策提供相关的关键信息；花旗银行借助非政府组织对孟加拉国提供小额融资服务；国际商会与联合国结成联盟，呼吁公司提高劳工福利标准；非政府组织互联网域名分配联合体（ICANN）的建立与美国政府的帮助密不可分；世界大坝委员会（World Commission on Dams）由四名政府委员、四名私人产业界委员和四名非政府组织委员组成，堪称国际社会推动三方合作的一大创举。

10. 全球治理面临哪些困境？

全球治理旨在通过解决全球问题，维护世界人民的生存利益，增进世界人民的福祉，最终实现全球"善治"的目标。冷战结束至今30多年过去了，有的全球问题正在得到解决，还有不少全球问题不仅没有得到解决，反而变得更加严峻。例如，全球变暖、环境污染、资源与能源危机正在持续恶化；同时，日益密切的全球联系使得金融风险、传染病等公共危机的负面影响波及全球。

不可否认，全球治理在诸多领域都取得了不同程度的进展，然而，它确实还面临诸多困难和问题。

首先，全球治理的价值追求与某些国家的短期利益之间存在冲突，一些国家可能会抗拒履行全球治理义务。全球治理致力于实现人类社会可持续发展的长期目标，而一些国家则更强调解决当下制约其国内经济和社会发展的具体问题，二者在实践层面往往不易协调。例如，全球气候治理强调节约能耗、减少废气排放，这符合全人类的共同利益和根本利益，但有可能会损害一些国家（如中东石油国）眼前的经济利益，从而遭到它们的消极抵制。又如，全球海洋治理强调对海洋生态环境的保护，而一些国家仍坚持大力开发利用海洋资源，这将导致海洋生态环境的继续破坏。

其次，不同类型国家对各类全球问题的关注程度不尽相同，这在一定程度上妨碍了世界各国对全球治理的方案形成共识并积极落实。全球问题具有的全球性要求世界各国齐心协力，步调一致，进行更紧密的合作。然而，发达国家与一些发展中国家的不同立场导致合作难以达到预期的深度。比如，发达国家希望进行整体性治理，试图在臭氧层保护、生物多样性、气候变化等议题上寻求突破，这需要发展中国家也积极参与，并承担相应的成本；而很多发展中国家坚持以经济增长和消灭贫困为核心，更希望在市场准入、贸易、技术转让、发展援助等方面取得实质性进展，这需要发达国家做出更多的让步和提供更多的帮助。

再次,西方国家特别是美国对全球治理所需的公共产品供应不足,而新兴经济体短期内还难以"接棒"承担全球治理的重任。长期以来,以美国为首的西方国家在全球治理方面拥有绝对的话语权与影响力。依据权责对应原则,权力大,则责任大,西方国家在全球治理中应承担更大责任,做出更多贡献。然而,近年来发达国家受到国内问题的牵制,分散了它们积极参与国际事务的精力,在许多全球议题上提供的公共产品严重不足。与此相比,尽管新兴经济体的实力与影响力较此前有了大幅增长,但在全球治理层面,它们是后来者、跟随者,参与度和主导力都比较有限,提供公共产品的能力和意愿都略显不足。

最后,近年来大国关系由竞争与合作并存转变为以冲突与对抗为主,全球治理难以取得实质性进展。虽然全球治理强调多种行为主体的共同参与,但毫无疑问,国家特别是大国在全球治理中有着不可替代的作用。如果大国之间不能团结合作共同应对全球问题,即便国际社会的吁求再强烈,全球治理也难以取得进展。大国之间的紧张关系在很大程度上阻碍了全球治理的进程,甚至有可能损害全球治理已经取得的成果。

综上所述,全球治理是人类解决全球问题的"正道",人类已就全球治理的理念达成共识,但全球治理必然是一个长期而艰巨的重任,人类需要对此做好思想准备。

拓展阅读

1. 哪些人被称作"难民"?难民对国际社会造成了什么影响?

"难民"(refugee)一词源于法语,它的基本含义是:逃到国外以躲避危险和迫害的人。在当代,由于该词具有明确的政治和政策含义,因此有关界定主要以国际组织的认定为参考依据。综合各种国际条约对难民的界定,我们可以发现其中一些共同的地方,这些共同性能够将难民与非难民区别开来:首先,难民是指离开了常住国或国籍所在地而进行跨国流动的人口。其次,难民进行跨国流动是为了躲避各种灾难和威胁。再次,难民所躲避的各种灾害和威胁通常是由其常住国或国籍所在国社会状况特别是政治状况所引起的。包括由种族、宗教、政见分歧导致的歧视和迫害、国内暴力冲突和动乱、大规模侵犯人权行为、外国入侵等。最后,难民进行跨国流动是被迫的。也就是说,难民是因为受到客观事件的强大影响而不得不进行跨国流动,在离开常住国或国籍所在国之后,在灾难与威胁依然存在的情况下,不能或不愿返回其常住国或国籍所在国。

在具体的国际关系实践中,有两类人可以获得承认,从而具备难民身份。一类是离开了原籍国,并受到签署难民公约的其他相关国家政府认可的人;另一类是联合国难民署根据公约认定为难民的人,他们也被称为"托管难民"(mandate refugees)。

事实上,各种国际公约对于难民的界定均属于法律范畴。在处理难民问题的实际操作中,难民的界定在很大程度上是由目的地国家的政府或司法机关进行。因此,难民的法律地位并不完全等同于难民事实上的地位。不过,各种国际公约对难民的界定,尤其是联合国对难民的界定,已经成为一种广泛的国际共识,对于国际难民救助活动产生了重要影响。

难民问题对世界各国的影响不容忽视。首先,大批难民从一国进入另一国,不可避免地会使相关国家间的关系出现摩擦,甚至有可能造成国际冲突。难民涌入邻近国家,有可能使得历史上原本就存在的民族、种族和宗教矛盾激化。典型的事例是1993年缅甸与孟加拉国因难民问题而发生在边境上的冲突。当时,缅甸政府对盘踞在边境上的穆斯林反政府武装力量发动打击,造成该国穆斯林难民越境进入孟加拉国,从而引发了两国军队之间的冲突。

2015年夏天,深受战乱、贫穷困扰的中东和非洲难民们铤而走险,一路颠沛流离、风餐露宿,前往心中向往的欧洲,造成了欧洲难民危机。德国是目前为止接收难民最多的欧洲国家,超过20万难民滞留德国,入境难民超过60万。每一天难民所消耗的费用相当于一个集团军的消耗,这使本来就经济萎靡的欧洲遭受迎头痛击,更加一蹶不振。同时,难民的过多涌入,占用了大量原本欧洲国民的设施和福利,引起了很多国家国民的强烈抗议,丹麦、瑞典更是爆发了反难民冲突。

其次,某些国家出现的民族问题有可能导致国际干预,从而加剧难民问题。1999年3月,北约以南联盟对其境内科索沃地区阿族人进行"种族清洗"为由,对南联盟进行了狂轰滥炸。这场被称为"人道主义干涉"的战争给南联盟造成了严重的人员伤亡和经济损失,并导致了15万新难民的产生。

再次,难民的涌入会对接收国家产生沉重的压力和负担。经济上,接收国安置、援助难民要耗费大量的人力、财力和物力,这难免会加重国家的财政负担。此外,难民也有可能对接收国的社会稳定带来不良影响,并进而激起国家内部排斥难民的暴力行动,从而严重破坏接收国国内的社会秩序。如今,难民危机下的欧洲可以说是内忧外患,寻求解决难民危机的方法也是当下欧洲最重要的事项之一。

最后,很多难民由于得不到及时救助,不得不依靠争夺自然资源而生存,这将对生态环境构成巨大的压力。例如,为了维持生计,逃往坦桑尼亚的卢旺达难民大量捕杀大猩猩等珍稀动物。

> 每年的6月20日为"世界难民日"。联合国难民署于2016年"世界难民日"发布的全球难民趋势年度报告显示,截至2015年年底,全球被迫流离失所者人数增至6530多万人,较上一年增长580万,这是该数字首次冲破6000万。在这6530多万人中,2130万为全球范围内已经确定为难民身份的人口,4080万是被迫逃离家园但是依然被困在本国领土范围内的人,320万为在工业化国家仍等待决定的寻求庇护者。这也意味着,在全球73.49亿的人口中,每113人里就有1人是流离失所者,人数已经超过英国、法国或意大利的人口总和。报告还显示,叙利亚、阿富汗、索马里三个国家的难民占到联合国难民署在全球范围保护的难民数量的一半以上。

2. 联合国气候变化大会的发展历程

2015年12月12日,在巴黎举行的《联合国气候变化框架公约》第21次缔约方大会通过了《巴黎协定》。《巴黎协定》指出,各方将加强对气候变化威胁的全球应对,把全球平均气温较工业化前水平升高控制在2摄氏度之内,并为把升温控制在1.5摄氏度之内而努力。全球将尽快实现温室气体排放达到峰值,21世纪下半叶实现温室气体净零排放。

事实上,早在20世纪70年代,世界各国就开始就世界气候变化展开一系列谈判。回首几十年来的气候谈判历程,人类为保护自身生存环境走过了一条艰辛的谈判之路。

1979年在瑞士日内瓦召开的第一次世界气候大会上,科学家警告说,大气中二氧化碳浓度增加将导致地球升温。气候变化第一次作为一个受到国际社会关注的问题提上议事日程。之后,国际社会为应对气候变化问题采取了一系列措施。

1992年,联合国环境与发展大会在巴西里约热内卢召开,《联合国气候变化框架公约》(简称《公约》)正式开放签字。这是世界上第一个为控制温室气体排放、应对全球变暖而起草的国际公约。《联合国气候变化框架公约》的目标是将温室气体浓度控制在不对气候系统造成危害的水平。

1997年,在日本京都举行的《联合国气候变化框架公约》第三次缔约方大会上,149个国家和地区的代表通过了《公约》生效后的第一份议定书草案——《京都议定书》(简称《议定书》)。《议定书》为发达国家和转型国家规定了有法律约束力的量化减排指标,并且分别为各国或国家集团制定了国别减排指标,同时还确立了发展低碳经济的若干机制。但由于美国等工业化国家拒绝签署《议定书》,《公约》的实施并未取得显著成效。

2007年12月,在印尼巴厘岛举行的联合国气候变化大会上,尽管美国与欧盟、发达国家与发展中国家之间由于立场上的重大差异而展开了激烈交锋,但大会最终还是艰难地达成了"巴厘路线图",确定了未来强化落实《公约》的领域,并为其进一步实施指明了方向,同时,启动了"双轨制"谈判,分别是《公约》下的长期合作特设工作组谈判和《议定书》特设工作组谈判。"巴厘路线图"的诞生,为2012年《议定书》第一承诺期到期后的温室气体减排谈判奠定了基础。

2009年年底在丹麦首都哥本哈根举行的联合国气候变化大会,主要商讨《议定书》第一承诺期到期后的后续方案,即2012年至2020年的全球减排方案,就未来应对气候变化的全球行动签署新的协议。大会把全球平均气温较工业化前水平升高控制在2摄氏度之内作为政治共识列入《哥本哈根协议》,这是第一次在世界范围内确定了温室气体排放控制的量化目标。不过,此次大会上,发达国家与发展中国家分歧巨大,会议在减排承诺、长期目标、资金技术等问题上并未达成任何实质性的成果。

2010年年底,在墨西哥海滨城市坎昆举行的联合国气候变化大会通过了两项应对气候变化的决议,推动气候谈判进程继续向前,向国际社会发出了积极信号。会议取得了两项成果:一是坚持了《公约》《议定书》和"巴厘路线图",坚持了"共同但有区别的责任原则",确保了2011年的谈判继续按照"巴厘路线图"确定的双轨方式进行；二是就适应气候变化、技术转让、资金和能力建设等发展中国家关心的问题的谈判取得了不同程度的进展。此外，决定设立绿色气候基金，以支持发展中国家减缓气候变化的计划、项目、政策及其他活动。

2011年，在南非德班召开的联合国气候变化大会上通过决议，各方同意将努力达成一个全球性的减排协议，同时，建立德班增强行动平台特设工作组、实施《议定书》第二承诺期并启动绿色气候基金。

2012年，在卡塔尔多哈召开的联合国气候变化大会对《议定书》第二承诺期做出决定，要求发达国家在2020年前大幅减排并对应对气候变化增加出资。欧盟开始履行第二承诺期的减排任务。

2013年，在波兰华沙举行的联合国气候变化大会经过激烈的争论达成协议，取得三项成果：一是德班增强行动平台基本体现"共同但有区别的原则"；二是发达国家再次承认应出资支持发展中国家应对气候变化；三是就损失损害补偿机制问题达成初步协议，同意开启有关谈判。同时，在华沙会议的推动下，绿色气候基金成为法律上独立的机构，总部设在韩国仁川。

2014年11月12日，中美两国领导人正式发表了《中美气候变化联合声明》，宣布了两国各自2020年后应对气候变化的行动目标：中国计划2030年左右二氧化碳排放达到峰值且将努力早日达峰，到2030年非化石能源占一次能源消费的比重提高到20%左右；美国计划于2025年实现在2005年的基础上减排26%至28%的全经济范围减排目标，并将努力减排28%。同时，双方还确定了在低碳、环保、清洁能源等领域开展一系列合作项目。

2014年，在秘鲁首都利马举行的联合国气候变化大会上，《公约》的190多个缔约方达成协议，将提交各自的自定减排贡献预案，并协助贫困国家为此做好准备，同时，同意全球减排协议于2020年之前开始生效。虽然大会通过的最终决议力度与各方预期尚有差距，但就2015年巴黎会议协议草案的要素基本达成了一致。

近年来，在不同行为体的推动下，《巴黎协定》所确定的"时间表"和"路线图"正在落地，并对全球问题产生积极影响。用联合国秘书长古特雷斯的说法就是——"可持续发展号"列车已经出站。2016年，全球太阳能发电增长了50%，新的发电能力有半数以上来自可再生能源，在欧洲这一比例甚至超过了90%。美中两国可再生能源领域新的就业机会已超过了石油天然气行业。石油生产大国也在积极推动经济多样化，连沙特阿拉伯也宣布计划安装700兆瓦的太阳能和风力发电。2019年6月，英国成为第一个立法确立到2050年实现净零排放目标的G7国家；同年，德国也通过了一项投资500亿欧元的减排计划。2020年,中国向国际社会宣布,将提高国家自主贡献力度,采取更加有力的政策和措施,二氧化碳排放力争在2030年前达到峰值,努力争取2060年前实现碳中和。

气候变化事关全体人类的生存安全,为此国际社会有必要齐心协力,采取有力举措,通过谈判等手段共同维护人类共同的家园。人类能否在应对气候变化威胁方面进行积极合作,也是对全球治理模式的重大考验。

自学指南

全球问题包括三个层次。第一个层次是国际社会层面的全球问题,如世界政治经济体系的稳定、和平与裁军等;第二个层次是社会人类学方面的问题,如不同文明之间的共处问题、教育文化问题、性别平等问题和贫困问题等;第三个层次是人与自然的关系引发的生态问题,如资源问题、能源问题、人口问题和环境问题等。

本书第十二章探讨了第一个层次的与暴力相关的安全问题,特别强调了在当今世界表现突出的非传统安全问题。本章关注的则是第三个层次的全球生态问题。这些问题不仅关系到个人、国家,而且关系到整个人类的生存和发展。目前,这些问题已经相当严重、紧迫,解决这些问题绝不是仅仅依靠某些国家或地区的努力就能做到的,而必须通过世界各国政府的协调一致,以及各类国际组织、跨国公司、社会团体和每个公民的共同努力,亦即对这些问题必须进行"全球治理"。由美国学者弗兰克·J. 莱西纳和约翰·波利主编的《全球化读本》(Frank J. Lechner and John Boli, *The Globalization Reader*, Blackwell Publishers Ltd., 2000)的第九章"变化中的世界社会:环境论与社会问题的全球化"中收录了世界环境与发展委员会的《从一个地球到一个世界》、联合国环境与发展会议的《关于环境与发展问题的里约热内卢宣言》等文件,反映了国际社会在全球问题上已经达到的共识和进行的合作,读者可以通过阅读这些文献切实感受全球治理的"正在进行时"。

对于国际关系学的初学者,阅读以下教材或教材中的相关章节可以巩固和加深对本章知识的了解。

俞正樑:《国际关系与全球政治》,复旦大学出版社2007年版,第九章"全球政治与全球治理"。

邢悦、詹奕嘉:《国际关系:理论、历史与现实》,复旦大学出版社2008年版,第14章"世界的未来——全球生态问题"。

李少军主编:《当代全球问题》,浙江人民出版社2006年版。

〔美〕布鲁斯·拉西特、哈维·斯塔尔:《世界政治》(王玉珍等译),华夏出版社2002年版,第18章"世界体系面临的生态挑战"。

〔美〕约翰·罗尔克编著:《世界舞台上的国际政治(第9版)》(宋伟等译),北京大学出版社2005年版,第17章"维护和促进人权与人的尊严"和第18章"保护和促进全球利益"。

〔美〕威廉·内斯特编著:《国际关系:21世纪的政治与经济》(姚远等译),北京大学出版社2005年版,第七部分"地球的命运"。

〔加〕罗伯特·杰克逊、〔丹〕乔格·索伦森:《国际关系理论与方法》(吴勇、宋德星译),天津人民出版社2008年版,第十章"国际关系学中的新议题"。

同时,以全球问题为专门研究领域的一个新的学科——全球学在我国应运而生,蔡拓等著的《全球学导论》(北京大学出版社2015年版)就是这一学科的主要研究成果。该书探寻全球化、全球问题与全球治理所具有的政治、经济、文化和社会效应,探讨全球化下世界由国际体系走向全球体系的运转方式,探究构建稳定的、合理的全球秩序的途径和方式,倡导以全球意识、全球思维和全球价值来矫正单纯的国家主义的偏颇和不足。该书具有较强的学理性和系统性,是我国全球化与全球治理研究方面的最新成果。

除此而外,对于想要对全球问题和全球治理进行深入学习和研究的读者,以下著作对开阔思维和把握前沿会很有帮助。

杨雪冬、王浩主编:《全球治理》,中央编译出版社2015年版。

李冬燕等:《全球治理》,当代中国出版社2015年版。

朱立群等主编:《全球治理:挑战与趋势》,社科文献出版社2014年版。

薛晓源、李惠斌主编:《生态文明研究前沿报告》,华东师范大学出版社2007年版。

俞可平:《全球化:全球治理》,社会科学文献出版社2003年版。

薄燕:《环境问题与国际关系》,上海人民出版社2007年版。

张海滨:《环境与国际关系:全球环境问题的理性思考》,上海人民出版社2008年版。

〔美〕约瑟夫·奈等主编:《全球化世界的治理》(王勇、门洪华译),世界知识出版社2003年版。

〔美〕梅多斯等:《增长的极限》(于树生译),商务印书馆1984年版。

〔美〕詹姆斯·罗西瑙主编:《没有政府的治理》(张胜军、刘小林等译),江西人民出版社2001年版。

〔英〕戴维·赫尔德、安东尼·麦克格鲁编:《治理全球化:权力、权威与全球治理》(曹荣湘、龙虎译),社会文献出版社2004年版。

〔英〕戴维·赫尔德等:《全球大变革》(杨雪冬等译),社会科学文献出版社2001年版。

〔美〕奥兰·扬:《世界事务中的治理》(陈玉刚、薄燕译),上海人民出版社2007年版。

〔美〕玛格丽特·凯克、凯瑟琳·辛金克:《跨越国界的活动家:国际政治中的倡议网络》(韩召颖译),北京大学出版社2005年版。

附录

国际关系类学术期刊

国际关系类中文学术期刊

学术期刊	主办单位
《世界经济与政治》	中国社会科学院世界经济与政治研究所
《国际政治研究》	北京大学国际关系学院、全国高校国际政治研究会
《国际政治科学》	清华大学国际关系研究院
《国际问题研究》	中国国际问题研究院
《现代国际关系》	中国现代国际关系研究院
《国际安全研究》	国际关系学院
《国际论坛》	北京外国语大学国际关系学院
《国际观察》	上海外国语大学
《国际展望》	上海国际问题研究院
《外交评论》	外交学院、中国国际关系学会
《当代亚太》	中国社会科学院亚太所、中国亚太学会
《美国研究》	中国社会科学院美国研究所
《欧洲研究》	中国社会科学院欧洲研究所
《东北亚论坛》	吉林大学
《南亚研究》	中国南亚学会、中国社会科学院亚太所、北京大学南亚文化研究所
《东南亚纵横》	广西社会科学院东南亚研究所
《拉丁美洲研究》	中国社会科学院拉丁美洲研究所
《日本学刊》	中国社会科学院日本研究所、中华日本学会
《西亚非洲》	中国社会科学院西亚非洲研究所
《俄罗斯东欧中亚研究》	中国社会科学院俄罗斯东欧中亚研究所主办

国际关系类英文学术期刊

《国际安全》(*International Security*)

该刊是美国在安全领域最有影响力的学术刊物。自1976年创刊以来,其从早年只关注与美国对外战略相关的安全问题已经拓展到今天几乎囊括所有安全议题,提供对国际安全问题的现实、历史和理论分析,以及与安全事务和政策相关的分析,包括军备控制与防扩散、反恐与国家安全等具体议题。虽然同其他美国社会科学主流期刊一样重视实证研究方法,但该刊并不单纯依赖某种研究方法和路径,且理论性和政策性都很强。作为由较小学术团体创办的杂志,其发展轨迹和现实影响都非常具有代表性。现由哈佛大学贝尔福科学和国际事务研究中心编辑,并由麻省理工学院出版社出版发行。根据期刊引证报告(Journal Citation Reports)的数据(下文数据均来源于此)统计,该刊在2014年和2015年曾超越《国际组织》,在86份国际关系类刊物中排名第1。2016年该刊的排名有所下降,影响因子为3.390,在86份国际关系类刊物中屈居第4。

《国际组织》(*International Organization*)

该刊是国际关系研究领域最有影响力的学术刊物,自1947年由联合国国际组织基金会创刊以来,所刊载的文章涉及国际关系几乎所有领域,包括对外政策、国际和比较政治经济学、安全政策和环境政策。在20世纪70年代以前,《国际组织》主要刊登关于国际组织方面的描述和分析性文章。此后,它逐渐成为国际政治经济学的重要学术阵地。在20世纪90年代,《国际组织》刊登了很多建构主义的文章,成为推动该流派传播发展的重要刊物之一。近年来《国际组织》越来越偏向科学实证,将定量研究方法作为自身的鲜明特征,成为代表美国学术风格的主要刊物之一。目前,其编委办公室设在威斯康星大学政治学系。该刊影响因子在86份国际关系类刊物中长期名列首位,2014年和2015年曾一度被《国家安全》超越,2016年的影响因子为3.406,在86份国际关系类刊物中位列第3。

《世界政治》(*World Politics*)

该刊创办于1948年,自2003年起由普林斯顿大学国际和地区研究所负责编辑,由剑桥大学出版社出版。作为一份学术刊物,该刊主要刊登国际关系和比较政治学的学术文章,善用综合和宏观的理论与研究方法,不刊登政策类的评论与分析。在普林斯顿大学国际和地区研究所接手后,刊物整体文章的学术水平和影响力直线上升。该刊2015年影响因子为3.125,在86份国际关系类刊物中排名第 3；2016 年影响因子为 4.025，在 86 份国际关系类刊物中排名第 1。该刊近 5 年的影响因子首次超过《国际组织》，位于国际关系期刊榜首。

《欧洲国际关系季刊》(*European Journal of International Relations*)

该刊由欧洲政治研究联合会（European Consortium for Political Research）于 1995 年创立，是欧洲国际关系学者的一个主要学术平台，同时也是不同于美国主流国际关系研究路径的重要阵地，现由著名的学术出版集团 SAGE 负责发行。尽管是欧洲的学术期刊，但该刊并不局限于仅发表欧洲学者的文章，而是倡导作者来源、文章内容、研究方法等方面的多元化；同时，该刊长期致力于将国际关系的历史研究、国际法、国际政治经济学进行交叉融合，推动学科的全面发展。著名国际关系理论家巴里·布赞（Barry Buzan）从 2004 起担任该刊主编。该刊 2015 年影响因子为 2.465，在 86 份国际关系类刊物中排名第 4；2016 年影响因子为 2.277，在 86 份国际关系类刊物中排名第 11。

《国际政治经济学评论》(*Review of International Political Economy*)

该刊是国际政治经济学领域的一份重要学术刊物。它致力于倡导用多元方法进行国际政治经济学研究，所涉及的内容包括国际贸易和金融、国际生产和消费、全球治理等内容。自 1994 年创刊以来，由著名的传媒集团 Routledge 负责编辑出版。由于其非常广泛的来稿内容和群体，以及专业学科多元的评审编委，该刊成为国际关系研究与相关学科复合和交叉的一个重要阵地，所以也被认为是国际政治经济学领域英国（欧洲）学派的代表刊物。该刊 2015 年影响因子为 2.414，在 86 家国际关系类刊物中排名第 7 位；2016 年影响因子为 3.452，排名跃居国际关系类刊物第 2 位。

《对外事务》(*Foreign Affairs*)

该刊于 1922 年由美国著名智库对外关系委员会创办并一直掌管至今，每年出版六期。作为历史悠久的一份刊物，其长期致力于刊登国际关系和美国对外政策领域的分析性和评论性文章，曾经发表过乔治·凯南的《苏联行为的根源》、塞缪尔·亨廷顿的《文明的冲突？》等著名文章，在学术界和政策界都具有广泛的影响力。由于刊登的文章主题多样、政策性强，读者众多，影响较大。2015 年影响因子为 2.295，2016 年影响因子为 2.692，在 86 家国际关系类刊物中排名均为第 8 位。不过，由于其并非按照严格学术规范进行选稿和编辑,文章体例和形式也没有固定的要求,因此一般不被认为是一份学术刊物。

《和平研究期刊》(*Journal of Peace Research*)

该刊由被称为"安全与冲突研究之父"的瑞典学者约翰·加尔通(Johan Galtung)于1964年创立,早期关注维和、冲突管控等问题,后以此为基础不断拓展研究领域。自1998年改为双月刊后,异军突起,影响力不断上升。由于该刊由奥斯陆和平研究所(Peace Research Institute Oslo)负责编辑,在数据资源和分析方法上有着很强的背景和优势,逐渐走向了定量分析、跨学科的发展道路。该刊2015影响因子为2.153,在86份国际关系类刊物中排名第9位;2016年影响因子为2.284,在86份国际关系类刊物中排名第10位。

《国际研究季刊》(*International Studies Quarterly*)

该刊是总部设在美国的国际问题研究协会(International Studies Association)的官方指定会刊,自1959年创刊以来取得了许多学术成果。由于该协会是目前全球最大的国际关系学术共同体组织,而且会定期召开确定主题的年会,所以其内容常常在固定的时间段内有相对集中的议题,也有非常丰富的稿源和文章类型(如一般期刊较少发表的综述和回顾类文章)。该刊2015年影响因子为1.943,在86份国际关系类刊物中排名第10位;2016年影响因子为1.925,在86份国际关系类刊物中排名第17位。

《冲突解决季刊》(*Journal of Conflict Resolution*)

该刊1957年创刊,主要刊登关于人类冲突原因的最新理论研究成果。编委办公室现设在美国马里兰大学,由著名的学术出版集团SAGE负责发行。尽管该刊主要集中于人类冲突研究,但同时也刊登国家间冲突、国家内部的族群冲突和个人冲突的有关成果,以帮助理解关于如何实现和平的问题。刊登的文章涉及经济学、社会学、人类学等众多政治科学的交叉学科。近年来,由于愈发重视定量方法的研究,影响力和整体质量进步明显。该刊2015年影响因子为1.687,在86份国际关系类刊物中排名第15;2016年的影响因子为2.947,在86份国际关系类刊物中排名跃居第5位。

《安全对话》(*Security Dialogue*)

该刊在1970年创刊时名为《和平倡议文集》,仅就世界和平的相关理念、建议等思想进行讨论。后刊名经过几次调整,1993年更为现名后开始成为较为正式的学术刊物。现由奥斯陆和平研究所负责编辑,是国际关系刊物中的后起之秀。目前,该刊致力于运用新的研究方法,重新审视和塑造安全的概念,并利用与安全研究相关的其他领域的前沿研究成果和理论,从性别、政治社会学、政治经济学、人类学等较为新颖和全面的视角,甚至尝试采用精神分析学和政治哲学等方法来进行安全方面的研究。此外,在坚持传统安全的同时,鼓励对非传统安全等问题进行研究,全球化、信息技术、资源冲突、恐怖主义、环境和人类安全等都是该刊关注的议题。该刊 2015 年影响因子为 1.443,在 86 份国际关系刊物中排名第 19 名;2016 年影响因子为 2.692,在 86 份国际关系刊物中跃居第 6 位。

《英国政治学与国际关系季刊》(*British Journal of Politics and International Relations*)

该刊创刊于 1999 年,以较快的发展速度成为国际关系刊物中的后起之秀。该刊由英国政治研究学会(Political Studies Association)委托 SAGE 出版集团编辑,主要特点为强调英国在政治学和国际关系学科研究中的特色和贡献;立足于比较政治学,对英国和英联邦国家和地区的具体问题进行研究;遵循传统的学术研究方法,区别于以美国为代表的主流政治科学研究。该刊 2015 年影响因子为 1.563,在 86 份国际关系类刊物中排名第 21 位;2016 年影响因子为 1.423,在 86 份国际关系类刊物中排名第 24 位。

《中国国际政治季刊》(*Chinese Journal of International Politics*)

该刊创刊于 2006 年,主办方为清华大学国际关系研究院,由牛津大学出版社负责发行,主要刊登国际关系理论、东亚国际关系和中国对外政策领域的学术研究成果。该刊注重研究论文的多元视角和理论贡献,着力挖掘东亚国际关系经验的理论意义,近年来学术影响日益扩大,已成为中国对外政策、东亚国际关系及相关领域具有广泛影响的学术期刊。该刊 2015 年影响因子为 1.594,在 86 份国际关系类期刊中排名第 18 位;2016 年影响因子为 1.406,在 86 份国际关系期刊中位列第 26 位。该刊是亚洲地区排名最高的国际关系期刊,在政治学/国际关系/地区研究领域有关中国的 SSCI 期刊中影响因子排名位列第 1。